AF476363

FACULTÉ DE DROIT DE PARIS.

DE LA SOLIDARITÉ

EN DROIT ROMAIN

ET EN DROIT CIVIL FRANÇAIS

THÈSE POUR LE DOCTORAT

PAR

J.-V.-L. LEWANDOWSKI.

PARIS
RETAUX FRÈRES, LIBRAIRES-ÉDITEURS,
15, RUE CUJAS, 15.

1866

THÈSE POUR LE DOCTORAT

FACULTÉ DE DROIT DE PARIS.

DE LA SOLIDARITÉ

EN DROIT ROMAIN

ET EN DROIT CIVIL FRANÇAIS

THÈSE POUR LE DOCTORAT

SOUTENUE

LE SAMEDI 17 NOVEMBRE 1866, A 10 HEURES,

EN PRÉSENCE DE M. L'INSPECTEUR GÉNÉRAL CH. GIRAUD,

PAR

JOSEPH-VINCENT-LOUIS LEWANDOWSKI,

né à Kielce (Pologne), le 10 Mars 1843.

PREMIÈRE MENTION HONORABLE DU DROIT ROMAIN

Concours de Licence en 1864

PRÉSIDENT : M. COLMET DE SANTERRE, Professeur.

SUFFRAGANTS : MM. PELLAT, VALETTE, ORTOLAN — PROFESSEURS ; BEUDANT — AGRÉGÉ

PARIS

RETAUX FRÈRES, LIBRAIRES-ÉDITEURS,

15, RUE CUJAS, 15.

1866

DROIT ROMAIN

PRÉLIMINAIRES.

La liberté juridique de chaque personne est le droit commun. Mais il peut arriver qu'une personne ait promis à une autre de donner, de faire ou de ne pas faire quelque chose. Cette seconde personne accepte-t-elle, nous aurons un accord de deux volontés appelé *convention* (1).

Cette convention a étendu la liberté naturelle de la personne à qui la promesse a été faite, et a diminué la liberté naturelle du promettant. Désormais la volonté de celui-ci n'est plus entièrement libre, elle est liée par la nécessité d'accomplir sa promesse.

Si on laissait ce lien moral à la conscience humaine, guidée par le principe de justice et

(1) L. 1, § 3, *D. de Pactis*, 2-14.

d'équité, il deviendrait souvent inefficace et illusoire; il faut donc mettre au pouvoir de la personne, au profit de laquelle la convention est intervenue, un moyen de contraindre la personne liée par la convention à l'accomplissement de sa promesse. C'est la loi qui intervient et qui crée ces moyens de contrainte. Alors le lien né de la convention, de purement moral, devient juridique, — il y a *obligation*. « *Obligatio est juris vinculum, quo necessitate adstringimur alicujus solvendæ rei, secundum nostræ civitatis jura.* » (1).

A Rome, l'accord des volontés est impuissant, à lui seul, pour créer une obligation; il fallait quelque chose de plus. A l'origine, ce sont les formes symboliques de la balance et de l'airain, comme dans le *nexum* de la loi des Douze Tables; les paroles sacramentelles, comme dans la *stipulatio;* l'écriture, comme dans l'*expensilatio;* enfin la remise de la chose, comme dans les contrats qui se formaient *re*. La convention est-elle accompagnée de l'un de ces faits, elle est productive de l'obligation et prend alors le nom de *contrat*. « *Quæ (conventiones) pariunt actiones, in suo nomine non*

(1) Instit. liv. 3, tit. XIII, pr.

stant, sed transeunt in proprium nomen contractus. » (1).

Cependant le droit civil a admis le seul consentement comme pouvant créer une obligation civile, dans les quatre contrats du droit des gens : *emptio-venditio, locatio-conductio, societas et mandatum.*

De son côté, le droit prétorien a reconnu des obligations qui, d'après le pur droit civil, n'auraient aucune force légale.

L'obligation pouvait résulter, non seulement des contrats, mais aussi des délits, qui étaient des faits illicites et dommageables, rangés par le droit civil au nombre des délits. « *Ex maleficio nascuntur obligationes : veluti ex furto, ex damno, ex rapina, ex injuria.* » (2).

L'obligation pouvait encore résulter de certains faits, qui n'étaient ni contrats, ni délits, et qui cependant étaient assimilés aux contrats ou aux délits, à raison de leur caractère licite ou illicite. C'est ce que nous indique Gaius, qui, après avoir énoncé que l'obligation pouvait naître du contrat ou du délit, ajoute : « *Aut proprio quodam jure ex variis causa-*

(1) L. 7, § 1, *D. de Pactis*, 2-14. Aj. L. 1, § 3, *eod. tit.*
(2) L. 4, *D. de Oblig. et act.* 44-7.

rum figuris. » (1). Parmi les faits licites qu'on assimilait au contrat, on rangeait : la gestion d'affaires, la tutelle et la curatelle, l'indivision, l'acceptation d'une hérédité, quant au paiement de legs, et le paiement de l'indu (2). Parmi les faits illicites, qu'on assimilait aux délits, on plaçait : les cas du juge qui a rendu sciemment une sentence inique ; de la personne responsable du dommage résultant de ce qui a été jeté de son habitation ; de celui qui a suspendu au-dessus de la voie publique des objets, dont la chûte pourrait nuire à quelqu'un ; du capitaine d'un navire ou de l'aubergiste, responsables des vols commis dans le navire ou dans l'auberge par les gens employés à leur service (3).

Une obligation implique nécessairement le rapport au moins de deux personnes, un sujet actif, qui se nomme créancier, *creditor*, et un sujet passif appelé débiteur, *debitor*.

Toute obligation ne se présente pas toujours avec cette simplicité. Souvent on y trouve pluralité de sujets actifs ou de sujets passifs, ou enfin pluralité à la fois de sujets

(1) *L.* 1 pr. *D. de Oblig. et act.* 44-7.
(2) *Instit.* liv. 3, t. 27, § 1 et suiv.
(3) *Instit.* liv. 4 t. 5 , pr., § 1-3.

actifs et passifs. Dans ce cas, il y a une question à résoudre, à savoir : Quelle part prennent, dans l'obligation, chacun des sujets qui y figurent?

Le droit commun, c'est la division de la créance entre ceux au profit desquels elle existe; la division de la dette entre ceux à la charge desquels elle est créée (1). Ainsi une créance de 50 existe-t-elle au profit de deux personnes, elle se divise, et chaque créancier n'a droit d'exiger que 25. Si nous prenons deux débiteurs, chacun n'est tenu que de la moitié de la dette, c'est-à-dire de 25.

Mais il peut arriver que cette règle du droit commun soit modifiée en ce sens, que chaque créancier puisse exiger la totalité de la créance, et chaque débiteur être forcé à l'accomplissement de la totalité de l'obligation, et comme il n'y a qu'une seule chose due, la prestation de cette chose à l'un des créanciers ou par l'un des débiteurs éteint complètement la créance ou la dette.

C'est de cette modalité que nous allons nous occuper.

Les interprètes du droit romain ont désigné

(1) L. 11, §§ 1-2, *D. de Duobus reis*, 45-2.— L. 1 et 2. C. *Si plures unâ sent*. 7-55.

cette modalité par les noms: solidarité, corréalité, obligation corréale. Ces expressions sont modernes et on ne les trouve pas dans les textes du droit romain.

Les textes désignent ces contractants d'une nature spéciale par les expressions: *duo rei*. Les créanciers sont appelés: *duo rei stipulandi;* les débiteurs: *duo rei promittendi*. Ils sont encore indiqués sous les dénominations de: *duo rei credendi, duo rei debendi*. (1).

Le mot *reus*, est une expression antique, qui, dans son acceptation large, désignait toute personne qui figurait soit dans un procès, soit dans un acte extrajudiciaire. Festus, au mot: *reus*, nous dit: « *Reus est qui cum altero litem contestatam habet, sive is egit, sive cum eo actum est.* » Et la loi 2, *D. de duobus reis*, nous dit: « *Qui stipulatur, reus stipulandi dicitur, et qui promittit, reus promittendi dicitur.* » Mais l'usage a restreint cette signification large, et l'expression, *reus*, désignait particulièrement le défendeur, s'il s'agissait d'un procès, et le débiteur en matière d'obligation. « *Reos appello non eos modo qui arguuntur, sed omnes quorum de re disceptatur: sic enim olim*

(1) L. 34, *D. de Receptis*, 4-8.

loquebantur » (1). « *Reus nunc dicitur... qui quid promisit spopondilve ac debet.* » (2.)

Ces mots: *duo rei*, en prenant le mot, *reus*, dans une signification large, devraient donc désigner tout simplement deux créanciers ou deux débiteurs quelconques; mais l'usage les a fait appliquer spécialement à cette modalité, dont nous nous occupons, dans laquelle chaque créancier a le droit d'exiger la totalité, et chaque débiteur peut être forcé d'accomplir la totalité de l'obligation, mais le paiement une seule fois effectué éteint complètement la créance ou la dette.

Ces mots: *duo rei*, sont vrais dans l'hypothèse de deux créanciers, ou de deux débiteurs, mais si nous supposons un plus grand nombre de créanciers ou de débiteurs, comment alors les appelle-t-on? Nous trouvons dans un texte l'expression: *correus* (3), on peut donc désigner ces créanciers ou ces débiteurs par les mots: *correi* ou *conrei*. C'est de ce mot, qu'on a fait dériver les expressions modernes: l'obligation corréale, corréalité.

Enfin, on trouve dans les textes les expres-

(1) Ciceron, *de Oratore*, liv. 2, n° 43.
(2) Festus.
(3) L. 3, § 3, *D. de Liberat. leg.* 3, 43.

sions: *in solidum obligari* ou *in solidum debere* (1).

Toutefois, cette expression: *in solidum debere*, est très-vague. Ce n'est pas une expression technique, pour désigner la modalité qui nous occupe. « Elle désigne, dit M. de Savigny, partout un tout illimité, par opposition à une certaine limitation, que cette limitation repose sur une division du tout, ou sur une exception, ou une restriction. » (2).

Souvent on trouve cette expression: d'obligation *in solidum* employée pour exclure certaine restriction qu'on ne doit pas appliquer à une obligation.

Parcourons plusieurs hypothèses. Un fils de famille est obligé *ex contractu* ou *quasi ex contractu*, son obligation est civile (3) et le créancier peut le poursuivre. Le créancier peut en outre agir par l'action *de peculio*, contre le père, qui a confié au fils un pécule. Mais la condamnation ne sera pas la même, soit que le créancier agisse contre le père ou contre le fils. Le père ne peut être condamné, que jus-

(1) Instit. *de Duobus reis* § 1, L. 2, *D. de Duobus reis* 45-2.

(2) M. de Savigny, *Traité des Obligations en dr. rom.* t. 1, p. 150 de la traduction.

(3) Instit., *De inutil. stip.* liv. 3, t. XIX, § 6.

qu'à concurrence du montant du pécule, *duntaxat de peculio*, au contraire le fils est tenu *in solidum* (1).

J'ai éprouvé un dommage par suite d'un dol, sans lequel je n'eûsse pas songé de faire l'acte qui m'est préjudiciable. L'auteur du dol, bien qu'il n'ait pas profité de cet acte, est tenu par l'action *de dolo, in id quod mea interest*. Mais s'il meurt avant qu'il soit actionné, son héritier n'est tenu, que *duntaxat de eo quod ad eum pervenit* (2). Nous avons supposé, que le dol était pratiqué par une personne, qui n'était pas obligée envers moi. Si nous supposons que c'est mon débiteur qui, dans l'exécution de son obligation, s'est rendu coupable du dol, dans ce cas, tant l'auteur du dol que son héritier, sont tenus par l'action du contrat *in solidum* et non *tantum in id quod pervenit* (3).

Certaines personnes jouissaient de ce que les interprètes ont appelé, le bénéfice de compétence, c'est-à-dire d'une faveur, par suite de laquelle la personne qui en jouissait, n'était pas condamnée au montant intégral de la

(1) L. 44, D., *de Peculio*, 15. 1.
(2) L. 17, § 1. L. 26, *D., de Dolo*. 4. 3.
(3) L. 157, § 2, *D., de Reg. juris* 50-17.

dette, mais seulement à ce qu'elle pouvait payer, *quatenus facere potest*. Ce n'était que la condamnation qui se trouvait affectée de ce bénéfice; le montant de l'obligation de cette personne restait toujours le même. « *Quod si maritus plus constituit ex dote quam facere potuerat: quia debitum constituerit, in solidum quidem tenetur; sed mulieri in quantum facere potest condemnatur.* » (1).

Lorsqu'un maître était tenu d'une action pénale, par suite du délit commis par son esclave, il avait la faculté de se soustraire à cette action et par suite de ne pas payer la peine, en abandonnant l'esclave, l'auteur du délit. Si le délit a été commis avec la connaissance du maître, *sciente domino*, cet abandon noxal ne pouvait plus avoir lieu, le maître, nous dit Ulpien, était tenu alors *in solidum* (2)

On voit donc, que dans ces différentes hypothèses, ci-dessus présentées, le mot *in solidum*, n'est pas employé pour indiquer la modalité qui nous occupe, mais seulement pour exclure l'idée de quelques restrictions, dont les obligations sont susceptibles. Dans la matière dont nous nous occupons spécialement, ces

(1) L. 3, pr. *D., de Pecunia consti.* 13-5.
(2) L. 2, pr. *D. de Noxal. act.* 9-4.

expressions : *in solidum*, écartent l'idée de la division de la dette entre les créanciers ou les débiteurs et indiquent que, contrairement à ce qui se passe en droit commun, chaque créancier peut exiger le tout, et chaque débiteur peut être forcé de payer la totalité.

Ces expressions : obligations corréales et obligations *in solidum* ont donc ce caractère commun, que la totalité de la dette peut être exigée ou être due. Mais d'après la terminologie des interprètes, les expressions : obligations corréales, désignent une certaine classe d'obligations régie par des règles spéciales, tandis que les mots : obligations *in solidum*, désignent des obligations qui ne sont pas soumises à toutes les règles des obligations corréales.

Nous verrons plus tard, combien de différences importantes existent entre ces deux classes d'obligations.

Nous suivrons cette terminologie. En employant les expressions : obligations corréales, nous entendrons parler spécialement de cette classe d'obligations qui a ses règles à part.

Cependant, si nous avons à nous occuper d'un cas contenant un rapport commun à l'obligation corréale et à l'obligation *in solidum*, nous employerons indistinctement la dénomination générique: obligation solidaire, obligation *in solidum*.

Nous nous bornons à énoncer ici cette distinction entre les obligations corréales et les simples obligations *in solidum*, en nous réservant son développement, quand nous traiterons des effets de ces obligations.

CHAPITRE Ier.

CARACTÈRE DE L'OBLIGATION CORRÉALE OU SOLIDAIRE.

La première condition pour l'existence d'une obligation corréale ou solidaire, c'est la pluralité des personnes, soit comme sujets actifs, auquel cas nous aurons : corréalité active, soit comme sujets passifs, auquel cas nous aurons : corréalité ou solidarité passive.

Le caractère fondamental et le plus saillant de la modalité, dont nous nous occupons, c'est, comme nous l'avons déjà dit, le droit pour chaque créancier d'agir contre le débiteur pour le tout, mais la prestation faite à l'un des créanciers éteint la créance des autres, et d'un autre côté, le droit pour le créancier de poursuivre chacun des débiteurs pour le tout, mais le paiement fait par l'un des débiteurs, libère tous les autres. « *Ex hujusmodi obligationibus et stipulantibus solidum singulis debetur et promittentes singuli in solidum tenentur, in utraque tamen obligatione una res vertitur et vel alter debitum accipiendo, vel alter solvendo, omnium perimit obligationem, et omnes liberat* (1). »

Ce droit du créancier d'agir pour le tout contre chacun des débiteurs, se présente aussi dans certaines situations, qu'il ne faut pas cependant confondre avec la modalité qui nous occupe.

Une situation qui se rapproche de la solidarité est celle, dans laquelle plusieurs personnes sont tenues de payer une certaine somme, et chacune d'elles la totalité, à la suite d'un certain acte auquel elles ont pris part. Ainsi, supposons que plusieurs personnes ont commis un vol en commun, chacune est tenue par l'action *furti* de payer le montant intégral de la peine, et si l'une a payé, les autres ne seront pas libérées. Chacune d'elles est considérée comme ayant commis à elle seule le delit, par conséquent chacune doit payer sa *pœna* (2). Ce principe était appliqué, alors même qu'une seule personne n'a pas pu commettre le délit à cause de l'insuffisance de ses forces. « *Si duo pluresve unum tignum furati sunt quod singuli tollere non potuerint, di-*

(1) Instit., *de Duobus reis* § 1. — Aj. L. 2 *D. de Duobus reis* 45. 2

(2) L. 55. § 1, *D. de Admin. et peri. tut.* 26. 7.

cendum est omnes eos furti in solidum teneri, quamvis id contrectare nec tollere solus potest (1) ».

Ainsi, ce texte nous dit que les voleurs seront tenus *in solidum* de l'action *furti*.

Mais il est facile de voir en quoi consiste la ressemblance et la différence entre ces codélinquants tenus *in solidum* et les obligations *in solidum*, telles que nous les considérons dans cette étude. La ressemblance consiste en ce que, de même que dans une obligation *in solidum*, chaque débiteur peut être forcé de payer la totalité, ici chaque codélinquant sera obligé de payer en totalité le montant de la peine. Mais il y a entre ces deux situations une différence importante. Dans le cas d'une obligation *in solidum*, le paiement fait par l'un des débiteurs libère tous les autres; ici, au contraire, chaque codélinquant doit payer en totalité le montant de la peine, et le paiement fait par l'un d'eux ne libère pas les autres.

Une autre situation qui présente quelque ressemblance avec la solidarité se présente au cas d'une obligation indivisible. Le point de contact entre ces deux espèces d'obligations consiste en ce que chacun des créanciers peut poursuivre le débiteur pour le tout, et que chacun des déditeurs peut être poursuivi pour la totalité; de plus, dans ces deux espèces d'obligations, malgré la pluralité des

(1) L. 21, § 9, *D. de Furtis*, 47, 2.

sujets actifs ou passifs, l'objet de l'obligation n'est dû qu'une seule fois, et dès qu'il a été presté, la créance ou la dette a été complétement éteinte. Mais des différences importantes séparent ces deux classes d'obligations. Il y a d'abord cette différence, que la solidarité résulte de l'intention des parties, tandis que l'indivisibilité résulte particulièrement de la nature de l'objet de l'obligation.

De cette première différence résulte une seconde qui en est la conséquence. Lorsqu'un des débiteurs solidaires meurt, son obligation se divise entre ses héritiers. Il en est autrement au cas de l'obligation indivisible. Comme cette modalité tient à la nature même de l'objet, qui n'est pas susceptible de division, l'indivisibilité persiste tant que le même objet est dû, et si l'un des débiteurs d'une obligation indivisible meurt laissant plusieurs héritiers, chacun d'eux peut être poursuivi pour le tout.

Outre la condition de la pluralité des sujets actifs ou passifs, nécessaire pour l'existence d'une obligation solidaire, il fallait que l'objet de la dette pour tous les débiteurs, ou de la créance pour tous les créanciers, fût le même. C'est ce que les Institutes nous indiquent par cette petite phrase : « *una res vertitur* (1) ». C'est en se plaçant au point de vue de l'identité de l'objet que les jurisconsultes disent, au cas d'une obligation corréale, que malgré

(1) *De duobus reis* § 1.

la pluralité des débiteurs ou des créanciers il n'y a qu'une seule obligation. « *Utique enim,* dit Ulpien, *cum una sit obligatio, una et summa est* (1) ».

Nous trouvons dans les textes différentes applications de ce principe, qu'il faut dans une obligation solidaire, que chaque débiteur soit tenu de la même prestation et que la même prestation soit due à chacun des créanciers.

Voilà une première application de ce principe. Papinien dans un texte (2) suppose un dépôt fait entre les mains de deux personnes. D'après le droit commun, les dépositaires ne répondent que de leur dol et selon l'intention probable des parties, chacun répond *in solidum* du dol commun (3). Le jurisconsulte suppose que l'un des dépositaires s'est engagé de répondre même de sa faute, tandis que l'autre reste tenu seulement de son dol, et il décide qu'il n'y a pas de solidarité entre les dépositaires, « *verius est non esse duos reos a quibus impar suscepta est obligatio.* » Cette réponse négative est fondée sur cette circonstance, que l'obligation de chacun des débiteurs ne consiste pas dans la même prestation. Papinien nous indique dans la suite du texte, que cette décision devrait être restreinte seulement au cas, où c'est par un pacte *in conti-*

(1) L. 3, § 1 *D. de duobus reis.*
(2) L. 9, § 1. *D. eod. tit.*
(3) L. 1, § 43. *Depositi.* 16, 3.

nenti, que l'un des dépositaires a promis de répondre même de sa faute, et il faudrait décider autrement, s'il s'agissait d'un pacte intervenu *ex intervallo*. Il suppose, que par le contrat lui-même les dépositaires se sont engagés à répondre de la faute, et puis, postérieurement, par un pacte *ex intervallo*, un des dépositaires s'est soustrait à cette responsabilité exceptionnelle, et par conséquent ne devant plus répondre que de son dol. Papinien décide que la solidarité persiste néanmoins : « *Quia posterior conventio*, dit-il, *quæ in alterius persona intercessit, statum et naturam obligationis, quæ duos initio reos fecit, mutare non potest.* »

C'est l'application de la théorie des pactes ajoutés *ex intervallo*, qui ne peuvent procurer à celui en faveur duquel ils sont intervenus qu'un moyen de défense (1). Aussi, le dépositaire en faveur duquel le pacte est intervenu était-il poursuivi par suite de sa faute, ou bien de la faute commune, il pouvait repousser l'action du déposant en invoquant le pacte. Mais était-il poursuivi pour son dol ou pour le dol commun, il ne pouvait pas échapper à une condamnation *in solidum*.

Papinien donne une autre conséquence de la persistance de la solidarité. Nos deux dépositaires étaient-ils *socii*, le pacte *ex intervallo*,

(1) Sauf les règles spéciales relativement aux contrats consensuels, qui n'ont pas reçu d'exécution. Instit. liv. 3, t. XXIX, § 4.

qui soustrait l'un d'eux de la responsabilité exceptionnelle de sa faute, pourrait, en cas d'une faute commune, être invoqué par l'autre codépositaire, qui cependant n'a fait aucun pacte; ce qui ne pourrait pas avoir lieu, si les dépositaires, au lieu d'être débiteurs solidaires, étaient simplement débiteurs conjoints. Du reste, nous verrons plus tard, en étudiant le pacte de *non petendo* fait avec l'un des débiteurs, que la décision de Papinien suppose non-seulement que les débiteurs étaient *socii*, mais aussi, que le pacte était *in rem*.

Voici une seconde application du principe que l'identité de l'objet est nécessaire pour la formation de la solidarité. « *Si id*, nous dit Gaius, *quod ego et Titius stipulamur, in singulis personis proprium intelligitur: non poterimus duo rei stipulandi constitui. Veluti cum usum-fructum aut dotis nomine dari stipulemur* (1).

En quoi consistent bien les deux hypothèses prévues par ce texte? Pothier (2), pense qu'il s'agit ici de l'usufruit d'un fonds, dont l'un des stipulants est nu-propriétaire, et alors, l'usufruit déjà existant ne pouvant être cédé qu'au nu-propriétaire (3), c'est seulement la stipulation de ce dernier, qui serait valable, elle serait au contraire inutile, quant à son co-stipulant.

(1) L. 15. *D. de duobus reis*, 45, 2.

(2) Pand. Just. *De duobus reis*. n° 11.

(3) Gaius, C. II, § 30. Instit. de Justi. *De usufructu*, liv. II, t. IV, § 3.

Pour le second cas prévu, Pothier suppose l'hypothèse suivante : *Primus* va épouser Titia. *Primus* et *Secundus* stipulent d'un tiers qu'il donnera une certaine somme comme dot de Titia, et alors, la dot ne pouvant être constituée qu'au profit du mari, la stipulation de *Secundus* serait complètement inutile.

Une simple observation suffit pour rejeter cette explication. En effet, les deux exemples sont donnés par Gaius, comme l'application de cette règle qu'il pose en tête de la loi : qu'il ne peut y avoir *Duo rei stipulandi*, si ce qui a été stipulé par moi et Titius *in singulis personis proprium intelligitur*, c'est-à-dire, si l'objet de la stipulation n'est pas le même pour les deux stipulants. Et d'après l'explication de Pothier, Gaius aurait dû poser la règle suivante : que la constitution de *duo rei stipulandi* ne peut avoir lieu, lorsque la stipulation de l'un est valable et celle de l'autre inutile.

Voici une explication qui nous paraît exacte.

Quand deux personnes ont stipulé *usumfructum dari*, la stipulation de chacune d'elles n'a pas le même objet. En effet, la valeur de l'usufruit est déterminée d'après les divers éléments, notamment, d'après l'âge, l'état de santé de la personne, au profit de laquelle il a été constitué. Si *Primus* et *Secundus* ont stipulé de Titius l'usufruit du même fonds, cette stipulation n'a pas le même objet, car l'âge, la santé de *Primus* et de *Secundus* n'étant pas les mêmes, le montant de la condamnation du débiteur, en cas d'inexécution de l'obligation, ne serait pas le même.

De même, si *Primus* et *Secundus*, dans la forme nécessaire pour créer une obligation corréale, stipulent d'un tiers qu'il constituera une dot convenable quand ils se marieront, il n'y a pas là identité d'objet, car la somme ne sera pas la même, soit qu'il s'agisse du mariage de *Primus* ou du mariage de *Secundus*, car ici aussi, les éléments qui peuvent être pris en considération par l'*arbitratus boni viri*, auquel il faut supposer, que dans l'espèce les deux stipulants se sont référés (1), peuvent varier beaucoup (2).

Gaius dans la suite du même texte nous donne une troisième hypothèse. Titius et Seius stipulent 10 ou Stichus, lequel appartient à Titius. Titius et Seius ne seront pas *rei stipulandi*, toujours par la même raison que la créance de Titius et de Seius n'a pas le même objet. La créance de Seius a pour objet 10 ou Stichus, tandis que Titius, ne pouvant stipuler sa propre chose (3), sa créance n'a pour objet que 10. Et alors quelle sera la position de Titius et de Seius? Le texte nous dit que, si le débiteur avait donné à Titius 10, il devra encore 10 ou Stichus à Seius; et de même, s'il donne d'abord 10 ou Stichus à

(1) L. 3, *C. De dotis promis*, 5, 11.

(2) M. Demangeat, *Des oblig. solid. en dr. rom.* p. 362.

(3) Instit. *de inutil. stipul.* § 2. — L., 1 § 10 *D. de oblig. et act.* 44. 7.

Seius, il devra encore 10 à Titius. Comme Seius et Titius ne sont pas devenus *duo rei stipulandi*, il en résulte, que chacun a une créance distincte, et par conséquent l'extinction de l'une ne peut produire aucune influence sur l'existence de l'autre. Seulement, il est probable que le débiteur, qui a payé l'un des créanciers, pouvait, en prouvant que d'après l'intention des parties le paiement ne devait être fait qu'une seule fois, repousser l'autre créancier au moyen de l'exception *doli mali*. Du reste, ce droit rigoureux lui-même a été modifié. En effet, la dernière phrase du texte nous dit, que si le débiteur a payé 10 à l'un des créanciers, il est complètement libéré. Cette phrase est probablement ajoutée par les commissaires de Justinien, car elle est en opposition complète avec ce qui a été dit par le texte, plusieurs lignes plus haut; d'ailleurs, elle présente une lacune, car, si le débiteur est libéré complètement en payant 10 à l'un des créanciers, pourquoi n'en serait-il pas de même, s'il avait payé l'esclave Stichus à Seius?

Il résulte donc de ces trois hypothèses indiquées par notre texte, que l'identité de l'objet était une condition indispensable pour la formation de la solidarité.

L'obligation corréale pouvait se former, lors même que la stipulation avait pour objet non une chose, mais un fait. C'est ce qui résulte du texte suivant : « *Nemo est qui nesciat alienas operas promitti posse, et fidejussorem adhiberi in ea obligatione. Et ideo nihil prohibet duos reos stipulandi constitui vel promittendi. Siculi si ab eodem fabro, duo rei stipulandi easdem operas stipulentur; et ex contrario duo fabri ejusdem peritiæ easdem operas promittere intelliguntur, et duo rei promittendi fieri* (1). »

Ce texte est suceptible d'une double interprétation.

Dans la première, il serait l'application du principe, qu'on ne peut pas promettre le fait d'autrui (2).

Primus a promis à Secundus un certain travail, cette promesse peut-elle être garantie par un fidéjusseur? Il faut faire une distinction. Si Secundus a interrogé le fidéjusseur en ces termes: *An fide tuâ jubes primum facturum?* la fidéjussion serait nulle, la promesse du fidéjusseur ayant pour objet direct le fait d'autrui, le travail de Primus. Mais si le créancier a interrogé le fidéjusseur: *An fide tuâ jubes te effecturum ut Primus faciat?* La fidéjussion serait parfaitement valable, car ici le fidéjusseur promet son propre fait (3). Cette même distinction devrait être appliquée au cas où on voudrait constituer *duo rei promittendi*. Si je stipule de Primus un certain travail, et puis je le stipule de Secundus, de manière à les constituer *duo rei promittendi*, il faut que la stipulation quant au Secundus, soit dans les termes tels, que Secundus ne paraissse pas promettre

(1) L. 5, *D. de duobus reis.* 45. 2

(2) Instit., *de inutil. stip.* liv. 3, t. XIX, § 3 et 21.

(3) L. 65, *D. de Fidejus.* 46, 1.

le fait de Primus. D'après cette interprétation le jurisconsulte Julien, dans notre loi, n'aurait eu en vue que cette assimilation du *correus promittendi* au fidéjusseur (1).

On peut douter de l'exactitude de cette interprétation, car Julien parle non seulement du fidéjusseur et du *correus promittendi*, mais aussi des *correi stipulandi*; or, il est évident, que lorsqu'il s'agit de savoir si une personne a promis le fait d'autrui, il n'y a pas à rechercher le nombre des stipulants.

Nous croyons vraie, une autre interprétation.

Le jurisconsulte Julien s'occupe dans notre texte des *operæ libertorum*. En effet, en rapprochant notre texte de la loi 33, *D. de operis libertorum*, il résulte que le livre 22 de Digeste de Julien, d'où est tirée la loi 5, *de duobus reis*, traitait des services dont un affranchi pouvait être tenu envers son patron. A cet égard les Romains distinguaient entre les *operæ officiales* et les *operæ fabriles*. Les *operæ officiales* consistaient dans une série des devoirs à remplir exclusivement envers la personne du patron, par l'affranchi lui-même (2). Au contraire, quant aux services *fabriles*, travaux manuels, services professionels, ils étaient régis par le droit commun. Lorsque le patron les a stipulés, ils pouvaient être fournis à *un adjectus solutionis gratiâ*, ce qui ne pouvait avoir

(1) Pothier, *Pand. Inst. tit. de duobus reis* n. 2.
(2) L. 9 § 1 *de op. lib.* 38, 1.

lieu pour les *operæ officiales*, de même, l'affranchi débiteur pouvait être délégué par le patron à une tierce personne, ce qui ne pouvait avoir lieu non plus pour les *operæ officiales* (1). Il est probable, que ce qui précédait dans le Digeste de Julien le fragment qui constitue notre loi 5, était consacré aux *operæ officiales*, où Julien disait, que, comme ces services ne peuvent être dûs qu'au patron, on ne peut pas constituer à leur égard *duo rei stipulandi*, de même, comme ils ne peuvent être dûs que par l'affranchi, la constitution de *duo rei promittendi* à leur égard est impossible; de plus, l'obligation contractée quant à ces *operæ offaciales*, pouvait être, sans doute, garantie par un fidéjusseur (2), mais la mise en demeure du fidéjusseur ne produirait aucun effet (3). Puis, Julien ajoutait cette phrase, qui se trouve au commencement de notre loi 5 : *Nemo est qui nesciat alienas operas promitti posse et fidejussorum adhiberi in eâ obligatione*. Le mot *alienus*, pouvait être pris ici pour le mot *alius*, et Julien a employé l'expression *alienas operas*, pour désigner les *operæ fabriles*, par opposition aux *operæ officiales*. Comme les *operæ fabriles* étaient régis par les principes du droit commun, la promesse de ces services pouvait être garantie par un fidéjusseur proprement dit, et sa mise en demeure produisait

(1) L. 23 pr. LL. 10 § 1, 11 et 12 *eod. tit.*
(2) L. 8, § 1 eod. tit.
(3) L. 44 eod. tit.

tout son effet; et de plus, la promesse de ces services pouvait être l'objet d'une créance ou d'une obligation corréale (1).

Nous savons que pour l'existence de l'obligation corréale, il faut l'identité de l'objet dû par tous les débiteurs, ou à tous les créanciers, et en se plaçant à ce point de vue, on peut dire qu'il n'y a qu'une seule obligation. Mais si on se place au point de vue des personnes qui sont sujets actifs ou passifs du droit, on peut dire, qu'il y a autant d'obligations que de créanciers ou de débiteurs. Cette multiplicité d'obligations sous le rapport des personnes, nous est formellement énoncée par le jurisconsulte Papinien : « *Nam et si maxime parem causam suscipiunt, nihilominus in cujusque persona, propria singulorum consistit obligatio.* »(2) Voilà les conséquences de cette multiplicité d'obligations au point de vue des personnes. C'est que l'obligation de chacun des débiteurs, ou la créance de chacun des créanciers peut être affectée des modalités différentes. Ainsi, un débiteur peut devoir purement et simplement, l'autre à terme, le troisième sous condition, etc., et alors, le créancier ne pourra agir contre le débiteur à terme ou sous condition, qu'après l'expiration du terme ou l'arrivée de la condition, mais quant au débiteur obligé purement et simplement, il peut être poursuivi immédiatement (3).

(1) Cujas, in lib. 22, *Digesto. Salvii Juliani.*
(2) L. 9, § 2, *in fine D. de duobus reis.*
(3) L. 7, *D. de duob. reis.*

Une autre conséquence du même principe, c'est que chacun des débiteurs solidaires peut donner au créancier des sûretés spéciales, garantissant seulement sa propre obligation: par exemple, un débiteur peut donner un fidéjusseur qui ne garantira que l'obligation de ce débiteur, sans garantir celle des autres débiteurs (1).

Les mêmes décisions doivent être données, si nous supposons un débiteur et plusieurs *correi stipulandi.*

CHAPITRE II.

ÉTABLISSEMENT DE L'OBLIGATION CORRÉALE OU SOLIDAIRE.

Le mode ordinaire de la création d'une obligation corréale, c'était la *stipulatio*, de là l'expression de *duo rei stipulandi* et *duo rei promittendi*, employée, même au cas où la solidarité résultait d'un autre contrat que la stipulation.

Pour constituer *duo rei stipulandi* au moyen de la stipulation, on devait procéder de la manière suivante: chacun des créanciers interrogeait le futur débiteur et c'est après toutes les

(1) L. 6. § 1, *eod. tit.*

interrogations des créanciers que devait arriver la réponse du débiteur. Si le débiteur interrogé par Primus lui avait répondu avant d'être interrogé par Secundus, Primus et Secundus ne seraient pas *correi stipulandi*, mais il y aurait deux obligations distinctes : « *alia atque alia*, nous dit Justinien, *erit obligatio, nec creduntur duo rei stipulandi esse.* » (1).

De même, pour établir plusieurs *correi promittendi*, il fallait que le créancier interrogeât d'abord tous les débiteurs, et après que toutes les interrogations étaient terminées, ceux-ci répondissent successivement : *spondeo* (2).

Voilà les formes qui nous sont indiquées par les Instituts de Justinien. Mais les interprètres du droit romain ne sont pas d'accord si ces formes étaient essentielles, si la corréalité ne pouvait pas résulter des stipulations conçues dans une autre forme.

Il y a une opinion d'après laquelle, il n'était pas indispensable, pour constituer *duo rei stipulandi* ou *promittendi*, que les interrogations de tous les créanciers eûssent précédé la réponse du débiteur, et que les débiteurs eûssent été tous interrogés avant la réponse de chacun d'eux. Le même résultat pourrait être atteint lorsque, par exemple, le stipulant interrogeant d'abord Primus, après la réponse de celui-ci, eût procédé à l'interrogation de Secundus. Primus et Secundus pouvaient être *duo rei*

(1) *Instit. de duobus reis*, liv, III, tit. XVI, pr..
(2) *Eod. loco.*

promittendi. La forme des Instituts, dit-on, est donnée parce qu'elle est la plus usuelle, et qu'elle permet d'éviter toute sorte de méprise, mais elle n'était pas unique (1).

Il est difficile d'admettre, que Justinien dans le texte cité prévoit seulement le cas le plus usuel, et ne donne en quelque sorte qu'un conseil pour empêcher toute méprise. La décision de Justinien est plutôt impérative qu'un simple conseil.

On invoque à l'appui de l'opinion contraire un texte dans lequel Ulpien dit que, lorsqu'il s'agit de la constitution de *duo rei promittendi*, la novation n'est pas à craindre. Bien que l'un réponde d'abord, que l'autre ne réponde qu'après un certain temps, il faut dire que la première obligation subsiste, que la deuxième s'y ajoute, et peu importe que les réponses soient faites simultanément ou séparément, du moment qu'il est entendu que l'on constitue *duo rei*, et qu'il n'y aura pas novation (2).

Il ressort, prétend-on, de ce texte, dans lequel Primus et Secundus sont *correi promittendi*, que le créancier a interrogé d'abord Primus, puis sa réponse obtenue, il a procédé à l'interrogation de Secundus, car autrement Ulpien ne dirait point que la novation n'est pas à craindre, puisque si le créancier ne stipule point de Secundus, il serait inutile de

(1) M. de Vangerow, *Lehrbuch der Pandeckten*, t. III, § 573, page 73.

(2) L. 3, pr. *D. de duobus reis.*

faire observer qu'il n'y a pas d'*animus novandi*, car la forme essentielle de la novation, la stipulation, nous manque.

Mais ce texte peut être expliqué d'une autre manière. Ulpien a voulu prévenir un doute qui pourrait se présenter au cas où le créancier, après avoir interrogé Primus et Secundus, Primus aurait répondu immédiatement et Secundus aurait tardé quelque temps à faire la même réponse. On aurait pu croire que l'obligation de Secundus ne s'ajouterait pas à l'obligation de Primus, mais la noverait. C'est ce que le jurisconsulte rejette, car pour qu'il y ait novation, il faut *animus novandi*, qui n'existe pas précisément dans notre espèce. Sans doute, si le créancier n'avait pas stipulé de Secundus, personne ne pourrait penser que Secundus soit un *expromissor*, qui vient nover l'obligation de Primus. Mais, comme il n'est pas indispensable que la réponse de Secundus à l'interrogation du créancier soit immédiate, lorsque cette réponse intervient après un certain intervalle, on pourrait légitimement croire que Secundus, à l'instant où son obligation se forme, va jouer le rôle d'*expromissor*, quant au Primus. Mais ceci doit être repoussé par l'absence d'*animus novandi* (1).

On s'appuie encore sur un argument d'analogie tiré de la manière dont peut être constitué un fidéjusseur. Un fidéjusseur peut accéder après coup à une obligation déjà existante;

(1) M. DEMANGEAT, *loc. cit.* pages 103 et suiv.

pourquoi dès-lors, dit-on, lorsqu'une personne est déjà obligée envers moi par suite de mon interrogation et la réponse qu'elle a faite, une autre personne ne puisse venir se joindre à son obligation, de manière à constituer avec la première *duo rei promittendi?*

On peut trouver la réponse dans cette considération, que l'obligation du fidéjusseur est accessoire, tandis que s'il s'agit de *duo rei promittendi*, l'obligation de chacun d'eux est principale. Puisque le caractère de l'obligation du fidéjusseur est différent du caractère de l'obligation de chaque *correus promittendi*, il n'y a rien d'étonnant que les formes employées pour créer des obligations de nature diverse soient différentes.

On invoque enfin la loi 9, § 2 *de Duobus reis D* (45-2), de laquelle, dit-on, il résulte qu'on pouvait constituer *duo rei promittendi* en stipulant de chacun, dans un lieu différent, auquel cas il est évident, les formes indiquées par Justinien ne pouvaient s'appliquer.

Mais c'est là une fausse interprétation du texte. Le texte se rapporte non pas à la constitution de l'obligation corréale, mais à l'exécution de l'obligation par chacun des débiteurs. De même qu'un des *rei promittendi* peut être obligé purement et simplement, tandis que l'autre à terme; de même la dette de chacun peut être exigible au bout d'un certain temps différent. Si, par exemple, étant à Capoue, je stipule d'une personne une somme ou une chose qu'elle doit faire venir d'un autre endroit, cette obligation renferme implicitement un terme plus ou moins long, selon les facilités de communications entre Capoue et le lieu d'où la chose doit arriver. Et s'il s'agit de *duo rei promittendi,* dont, la dette étant payable à Capoue, l'un doit faire venir la somme d'un endroit, tandis que l'autre, d'un endroit plus éloigné, ce dernier aura un terme plus long. Voilà ce que le texte a voulu dire, il n'est donc pas contraire à notre doctrine.

Quelle que soit l'opinion qu'on admette, il est évident qu'on devait observer les règles générales sur la stipulation. Ainsi, il fallait qu'il y eût *congruitas* entre les paroles employées pour l'interrogation, et celles employées pour la réponse. Du reste, depuis une Constitution de l'empereur Léon, il n'y avait plus besoin d'employer des paroles sacramentelles, il suffisait que la volonté des parties fût clairement manifestée (1).

D'après les règles générales de la stipulation. l'interrogation et la réponse devaient former un acte continu (2). Voilà des applications de cette règle. Si le stipulant avait interrogé deux personnes, l'une a repondu immédiatement, tandis que la réponse de l'autre n'est arrivée que le lendemain, nous n'aurons pas *duo rei promittendi,* et même la personne qui a répondu le lendemain ne sera nullement

(1) Instit., *de Verb. oblig.* § 1 in fine.
(2) L. 137 D, *de Verb. oblig.* 45-1.

obligée (1). Ou bien, si l'une des personnes a répondu immédiatement et l'autre n'a répondu qu'après que les parties se sont occupées d'autres affaires, il n'y aurait point *duo rei promittendi.* Toutefois, si l'acte auquel les parties se sont livrées n'avait rien de contraire à la nature du contrat, l'obligation corréale pourrait se former, par exemple, si dans l'intervalle entre l'interrogation et la réponse, un fidéjusseur a été constitué pour la garantie de l'obligation corréale (2).

La corréalité pouvait naître non-seulement des stipulations conventionnelles, elle pouvait aussi résulter des stipulations prétoriennes. » *Ex stipulationum prætoriarum duo rei fieri possunt.* » (3). Les stipulations prétoriennes étaient celles qui intervenaient sur l'ordre du préteur. Parmi elles se rangeaient aussi les stipulations édilitiennes, parce qu'elles émanaient de la juridiction des édiles (4). Parmi les premières, on plaçait les stipulations *damni infecti et legatorum ;* parmi les secondes, la stipulation de garantie des vices rédhibitoires de la chose vendue (5).

Dans une obligation corréale, chacun des débiteurs est considéré, par rapport au créancier, comme s'il était seul débiteur, et peu

(1) L. 12, *de Duobus reis.*
(2) L. 6, § 3, *Eod. tit.*
(3) L. 14, *Eodem tit.*
(4) *Instit.* liv. III, t. XVIII, § 2.
(5) L. 1 D. *de Ædi. edicto,* 21-1.

importe la validité de l'obligation de ses codébiteurs. Les jurisconsultes, en parlant de la stipulation, nous donnent des applications de cette règle. Ainsi, lorsque dans une stipulation un des futurs *correi promittendi* a répondu, tandis que l'autre n'a pas fait la réponse, le premier sera néanmoins obligé; car, comme nous dit Julien « *neque enim sub conditione interrogatio in utriusque personâ fit, ut ità demùm obligetur si alter quoque responderit* (1).» Du moment que Primus a fait une réponse conforme à l'interrogation, il est lié *verbis*, et peu importe que Secundus soit ou non obligé. Primus n'a pas contracté son obligation sous la condition que Secundus sera aussi obligé, il a contracté absolument sans réserve. Sans doute, la circonstance que Secundus ne se trouve pas obligé, aggrave la position de Primus, puisque s'ils étaient *duo rei promittendi*, chacun d'eux aurait eu la chance de voir les poursuites du créancier dirigées contre son *correus*, et de n'avoir pas à payer la dette. Mais cette circonstance n'est pas suffisante pour annuler l'obligation de Primus, qui était constituée d'après toutes les formes voulues; et si Primus est tombé en erreur, en croyant que Secundus sera son *correus*, cette erreur ne vicie pas d'une manière suffisante son consentement, surtout lorsqu'il s'agit d'un contrat du droit strict, comme la stipulation. Cette décision doit être donnée d'autant plus,

(1) L. 6 pr. D, *de Duobus reis.*

que dans une obligation corréale, envisagée au point de vue des personnes, il y a, comme nous l'avons déjà vu, autant d'obligations que de débiteurs. L'obligation de l'un peut être valable, et celle de l'autre peut ne pas exister.

A cet égard la position de *duo rei promittendi*, se distingue de celle d'un débiteur principal et de son fidéjusseur. Dans le cas de *duo rei promittendi*, l'obligation de chacun est principale, distincte, par conséquent chacune peut exister, même si l'autre ne se forme pas. Tandis que, pour le cas d'un débiteur principal ou d'un fidéjusseur, l'obligation du fidéjusseur étant accessoire, exige l'existence civile ou au moins naturelle de l'obligation principale (1) Si donc, le créancier ayant interrogé d'abord le fidéjusseur, qui a répondu, il arrive que l'obligation du débiteur principal ne se forme pas, la fidéjussion ne pouvant exister sans une obligation principale, le fidéjusseur ne sera pas lié (2).

Nous avons vu que l'obligation de l'un des *correi promittendi* peut être nulle, tandis que l'autre peut être valablement obligé. La même règle s'applique aux *duo rei stipulandi*. C'est ce que nous dit Julien, « *Sed, si a duobus reis stipulandi interrogatus respondisset uni se spondere : ei soli tenetur* (3). »

D'après le principe donné par la loi 6 pr.,

(1) L. 16, § 3, *D. de fidejus.* 46, 1.
(2) L. 6, § 2, *D. de fidejus.*
(3) L. 6, § 2, *D. de duobus reis.*

que l'obligation de l'un des *correi promittendi* peut-être valable, tandis que l'obligation de l'autre peut-être nulle, nous devons dire que si l'un d'eux est une personne incapable, l'autre sera néanmois obligé. Ainsi, par exemple, une personne a stipulé 10 de Titius et d'un pupille non autorisé par son tuteur, ou d'un esclave, de manière à les constituer *duo rei promittendi.* Le jurisconsulte Julien décide qu'il n'y a pas là *duo rei promittendi,* et que Titius seul sera obligé (1). Toutefois, le pupille sera obligé naturellement, et même s'il a profité de l'opération il pourrait être poursuivi et condamné jusqu'à concurrence de son enrichissement, « *quatenus locupletior factus est* (2). »

Quant à l'esclave, une obligation naturelle existe à sa charge et de plus, s'il avait un pécule, son maître pourrait être poursuivi par l'action *de peculio.*

Contrat litteris. — C'était une habitude chez les Romains de tenir un registre courant appelé *adversaria,* sur lequel ils mentionnaient toutes les opérations auxquelles ils se livraient. C'était un brouillon, et les opérations y étaient mentionnées sans aucun ordre, au fur et à mesure qu'elles se présentaient. Mais chaque mois, ces opérations étaient copiées sur un registre tenu avec plus d'ordre, et qu'on appelait *codex accepti et expensi.*

(1) L. 12, § 1, *D. de duobus reis.*
(2) L. 5. pr. *D. de auctorit. et constit. tut.* 26. 8.

Précisément parce que c'était une habitude d'avoir un *codex*, on attachait une grande présomption de sincérité à toutes les énonciations qui y étaient faites. Si donc, deux personnes indépendamment de toute numération ou réception d'espèces, s'accordaient, l'une à tenir la somme pour versée *(expensa lata)*, l'autre à la tenir pour reçue *(accepta lata)*, et la portaient comme telle sur leurs registres, il y avait une obligation formée *litteris.*

Ce contrat *litteris* pouvait être sans doute la source d'une obligation corréale. Nous n'avons pourtant pas à ce sujet de textes qui en énoncent la déclaration formelle. Mais ce silence s'explique par la désuétude dans laquelle était tombé sous Justinien ce contrat *litteris* (1).

Cependant nous avons des textes, qui supposent, que la création de l'obligation corréale par l'*expensilatio* était possible.

D'abord Gaius nous donne une différence entre la stipulation et le contrat *litteris.* « *Sed absenti expensum ferri potest*, *etsi verbis obligatio cum absente contrahi non possit* (2) »; puisqu'il nous donne cette différence c'est qu'apparemment à d'autres points de vue il y avait ressemblance, et comme l'obligation corréale pouvait résulter d'un contrat *verbis*,

(1) *Instit.* liv. III — t. XXI.
(2) *Com.* III, § 138.

le contrat *litteris* pouvait aussi probablement en donner naissance.

D'autres textes mettent sur la même ligne la stipulation et l'*expensilatio*, plusieurs *rei debendi aut credendi* et plusieurs *argentarii, quorum nomina simul eunt* (1). Ces fragments nous parlent seulement des *argentarii*, cependant on ne doit pas en conclure, que c'est seulement relativement à ces *argentarii*, que l'obligation corréale pouvait naître du contrat *litteris*. Ce fut chez ces *argentarii* que se conserva le plus longtemps l'usage de tenir les registres et de s'en servir pour faire un contrat *litteris*; c'est pourquoi les textes ne parlent que d'eux.

Que faut-il supposer pour la création d'une obligation corréale, au moyen du contrat *litteris?*

S'il s'agissait de constituer *duo rei promittendi*, il fallait que le créancier, du consentement des futurs débiteurs, portât sur son registre que la même somme a été *expensa*, par exemple *Primo et Secundo*. Maintenant, si nous supposons que du consentement de Primus, Secundus et Tertius aient écrit sur leurs registres que celui-ci leur devait les mêmes 100, il y aurait eu corréalité entre eux, et ils eussent été cocréanciers solidaires de Primus.

L'obligation corréale pouvait-elle résulter d'un *mutuum* d'une somme d'argent ou d'une même quantité, lorsque les parties ont ajouté

(1) L. 34, *de receptis*. 4. 8, — L. 9, pr. *D. de pactis.*

un pacte, dans le but de faire naître précisément cette corréalité?

Voilà une question qui est agitée entre les interprètes du droit romain, surtout en se plaçant à l'époque des jurisconsultes classiques. Nous adoptons cependant l'opinion de ceux, qui pensent que cela était possible.

On pourrait d'abord invoquer en notre faveur le commencement de la loi 71 *de fidejus.*, qui nous dit : « *Granius Antoninus, pro Julio Pollione et Julio Rufo pecuniam mutuam accipientibus, ità ut duo rei ejusdem debiti fuerint, apud Aurelium Palmam mandator exstitit.* » Le sens naturel du texte est, que Julius Pollio et Julius Rufo, sont devenus *duo rei ejusdem debiti,* parce que cela a été entendu entre les parties. Mais l'opinion contraire dit, que probablement, il y avait aussi une stipulation, qui a confirmé l'obligation née du *mutuum*, c'est donc la stipulation, et non un pacte, qui aurait donné naissance à la corréalité. Cette objection a beaucoup de force, parce que les Romains avaient réellement l'habitude d'ajouter une stipulation au *mutuum* (1).

Mais ce qui nous fait admettre l'opinion, que même au temps des jurisconsultes, un simple pacte ajouté au *mutuum* suffisait pour faire naître une obligation corréale, c'est le principe général qui nous est donné par Ulpien : « *Omnia quæ inseri stipulationibus pos-*

(1) L. 6, § 1. l. 7. *D. de novationibus*, 46, 2.

sunt, eadem possunt etiam numerationi pecuniæ (1). »

On oppose à notre doctrine le texte de Paul : « *Si tibi decem dem, et paciscar ut viginti mihi debeantur, non nascitur obligatio ultrà decem, re enim non potest obligatio contrahi nisi quatenus datum sit* (2). »

Nous répondrons à ce texte avec notre éminent doyen, M. Pellat que, « la convention de la solidarité ne viole pas la règle que l'obligation contractée par la numération de l'argent ne peut pas excéder ce qui a été compté. Il a été compté cent écus ; la corréalité ne fait pas qu'il soit dû un écu de plus ; seulement ce sera l'un ou l'autre des débiteurs qui les devra, suivant qu'il plaira au créancier de les demander à l'un ou à l'autre. Leur position n'est pas aggravée vis-à-vis du créancier ; car, si chacun court la chance de payer cent au lieu de cinquante, il a aussi la chance de ne rien payer du tout (3). »

Quoiqu'il en soit, cette opinion ne paraît pas être douteuse, déjà de la fin du troisième siècle. C'est ce qui résulte de trois constitutions des empereurs Dioclétien et Maximien (4).

Jusqu'à présent nous avons supposé plusieurs

(1) L. 7. *D. de rebus creditis*, 12, 1.

(2) L. 17. pr. *D. de pactis*, 2, 17.

(3) *Textes choisis*, p. 170. — V. en ce sens MM. Demangeat, loc. cit. p. 160. de Savigny, *des obligations* t. I, p. 170, de la traduction.

(4) LL. 5. 9 et 12, *C. si certum petatur*, 4, 2.

correi promittendi, mais nous pensons que la corréalité active pouvait aussi résulter du pacte ajouté au *mutuum* (1).

Voilà les trois contrats du droit strict, desquels la corréalité pouvait naître. Nous allons maintenant rechercher, quels sont les contrats de bonne foi, qui pouvaient donner naissance à des obligations solidaires, sauf à nous demander ultérieurement, si la solidarité qui résulte des contrats du droit strict, a les mêmes caractères que celle, qui résulte des contrats de bonne foi.

Papinien, dans un texte (2) nous dit, que *duo rei promittendi* peuvent résulter, non-seulement du contrat *verbis*, mais aussi d'autres contrats, comme le dépôt, le commodat, le louage, la vente.

Parcourons ces différents contrats. Papinien indique d'abord le dépôt comme pouvant donner naissance à une obligation solidaire. *Primus* a, par exemple, déposé un objet chez *Secundus* et *Tertius*, avec cette intention, qu'il puisse demander compte pour le tout à l'un ou à l'autre. En vertu du principe, que les pactes ajoutés *in continenti* à un contrat de bonne foi, font partie de ce contrat et que leur exécution peut-être poursuivie par l'action même du contrat (3), *Primus* pourra agir *in*

(1) L. 9, eod. tit.
(2) L. 9, *D. de duobus reis* 45. 2.
(3) L. 7, § 5. *D. de pactis*, 2, 14.

solidum, par l'action *depositi directa*, contre *Secundus* ou *Tertius*, à son choix.

Le jurisconsulte suppose dans ce texte une solidarité passive, mais la solidarité active pouvait aussi résulter du contrat de dépôt (1).

Quant au séquestre, c'est-à-dire, le dépôt d'une chose litigieuse entre les mains d'un tiers, il produisait toujours la solidarité entre les déposants, car il était censé fait par chacun pour le tout. Tandis que, dans le cas d'un dépôt ordinaire, d'après le droit commun, la solidarité n'existait pas au profit des déposants (2).

La solidarité pouvait aussi résulter du commodat. Si, par exemple, deux personnes empruntaient ensemble une même chose, elles répondaient solidairement de la chose et des détériorations qui pouvaient y survenir par suite de leur dol et leur faute, ou de leur manque de soin (3).

Enfin, la vente et le louage pouvaient donner naissance à une obligation solidaire. Lorsque plusieurs personnes achetaient ou louaient en commun la même chose, la solidarité passive pouvait y être attachée. De même, si plusieurs personnes avaient vendu ou donné à bail la même chose, chacune pour le tout, chacune d'elles aurait une action contre le débi-

(1) L. 1, § 44. *D. depositi*. 16, 3.
(2) L. 17. *D. depositi*. 16, 3.
(3) L. 5, § 15. *D. Commodati*. 13, 6.

teur pour la totalité du prix de vente ou du loyer (1).

Dans tous ces contrats que nous avons vus, pour que la solidarité puisse en résulter, il fallait nécessairement que telle fut l'intention des parties. Aussi Papinien, dans la loi 9, en parlant des dépositaires, nous dit: « *Utriusque fidem in solidum secutus* » et de même Ulpien: « *Si quidem sic deposuerint ut vel unus tollat totum.* » (2). A défaut de cette intention des parties, le droit commun reprend son empire, et l'obligation se divise. Du reste, il n'est pas besoin que cette volonté soit exprimée en termes formels, il suffit que l'intention des parties de former une obligation solidaire, résulte des circonstances (3).

Nous trouvons encore un contrat de bonne foi, qui n'est pas cité par Papinien, et duquel la solidarité pouvait résulter, c'est le contrat de mandat.

Lorsque deux personnes donnent un mandat à une troisième, celle-ci peut, par l'action *mandati contraria*, agir *in solidum* contre chacun de ses mandants. « *Paulus respondit unum ex mandatoribus in solidum eligi posse, etiamsi non sit concessum in mandato* » (4).

De même, si quelqu'un a donné un mandat

(1) L. 13 § 9. — L. 47, *D. locati*. 19. 2. — L. 5 § 15 *commod*. 13-6.

(2) L. 1 § 44, *depositi*. 16. 3.

(3) L. 47. *D. locati* 19-2.

(4) L. 59 § 3. *D. mandati*. 17 1.

à plusieurs personnes pour une même affaire, chaque mandataire est tenu *in solidum* envers le mandant. « ... *Respondi unumquemque pro solido conveniri debere, dummodo ab utroque non amplius debito exigatur.* » (1)

Enfin la solidarité pouvait résulter *d'un pacte de constitut*. « *Si duo, quasi duo rei, constituerimus, vel cum altero agi poterit in solidum.* » (2)

Voyons maintenant si l'obligation *quæ nascitur quasi ex contractu* pouvait être affectée de la solidarité.

Nous trouvons d'abord le testament, qui pouvait donner naissance à une obligation corréale. « *Nam ut stipulando duo rei constitui possunt, ita et testamento potest id fieri* » (3).

Pour établir par testament une corréalité passive, il fallait que le testament fut ainsi conçu: *Lucius Titius heres meus aut Mævius heres meus decem Seio dato. Seius*, le légataire, pourra agir *in solidum* contre chacun des héritiers (4). La corréalité passive ne pouvait résulter du testament, que si le testateur a légué la même chose à la charge de l'un ou de l'autre des héritiers (5), car si au lieu d'employer la conjonctive *aut*, il avait mis *et*, par exemple : *Seius et Titius Mævio decem dare damnas sunto,*

(1) L. 60 § 2, *D. mandati.*
(2) L. 16, pr., *D. de pec. consti.* 13 5.
(3) L. 16, *D. de legatis* 2°.
(4) L. 8 § 1, *de legatis* 1°.
(5) L. 25, pr. *de legatis* 3°.

il n'y aurait pas de corréalité entre les héritiers, mais chacun serait tenu pour sa part héréditaire. Il est vrai que Papinien, en voulant donner un exemple de la corréalité passive résultant du testament, dit: *Titius et Mœvius Sempronio decem dato* (1), il emploie la conjonctive *et*. Mais évidemment c'est une erreur d'un copiste, et il faut lire *aut*, au lieu de *et*; ceci est prouvé par d'autres textes que nous avons cités, et même par le texte de Papinien, le mot *dato* étant au singulier et non au pluriel (2).

Pour établir une corréalité active au moyen d'un testament, le testateur devait se servir d'une formule analogue. Ainsi, il devait dire: *Titio aut Seio, utri heres vellet, heres decem dato* (3). Si au lieu de dire *aut*, il avait employé la conjonctive *et*, il n'y aurait point non plus de corréalité active, le legs se diviserait entre Titius et Seius.

Si le testateur, sans ajouter les expressions: *utri heres vellet*, a dit simplement: *Titio aut Seio heres decem dato*, Justinien (4) nous apprend, qu'on n'était pas d'accord sur les effets de cette disposition, et pour couper court aux controverses, il dit: « *melius nobis visum est, conjunctivum aut pro et accipi.* » Par conséquent, par suite de cette disposition de Justi-

(1) L. 9 pr., *D. de duobus reis.* 45. 2

(2) MM. Demangeat, loc. cit., p. 155 — De Wangerow, loc. cit. t. III, § 573, p. 74. 2°.

(3) L. 16 *D. de legatis* 2°.

(4) L. 4 *C. de verb. et rer. signif.* 6. 38.

nien, le legs conçu ainsi : *Titio aut Seio heres decem dato,* se divisait entre les légataires, et chacun ne pouvait agir contre l'héritier que pour moitié.

La tutelle nous présente un second exemple d'une obligation *quæ nascitur quasi ex contractu,* de laquelle pouvait résulter une obligation solidaire.

Mais ici, on doit faire plusieurs distinctions. Lorsqu'il y avait plusieurs tuteurs ou curateurs et que l'administration a été divisée entre eux, soit par le testateur, soit par le magistrat, chacun d'eux ne pouvait être poursuivi que « *pro sua administratione, periculum invicem tutoribus seu curatoribus non sustinentibus, nisi per dolum aut culpam suspectum non removerunt, vel tarde suspicionis rationem moverunt* (1). »

Si ce sont les tuteurs eux-mêmes, qui ont divisé entre eux l'administration, le pupille pouvait agir contre chacun d'eux *in solidum* : « *non prohibetur adolescens unum ex his in solidum convenire.* (2). »

Si l'administration entre les tuteurs ou curateurs n'était pas divisée par le testateur ou par le magistrat, le pupille avait droit de poursuivre chacun d'entre eux *in solidum* (3).

Nous trouvons souvent dans les textes, qu'on

(1) L. 2 C. *de dividenda tut.* 5, 52.
(2) Eod. loco.
(3) L. 2 C. *de divid. tut.* — L. 55 *D. de admin. et peri. tut.* 26. 7.

mentionne à côté des tuteurs, les magistrats municipaux. Ils étaient chargés de *nominare tutores*, c'est-à-dire, présenter au magistrat supérieur, la personne capable de gérer une tutelle. Ils étaient en outre obligés d'exiger des tuteurs la caution *rem pupilli salvam fore*. Comme sanction de cette double obligation, ils étaient tenus d'une action utile qui était pour le pupille une dernière ressource, *subsidiaria actio* (1). Les textes nous disent, que les magistrats municipaux étaient tenus, par cette action, *in solidum* (2).

Une *sentence judiciaire* peut-elle donner naissance à une obligation solidaire?

En principe, lorsque plusieurs personnes sont condamnées par un même jugement, l'obligation naissant de la condamnation se divise entre elles : « *Papinianus respondit scindi sententiam in personas, atque ideò eos qui condemnati sint viriles partes debere* (3). »

Cependant, cette division de l'obligation résultant de la sentence, peut être empêchée par le juge, en condamnant chacun des défendeurs *in solidum* (4). Ceci peut arriver par exemple, lorsque deux débiteurs conjoints sont poursuivis par le créancier qui prétend, qu'ils sont

(1) Instit., *de satisda. tut. v. curat.* liv. I, t. XXIV, § 2 et 4.

(2) L. 1, § 0. — L. 8 *D. de magist. conven.* 27, 8.

(3) L. 10, § 3, *D. de appellat.* 49, 1. — Aj. L. 43, *D. de re judic.* 42, 1. — L. 59, § 3, *D. mandati.* 17, 1.

(4) L. 1 *C. si plures una sent* 7. 55.

des débiteurs solidaires; s'il réussit à persuader au juge que les débiteurs, au lieu d'être simplement conjoints, sont solidaires, et le juge les condamne *in solidum*, dans ce cas, la sentence aura été véritablement créatrice de la solidarité (1).

Nous pouvons aussi trouver une obligation solidaire dans le cas des actions *adjectitiæ qualitatis*, qui sont : *institoria*, *exercitoria*, *quod jussu*, *de peculio*.

Ainsi, lorsqu'un homme libre, préposé en qualité de *magister navis* ou d'*institor*, s'est obligé dans l'exercice de sa fonction, le créancier pouvait agir *in solidum*, soit contre le préposé par l'action résultant du contrat, soit contre le préposant par l'action *exercitoria* ou *institoria* (2). Si cet homme libre a été préposé par plusieurs personnes, chacun des préposants pouvait être poursuivi *in solidum* (3).

Les mêmes décisions doivent être appliquées, si un contrat est intervenu sur le *jussus* d'une ou plusieurs personnes (4).

Nous passerons maintenant aux obligations qui naissent *ex delicto* ou *quasi ex delicto*.

Un délit peut donner naissance à plusieurs espèces d'actions.

La victime du délit peut avoir d'abord l'ac-

(1) MM. Demangeat, *loc. cit. p.* 201. De Savigny, *loc. cit. p.* 178.

(2) L. 1, § 17 *D. de exercit. act.* 14, 1. — L. 1, § 24. — L. 5, § 1, *eod. cit.*

(3) L. 1, § 25, *de exercit. act.*

(4) L. 5, § 1 *D. quod jussu*, 15, 4.

tion *rei persecutoria*, dont le but est le maintien ou le rétablissement du patrimoine du demandeur. Telles étaient par exemple, la *condictio furtiva* ou la *reivindicatio* donnée à la victime du vol.

Puis, les délits peuvent donner naissance aux actions purement pénales, dont le but est d'infliger au délinquant une diminution de son patrimoine.

Quant à l'action *rei persecutoria*, si plusieurs personnes ont concouru au délit, chacune d'elles est tenue *in solidum* (1).

Il en est de même, s'il s'agit d'une action pénale unilatérale, c'est-à-dire, dont le résultat est la diminution du patrimoine du défendeur sans enrichir le demandeur, mais le créancier une fois payé, ne pourra plus agir; car l'action pénale unilatérale est persécutoire au point de vue du demandeur. Elle a pour but non pas de l'enrichir, mais de l'indemniser, et le but de l'action est rempli, lorsqu'il obtient cette indemnité (2). Telle était, par exemple, l'action *de dolo*.

S'il s'agit d'une action pénale bilatérale, c'est-à-dire, tant au point de vue du demandeur qu'au point de vue du défendeur, les codélinquants étaient tenus aussi *in solidum*, et même la prestation faite par l'un d'eux, ne libérait pas les autres. Le créancier avait le

(1) L. 1, *C. de condic. furt.* 4, 8.

(2) L. 1, § 4, *D. de eo per quem* 2. 10. — L. 17, *D. de dolo malo* 4. 7.

droit de toucher le montant de la peine autant de fois qu'il y avait de débiteurs (1). Telle était, par exemple, l'action *furti*.

Certaines actions ont un caractère mixte, elles sont, au point de vue du demandeur, à la fois *rei persecutoriæ et pœnales; rei persecutoriæ* pour la valeur du dommage causé au demandeur, *pœnales* pour le surplus. Ces actions devraient donc suivre à la fois des règles des actions *rei persecutoriæ* et des règles des actions *pœnales*, par conséquent, si plusieurs personnes sont tenues d'une telle action, il faudrait décider que si l'une d'elles a acquitté la condamnation prononcée, les autres sont seulement libérées jusqu'à concurrence de la valeur du dommage causé. Cependant, nous avons des textes qui ne sont pas d'accord avec cette règle. Ainsi, par exemple, l'action *quod metus causa* était au quadruple, mais la peine était au triple et le reste était considéré comme indemnité du dommage causé: donc cette action etait mixte. Il faudrait par conséquent décider que, si l'un des codélinquants a payé le quadruple, tous les autres ne sont pas cependant libérés quant à l'élément pénal qui se trouve dans cette action. Mais, il en était autrement; lorsque l'un d'eux a payé le quadruple, tous les autres codélinquants ont été libérés complétement (2).

(1) L. 55, § 1, *D. de administ. et peri. tut.* 26. 7.

(2) L. 14, § 15, D. *quod metûs causâ*, 4, 2. — Aj. LL. 1. § 10, 2, 3, D. *de his qui effud.* 9, 3.

L'action *legis Aquiliæ* était à la fois *rei persecutoria* et pénale. Supposez que plusieurs personnes ont tué un esclave de Primus. Cet esclave au moment du délit valait 15. Mais le maître de l'esclave pouvait obtenir par cette action la plus grande valeur, que l'esclave avait dans l'année qui a précédé le délit. Si cette valeur était de 25, dans ce cas, l'action de la loi *Aquilia* était purement pénale jusqu'à concurrence de la différence entre 15 et 25. Donc il faudrait décider que l'indemnité pour l'esclave, c'est-à-dire 15, devrait être payée une seule fois et que les codélinquants ne seraient tenus en totalité que de l'élément pénal. Cependant les textes nous disent le contraire. Ainsi, Ulpien nous dit : « *Si plures servum percusserint, utrum omnes quasi occiderint, teneantur, videatur. Et, si quidem apparet cujus ictu perierit, ille quasi occiderit tenetur. Quod si non apparet, omnes quasi occiderint teneri Julianus ait. Et, si cum uno agatur, cœteri non liberantur ; nam ex lege Aquilia quod alius præstitit, alium non relevat, cum sit pœna* (1). » Donc, d'après ce texte, chacun des codélinquants devait payer le montant et de l'indemnité et de la peine. On peut en donner la raison suivante. Comme la victime du délit en agissant, peut choisir pour chaque codélinquant une autre époque dans l'année quant à la valeur de l'esclave « on arrive pour chacun des coupables

(1) L. 11, § 2, D. *ad leg. Aquil.* 9. 2.

à un moment où les autres n'agissaient plus de concert avec lui, c'est pourquoi il doit payer la totalité du dommage (1).

Quand un esclave a commis un délit, ou un animal a occasionné un dommage, une obligation solidaire peut en résulter à la charge de plusieurs personnes. Cela peut arriver lorsque l'esclave a plusieurs maîtres, ou un animal appartient à plusieurs personnes (2).

CHAPITRE III.

EFFETS DE L'OBLIGATION CORRÉALE OU SOLIDAIRE.

SECTION Ire.

EFFETS DE LA CORRÉALITÉ ACTIVE.

En traitant de la solidarité passive, nous verrons, qu'il est très-important de distinguer entre les débiteurs qui sont tenus d'une obligation corréale, et les débiteurs simplement solidaires.

Cette distinction doit-elle être faite, quand il s'agit de la corréalité active ?

(1) M. De Savigny, *Traité de Dr. Rom.* t. V, p. 251.

(2) L. 5, pr. *D. de noxal. act.* 9, 4. — L. 1, § 14, *D. si quadrupes*, 9, 1.

Nous ne trouvons rien dans les textes qui autoriserait cette distinction. Tous les textes, qui parlent des effets d'une obligation existant pour le tout au profit de chacun des créanciers, supposent toujours que ces créanciers sont créanciers corréaux. On ne parle point des effets d'une obligation simplement solidaire existant au profit de plusieurs créanciers. Aussi les auteurs s'accordent-ils généralement à dire, que cette distinction, quant à la solidarité active, ne doit pas être faite (1).

Cependant il n'est pas facile de justifier cette différence entre les créanciers et les débiteurs.

Voici peut-être, comment on pourrait l'expliquer.

La modalité dont nous nous occupons, était sans doute très-rare en droit romain, comme elle l'est encore aujourd'hui, quant aux créanciers, tandis qu'elle était fréquemment employée, quant aux débiteurs. Cela se comprend, car appliquée aux créanciers, elle n'était qu'une sorte de mandat, mandat gênant, puisqu'il est irrévocable; appliquée au contraire aux débiteurs, elle présentait bien plus d'utilité, car, en diminuant les chances de l'insolvabilité du débiteur, elle facilitait et favorisait les transactions. Cela étant « on conçoit que les jurisconsultes romains aient élaboré avec plus de soin la théorie des débiteurs tenus *in solidum*, et qu'ils soient ainsi arrivés à signaler des

(1) MM. DE SAVIGNY, *des obligations*, t. I, p. 220 de la traduction. — DEMANGEAT, *des oblig. solid.*, p. 402.

nuances délicates entre les différents cas. »(1) D'ailleurs, les effets rigoureux de la corréalité appliquée aux créanciers étaient moins choquants dans la pratique, que, lorsque cette corréalité était appliquée aux débiteurs. « On comprend très-bien, dit notre savant maître M. Demangeat, que le débiteur, une fois qu'il a été actionné par l'un des créanciers, se considère désormais comme ne devant plus avoir affaire qu'à lui. Aussi la même règle existe-t-elle chez nous (C. Nap. art. 1198), sauf que chez nous les poursuites qui enlèvent au débiteur la faculté de se libérer entre les mains de celui des créanciers qu'il veut choisir, ne sont pas nécessairement des poursuites judiciaires (2). »

Quoiqu'il en soit, cette distinction entre les créanciers corréaux et simplement solidaires ne se trouvant pas dans les textes, nous ne considérerons en somme les créanciers, que comme créanciers corréaux.

Nous nous occuperons successivement des effets que peuvent produire sur une créance corréale, les différents modes d'extinction d'obligations.

§ I. — *Paiement.*

Le mot paiement, *solutio,* a deux significations. Tantôt, pris dans un sens large, il désigne

(1) M. Demangeat, *loc. cit.* p. 402.
(2) P. 69 et 70.

tout mode d'extinction d'obligation ; tantôt il prend une acception plus restreinte et désigne l'extinction par l'accomplissement même de l'obligation. Ici nous l'employons dans la seconde acception.

Lorsque l'un des *correi stipulandi* est payé par le débiteur, la créance corréale est complètement éteinte, non-seulement à l'égard du créancier qui a obtenu la prestation, mais aussi à l'égard de ceux qui n'ont rien reçu. C'est la conséquence de ce que, bien qu'il y ait plusieurs créanciers, il n'y a qu'un seul objet dû, la prestation de cet objet doit entraîner l'extinction complète de l'obligation. Ceci est si évident, que le jurisconsulte Javolenus, qui s'occupe des autres modes d'extinction (1), ne prend pas même la peine d'indiquer le paiement. Les Institutes de Justinien nous le disent expressément (2).

Ce paiement peut être fait soit en totalité à l'un des créanciers, soit partiellement à chacun des créanciers ; seulement, il faut bien que ces derniers consentent à recevoir un paiement partiel, chacun ayant le droit d'exiger la totalité (3).

Le débiteur peut choisir celui des *correi stipulandi*, qu'il veut payer, mais si l'un d'eux a

(1) L. 2 *D. de Duobus reis*, 45-2.

(2) *De Duobus reis*, § 1. — Aj. L. 31, § 1 *D. de Novat.* 46, 2.

(3) L. 34, § 1 D. *de solution*. 46, 3.

déjà intenté l'action contre le débiteur, il ne peut plus offrir la somme à l'autre (1).

Le paiement peut consister soit dans la prestation de la chose due, soit dans la prestation d'une autre chose, que le créancier consent à recevoir, c'est ce qu'on appelle : *datio in solutum.*

On pourrait douter que l'un des *correi stipulandi* puisse éteindre les droits des autres, en recevant une chose autre que celle qui était *in obligatione.* Mais ce doute doit disparaître en présence de ce que nous dit le jurisconsulte Venuleius, qu'en principe chacun des *correi stipulandi*, a autant de droit que s'il était seul créancier, *ac si solus stipulatus esset* (2). Chacun d'eux est considéré comme maître de la créance commune.

Mais alors, quel sera l'effet de cette *datio in solutum?* Eteindra-t-elle les droits des autres créanciers?

Avant de répondre à cette question, il faut dire quelques mots de la controverse, qui existait à l'égard de cette *datio in solutum*, entre les Sabiniens et les Proculiens.

Selon les Sabiniens cette opération équivalait à un paiement véritable, et ils admettaient que le débiteur était libéré *ipso jure.*

Les Proculiens, au contraire, n'y voulaient pas voir un paiement proprement dit, et en conséquence, d'après eux, l'obligation n'était

(1) L. 16, D. *de duobus reis*, 45, 2.
(2) L. 31, § 1 D. *de novation.* 46, 2.

pas éteinte *ipso jure*, elle existait *jure civili*, malgré la *datio in solutum*. Mais ils admettaient, que si le créancier, qui l'a consentie, poursuivait le débiteur, celui-ci pouvait le repousser au moyen de l'exception *doli mali* (1). Les Proculiens considéraient probablement cette *datio in solutum* comme une vente consentie au profit du créancier, pour une somme égale au montant de sa créance (2). Le créancier devenait donc en sa qualité d'acheteur, débiteur de cette somme, et s'il voulait poursuivre le débiteur, celui-ci pouvait lui opposer la compensation au moyen de l'exception *doli mali*.

Reprenant la question que nous avons posée, à savoir : la *datio in solutum*, reçue par l'un des *rei stipulandi*, éteint-elle le droit des autres *correi?* elle sera résolue d'une manière différente, suivant l'opinion des Sabiniens ou l'opinion des Proculiens. Selon les Sabiniens, la *datio in solutum*, équivalant à un paiement, les droits des autres *correi* sont éteints.

Les Proculiens ne devaient pas donner la même décision. En effet, nous verrons plus tard que, lorsque le débiteur commun devient créancier de l'un des *rei stipulandi*, il ne peut pas opposer aux autres la compensation, en repoussant leur action par l'exception *doli mali;* il ne peut s'en servir qu'à l'encontre de celui dont il est devenu créancier. Or, puisque

(1) GAIUS, C. III. § 168.
(2) M. de SAVIGNY, *loc. cit.* t. I, p. 184.

les Proculiens, nous l'avons supposé, considairent la *datio in solutum* comme une vente avec compensation, il en résulte que, selon eux, l'exception *doli*, qui naît de la *datio in solutum*, ne peut être opposée qu'à celui des *correi stipulandi*, qui a consenti de recevoir cette *datio*.

Sous Justinien, il n'y a plus de difficulté. Nous voyons en effet dans les Instituts (1), que le paiement proprement dit et la *datio in solutum*, sont mis sur la même ligne.

On peut rapprocher du paiement la consignation de la somme due, lorsque ayant été offerte à l'un des *rei stipulandi*, celui-ci l'a refusée. Ce dépôt étant régulièrement fait, la créance est éteinte vis-à-vis de tous les *correi stipulandi*, et le créancier à qui les offres ont été faites, a seul une action utile contre le dépositaire (2).

§ 2. — *Acceptilatio*.

L'acceptilation était un paiement fictif, *imaginaria solutio*, qui avait lieu au moyen d'une stipulation, dans laquelle le créancier interrogé par le débiteur déclarait tenir son paiement pour reçu, et par suite, le débiteur était complétement libéré.

L'acceptilation s'appliquait spécialement aux obligations contractées *verbis*. « *Quo ge-*

(1) *Quib. mod. obl. tollitur*, liv. III, t. XXIX, pr.
(2) L. 19, C. *de usuris*, 4, 32. — L. 9, C. *de solution.* 8, 43.

nere tantum ex solvuntur obligationes, quæ ex verbis consistunt, non etiam ceteræ (1). » Dans ce cas l'acceptilation éteignait l'obligation *ipso jure*. Si on l'employait pour les obligations qui n'étaient pas contractées *verbis*, elle n'opérait pas *ipso jure*. Mais comme dans ce cas, l'acceptilation renfermait au moins un pacte intervenu entre les parties que la dette sera éteinte, elle procurait au débiteur, au profit duquel elle est intervenue, une exception, pour repousser l'action qui serait intentée contre lui au mépris de cette acceptilation. « *Si acceptilatio inutilis fuit, tacita pactione id acturus videtur ne peteretur* (2). »

Supposons qu'il y ait plusieurs *correi stipulandi* et l'un d'eux fasse l'acceptilation au débiteur, quel sera l'effet de cette acceptilation? Si l'obligation corréale a été formée *verbis*, le débiteur est libéré à l'égard de tous les créanciers. « *Acceptilatione unius tota solvitur obligatio* (3). » S'il s'agissait d'une obligation découlant d'un autre contrat, que le contrat *verbis*, l'acceptilation, nous l'avons dit, ne produisait qu'une exception *pacti conventi*. Nous renvoyons donc à ce qui sera dit du pacte de *non petendo*.

Cependant nous devons ici ajouter, qu'on pouvait éteindre *ipso jure* par acceptilation,

(1) Gajus, C. III, § 170. — *Instit.* liv. III, t. XXIX, § 1.

(2) L. 27, § 9, D. *de pactis*, 2, 14. — Aj. LL. 8, 19, *de accepti*, 46, 4.

(3) L. D. *de duobus reis*, 45, 2. — Aj. L. 13, § 12 D. *de acceptil.* 46, 4.

une obligation qui ne résultait pas d'un contrat *verbis*, mais alors, il fallait auparavant la transformer en obligation *verbis*, au moyen de la stipulation. Cette stipulation renfermait une novation, nous aurons à nous demander en traitant de la novation, si un des *correi stipulandi* peut faire cette stipulation, ou en d'autres termes, si un des *correi stipulandi* peut faire une novation qui serait opposable à ses *correi*.

D'après certains jurisconsultes romains, l'effet que produisait l'acceptilation, pouvait être aussi produit par la *dictio dotis*. Si par exemple Prima qui épouse son débiteur, veut lui constituer en dot ce qu'il lui doit, elle peut le libérer soit par acceptilation soit par la *dictio dotis*. Selon plusieurs jurisconsultes, la *dictio dotis* éteignait la dette *ipso jure* comme l'acceptilation (1). D'autres, au contraire, ne donnaient à la *dictio dotis*, que l'effet d'un pacte qui procurait au mari une exception (2). Si nous supposons que la femme avait un cocréancier solidaire, celui-ci conservera-t-il le droit contre le mari, après la *dicto dotis* faite par la femme? La réponse dépend, suivant qu'on se place dans l'une ou l'autre des opinions précédentes. Si on regarde la *dicto dotis* comme opérant de la même manière que l'acceptilation, le mari sera complètement li-

(1) L. 77, D. *de jure dotium*, 23, 3. L. 31, § 1, D. *de novation*, 46, 2.

(2) L. 44, § 1, D. *de jure dotium*. 23, 3.

béré, tant à l'égard de la femme, qu'à l'égard de son créancier. Il faut dire, au contraire, que le mari restera tenu à l'égard de ce co-créancier, si on décide que la *dictio dotis* procurait seulement une exception *pacti conventi*.

§ 3. — *Novation.*

La novation était l'extinction d'une oblition par la substitution d'une obligation nouvelle. Ulpien la définit : « *Novatio est prioris debiti in aliam obligationem vel civilem vel naturalem transfusio atque translatio : hoc est cum ex præcedenti causa ita nova constituatur ut prior perimatur. Novatio enim à novo nomen accepit et a nova obligatione (1).* »

La novation anéantissait l'obligation *ipso jure* comme l'acceptilation, et peu importe que la première obligation était contractée *re*, *verbis*, *litteris*, *consensu*, qu'elle provenait *ex contractu* ou *quasi ex contractu*, *ex delicto* ou *quasi ex delicto*, pourvu que la seconde eût été contractée *verbis* (2), et avec intention de nover la première (3).

Sous Justinien cette intention devait être formellement exprimée (4).

(1) L. 1, pr. D. *de novation*, 46, 2

(2) En général, car la novation pouvait aussi résulter d'un contrat *litteris*.

(3) L. 1, § 1, L. 2, D. *de novation*, 46, 2.

(4) Instit., liv. III. t. XXIX, § 3. — L. 8, C. *de novation* 8, 42.

Supposons qu'il y ait plusieurs *correi stipulandi*, quel sera l'effet de la novation faite par l'un d'eux avec le débiteur?

La réponse n'est pas facile, car il y a deux textes qui paraissent contradictoires. Dans la loi 31 § 1 D. de *novation* (46, 2), Venuleius décide que l'un des *correi stipulandi* peut éteindre la créance commune par la novation avec le débiteur, et Paul dans la loi 27, D. *de pactis* (2, 14), semble dire le contraire. Avant de rechercher si la conciliation est possible, voyons les textes.

Venuleius au commencement de la loi 31, § 1 *de novat*, pose d'abord la question « *si duo rei stipulandi sint, an alter jus novandi habeat quæritur.* » Ce mot « *quæritur* », nous montre que la question était controversée. Le jurisconsulte admet l'affirmative. Il raisonne de la manière suivante: Un des *rei stipulandi* peut recevoir le paiement, peut éteindre la créance corréale en actionnant le débiteur ou en lui faisant l'acceptilation; donc, chaque *correus* a autant de droit que s'il était seul créancier, sauf qu'il peut perdre la créance par le fait de son *correus*. Dès lors, il doit pouvoir libérer le débiteur vis-à-vis de ses cocréanciers, en faisant la novation avec lui, et c'est avec d'autant plus de raison qu'il y a une analogie entre la novation et le paiement: « *eo magis cùm eam stipulationem similem esse solutioni existimemus.* »

Il semble, d'après cette phrase du texte « *cum id specialiter agit*, » que la décision de

Venuleius ne devrait s'appliquer qu'au cas, où le *correus stipulandi* aurait nové spécialement dans le but d'éteindre l'obligation corréale, vis-à-vis de son co-créancier. Mais nous croyons, que ces mots « *cum id specialiter agit* » ont été intercalés par Tribonien, pour mettre le texte d'accord avec la Constitution de Justinien (1), dans laquelle il exige que l'intention de nover soit exprimée par les parties (2).

Venuleius, dans la suite du texte, fait l'application de l'idée que la novation qui émane d'un seul des créanciers éteint complètement l'obligation corréale à trois hypothèses différentes, exprimées dans ces termes : « *Si unus delegaverit creditori suo communem debitorem isque ab eo stipulatus fuerit, aut mulier fundum jusserit doti promittere viro, vel nuptura ipsi, doti cum promiserit, nam debitor ab utroque liberabitur* ».

Nous ferons observer que, probablement, le jurisconsulte parlait non pas de la promesse de la dot, mais de la *dictio dotis*. Seulement, comme sous Justinien la *dictio dotis* était tombée en désuétude, alors les compilateurs de Digeste avaient simplement remplacé *dicere* par *promittere*. En effet, si Venuleius avait parlé d'une promesse de la dot faite au futur mari par la femme sa créancière solidaire avec un tiers, il n'aurait pas dit : « *debitor ab*

(1) L. 8, C. *de novat.* 8. 42.

(2) MM. De Savigny, *loc. cit.* t. 1, p. 180. — Demangeat, p. 51.

utroque liberabitur, » car le futur mari libéré vis-à-vis de sa femme *exceptionis ope*, resterait néanmoins obligé envers le *correus* de sa femme. Tandis qu'en admettant la *dictio dotis*, le texte s'explique, car, comme nous l'avons déjà dit, la *dictio* qui intervenait de la part du créancier au profit du débiteur, équivalait, du moins dans l'opinion de certains jurisconsultes, à l'acceptilation.

Passons maintenant à la loi 27 *de pactis*, qui semble présenter une décision tout-à-fait contraire à celle de la loi 31, § 1, *de novat.*

Dans cette loi 27, Paul décide d'abord, que si l'un des banquiers qui se sont associés pour faire le commerce, a fait un pacte *de non petendo* avec le débiteur, ce pacte ne sera pas opposé à l'autre, car, dit-il, l'association entre ces banquiers donne seulement à chacun le droit de demander le paiement de toute la dette, et comme dit Labéon, le *pouvoir de recevoir le paiement n'emporte pas celui de nover.* C'est ainsi, continue-t-il, que ceux qui sont dans notre puissance peuvent recevoir le paiement de ce qu'ils ont prêté, bien qu'ils ne puissent pas nover ; puis il ajoute : *il faut en dire autant de deux rei stipulandi.*

Voilà donc deux textes, l'un permet la novation à l'un des *rei stipulandi*, l'autre la lui refuse.

Plusieurs conciliations de ces deux textes, ont été proposées.

La première consiste à dire que les mots : *denique in duobus reis stipulandi dicendum est*, ne se réfèrent point à tout ce qui précède dans le texte, mais seulement à la question de savoir, si l'un des *argentarii socii* peut faire un pacte qui serait opposable à l'autre, et le jurisconsulte Paul, suivant en cela l'opinion de Neratius, Atilicinus et Proculus, répond que non et, ajoute-t-il : il faut de même dire de deux *rei stipulandi*. Quant à la novation, le jurisconsulte ne s'en occupe pas. S'il cite Labéon, qui dit que le pouvoir de recevoir le paiement n'emporte pas celui de nover, c'est seulement incidemment, et comme argument pour faire valoir l'opinion, qui refuse à l'un des *argentarii* la faculté de faire avec le débiteur un pacte opposable aux autres *argentarii* (1).

Il est difficile d'admettre cette conciliation. Pourquoi la fin du texte ne s'appliquerait-elle pas à tout ce qui précède, mais seulement à ce qui a été décidé au sujet d'un pacte? La scission qu'on veut faire entre le commencement du texte et ce qui suit est tout-à-fait arbitraire et forcée, par conséquent inadmissible.

Dans une autre conciliation, on prétend que dans la phrase de Labéon : *nam nec novare alium posse, quamvis ei rectè solvatur*, le mot *alium* ne se réfère point à l'un des *argentarii socii*, mais veut indiquer en général une personne qui, n'étant pas créancière, peut cependant recevoir le paiement. Labéon aurait raisonné ainsi : le droit de faire la novation ne découle pas du droit de recevoir le paiement,

(1) M. de Savigny, *loc. cit*, t. I, page 105.

or, comme le pacte de *non petendo* diffère du paiement encore plus que la novation, donc, bien que l'un des *argentarii* puisse recevoir le paiement et par cela éteindre la créance commune, on ne peut pas en conclure qu'il puisse enlever le droit à son associé, en faisant avec le débiteur un pacte de *non petendo*. Et puis, avec cette explication du texte, on arrive à la même conclusion que dans l'explication précédente. Labéon et Paul ne se seraient occupés que seulement de la question de savoir, si l'un des *argentarii socii* peut faire avec le débiteur un pacte de *non petendo* opposable aux autres *argentarii*, et la décision donnée par eux sur ce point, serait étendue aux *duo rei stipulandi*. Quant à la question de savoir, si l'un des *argentarii* (et par conséquent si l'un des *rei stipulandi*) peut faire la novation, Labéon et Paul ne s'en sont pas occupés (1).

Nous ne pouvons pas admettre cette conciliation de ces deux textes. Le raisonnement qu'on prête à Labéon, ne se trouve pas dans le texte, et puis ce mot « *alium* » doit se référer logiquement aux *argentarii socii* et non à toute personne, qui, sans être créancière, peut recevoir le paiement, puisque dans ce qui précède, le jurisconsulte Paul s'occupe de ces *argentarii socii*.

Nous croyons donc, tout en admettant que la décision de Venuleius est plus conforme aux

(1) Pothier, *Pand Justin*, *tit*, *de pactis*, n° 45, M. de Vangerow, *loc. cit.* t. III, § 573, page 100

principes du droit romain, que les deux textes ne peuvent pas être mis d'accord et que la novation permise par Venuleius à l'un de *duo rei stipulandi*, lui était refusée par Paul et probablement par les jurisconsultes, qu'il cite en parlant des *argentarii socii* (1).

§ 4. — *Litis contestatio.*

On appelait ainsi, à l'époque des jurisconsultes classiques, la dernière phase de procédure, qui avait lieu devant le magistrat, *in jure*. Il est vrai que ceci est controversé, et on soutient dans une autre opinion, en se fondant sur une constitution qui figure au Code sous le nom des empereurs Sévère et Antonin (2), que la *litis contestatio* avait lieu devant le juge. Cependant notre opinion peut être victorieusement soutenue, en combinant la définition de la *litis contestatio* donnée par Festus, de laquelle il résulte que la *litis contestatio* a lieu une fois que *judicium ordinatum est*, avec les LL. 12 § 2. 39 pr. 28 § 4 *D. de judiciis* (5-1). — L. 25 § 8, *D. de ædil. edic.* (21-1) (3).

L'un des effets de la *litis contestatio* était la consommation de l'action une fois déduite *in judicium*. Il était en effet de principe en droit

(1) CUJAS, in lib. III, *Pauli ad Edictum*. — M. DEMANGEAT loc. cit. p. 307 et s.

(2) *Loi unique, C. de litis contestat.* 3-9.

(3) Voir M. DEMANGEAT, *Cours élément. de dr. rom.* t. II, p. 470 et s.

romain, qu'une action une fois intentée ne pouvait plus être renouvelée « *bis de eadem re agi non potest.* » Plusieurs textes de Digeste ont conservé des traces de ce principe (1).

Cette extinction du droit déduit *in judicium* s'opérait de deux manières, *ipso jure* ou *exceptionis ope.*

Elle s'opérait *ipso jure*, si le *judicium* était *legitimum*, si l'action était *in personam* et avec une *intentio in jus concepta.*

S'il s'agissait au contraire d'un *judicium imperio continens*, ou bien d'une action *in rem*, ou enfin d'une action, qui avait l'*intentio in factum concepta*, l'action du créancier pouvait être paralysée par l'exception *rei in judicium deductæ* ou *rei judicatæ* (2).

Si nous supposons plusieurs *correi stipulandi* et l'un d'eux intente l'action contre le débiteur commun, quel sera l'effet de la *litis contestatio* à l'égard des autres *correi stipulandi?*

Nous avons déjà dit, que dans une créance corréale, bien qu'il y ait plusieurs créanciers, au point de vue de l'objet dû, il n'y a qu'une seule obligation; et comme d'un autre côté, la *litis contestatio* emporte l'extinction de l'obligation déduite *in judicium*, la conséquence forcée doit être, que le droit une fois qu'il a été déduit

(1) L. 11 § 1, *D. de novation.* 46-2. — L. 29, *eod. tit.* — L. 23, *D. de solution.* 46-3.

(2) Gaius, C. III, §§ 180 et 181. — C. IV, §§ 106 et 107.

en justice par l'un des *correi stipulandi* est consommé à l'égard de tous (1).

Cet anéantissement complet du droit lorsqu'il était exercé par l'un des *correi stipulandi*, se rattachait donc à l'effet extinctif de la *litis contestatio*. Mais le principe de la consommation du droit par la *litis contestatio* fut, sous le système extraordinaire, sans qu'on puisse préciser l'époque, remplacé par l'autorité accordée au jugement. L'exception *rei judicatæ* a absorbé en quelque sorte l'exception *rei in judicium deductæ* (2).

Justinien s'est occupé spécialement de cet effet extinctif de la *litis contestatio*, et par une Constitution (3) il a décidé, qu'à l'égard de la corréalité passive, la poursuite exercée contre l'un des *rei promittendi* ne libérerait plus les autres.

Cette Constitution est muette quant aux *correi stipulandi*; aussi, la question si même sous Justinien la poursuite exercée par l'un d'eux, éteint le droit des autres, est encore aujourd'hui débattue entre les interprètes du droit romain.

Dans une opinion que nous adoptons, on dit qu'il n'y avait pas besoin de disposition législative à cet égard, car l'effet extinctif de la *litis contestatio* intervenue sur les poursuites

(1) L. 2. *D. de duobus reis*, 45. 2. — L. 31 § 1, *D. de novation*. 46-2. — L. 5, *in fine*, *D. de fidejus*. 46 1.

(2) M. Demangeat, *Des oblig. solid.* p. 70.

(3) L. 28, *C. de fidejus.* 8. 41.

de l'un des *correi stipulandi*, n'était que la conséquence d'une règle tombée en désuétude; donc, la règle disparaissant, la conséquence devait naturellement disparaître (1).

Dans l'opinion contraire, on se fonde sur cette considération que les textes qui traitent de l'extinction du droit par la *litis contestatio* quant aux *correi stipulandi*, ont été insérés sans correction dans le Digeste (2), tandis que lorsqu'il s'agit des *correi promittendi*, beaucoup des textes ont été interpolés, pour les mettre d'accord avec la Constitution de Justinien (3).

§ 5. — *Chose jugée.*

L'un des *correi stipulandi* a poursuivi le débiteur qui a été absous. Le jugement d'absolution peut-il être opposé aux autres *correi?*

Cette question ne pouvait pas se présenter à l'époque des jurisconsultes classiques, car à cette époque, la simple *litis contestatio* qui précédait la sentence, avait pour effet d'éteindre le droit déduit *in judicium*.

Sous Justinien même, la question ne pourra pas se poser, si l'on admet que l'ancien principe, d'après lequel les poursuites exercées par

(1) MM. DE VANGEROW *loc. cit.* t. III, § 57. 3. p. 102. — DE SAVIGNY *loc. cit.* t. I. p. 204, note f.

(2) V. L. 5, *D. de fidejus.* 46 1. — L. 31, § 1, *D. de novation.* 46. 2. — L. 16. *D. de duobus reis*, 45. 2.

(3) V. p. ex. L. 8, § 1. *D. de legatis* 1°. — L. 2. *C. de fidejus. tut.* 5, 57. — En ce sens M. DEMANGEAT, *loc. cit.* p. 84.

l'un des *correi stipulandi* éteignent le droit des autres, n'a pas cessé d'exister.

Dans l'opinion contraire, comment cette question sera-t-elle résolue?

Les textes ne la résolvent pas directement, mais elle peut être tranchée par analogie avec ce que les jurisconsultes disent du serment, car dans plusieurs textes, on assimile les effets de la chose jugée avec les effets du serment (1). Or, puisque les jurisconsultes décident que le serment déféré par l'un des *correi stipulandi* nuit aux autres (2), nous devons en tirer cette conséquence : que si le débiteur, sur la poursuite de l'un des *correi stipulandi*, a été absous, la chose jugée peut être opposée aux autres *correi*.

Mais si le jugement a été rendu non contre, mais en faveur de l'un des *correi stipulandi*, les autres peuvent-ils l'invoquer? Les textes sont muets à cet égard. Nous croyons, avec M. de Savigny (3), que c'est seulement le créancier qui était partie au procès qui peut l'invoquer, les autres *correi* ne le peuvent pas.

§ 6. — *Serment.*

Le serment déféré par l'un des *correi stipulandi* est-il opposable aux autres *correi*?

(1) L. 35, § 1 D. *de Jurejur.* 12-2. — L. 56 D. *de re judicata*, 42-1. — L. 1 pr. D. *Quar. rer. actio non datur.* 44-5.

(2) L. 28 pr. D. *de Jurejur.* 12-2.

(3) Loc. cit., t. 1, p. 213.

Les jurisconsultes ont assimilé le serment à un paiement : « *Jusjurandum loco solutionis cedit.* » (1). Aussi, en partant de cette idée, décidaient-ils, que le serment déféré par l'un des *correi stipulandi* pouvait être opposé aux autres : « *In duobus reis stipulandi, ab altero delatum jusjurandum etiam alteri nocebit.* » (2).

Mais si c'est l'un des *correi stipulandi* qui a juré que la dette existe, ce serment profite-t-il aux autres? Silence dans les textes. Nous croyons qu'il faut admettre la négative (3). Ce serment pouvait bien prouver que le débiteur devait à celui qui l'avait prêté, mais il ne prouvait pas qu'il dût à ceux, qui se prétendaient les co-créanciers de celui qui a juré.

§ 7. *Pacte de Constitut.*

Le constitut était un pacte prétorien par lequel une personne promettait de payer tel jour sa propre dette, ou bien la dette d'autrui. Le préteur attacha une action à ce pacte, l'action *de pecunia constituta*, qui a été introduite à l'imitation de l'action *receptitia* donnée contre les *argentarii*.

Si c'est un tiers qui faisait ce pacte de constitut, l'obligation du débiteur primitif n'était pas éteinte, l'obligation de ce tiers venait s'ajouter à celle du débiteur, et le paiement fait

(1) L. 27 D. *de Jurejur.* 12-2.
(2) L. 28 D. *Eod. tit.*
(3) M. DE SAVIGNY, p. 208.

par l'un d'eux éteignait les deux obligations (1).

Si c'est le débiteur lui-même qui faisait ce pacte de constitut, son obligation primitive n'était pas éteinte *ipso jure*, mais s'il était poursuivi par l'action qui résultait de cette obligation, il pouvait repousser le créancier au moyen d'une exception. Le créancier ne pouvait désormais intenter efficacement que l'action *de pecunia constituta* (2).

Lorsqu'un des *correi stipulandi* avait fait le pacte de constitut avec le débiteur commun, l'obligation corréale était éteinte, et le débiteur ne pouvait plus payer entre les mains des autres *correi*. Payait-il entre les mains de l'un de ces derniers, il restait néanmoins tenu vis-à-vis le *reus*, avec lequel il avait fait le pacte, mais il avait la *condictio indebiti* contre celui qui avait reçu le paiement. Le jurisconsulte Paul motive ainsi cette décision : « *Loco ejus cui jam solutum est, haberi debet is cui constituitur* (3).

Toutefois, M. de Savigny prétend que le texte de Paul, sur lequel nous nous appuyons pour dire que la créance corréale était éteinte, n'était que l'expression d'une opinion qui n'a pas triomphé. D'après M. de Savigny, l'opinion qui aurait prévalu était, que le pacte de constitut fait avec le débiteur laissait subsister l'action originaire. Ce serait seulement par inadver-

(1) L. 18, § 3. D. *de pec. constit*, 13, 5.
(2) L. 5. § 2, L. 25, pr. *de pecun. constit.*
(3) LL. 7, § 1. 8, 9, 10. *D. de pec. constit.*

tance que, dans ce texte, dans lequel Paul se plaçait au point de vue de l'opinion plus tard abandonnée, les compilateurs auraient laissé subsister ce principe que le pacte de constitut valait paiement et qu'en conséquence, ce pacte fait avec l'un des *correi stipulandi* éteignait le droit des autres créanciers (1).

Comme ces assertions de M. de Savigny ne sont fondées sur aucun texte, qui au moins rendrait probable son opinion, nous croyons, qu'il faut mieux s'en tenir au texte positif, sur lequel est fondée notre décision.

§ 8 — *Pacte de non petendo.*

On appelait en droit romain *pacte*, une convention, qui ne produisait pas d'action d'après le droit civil et qui n'était en général garantie que par une exception (2).

En principe un pacte consenti, ne profitait ni ne nuisait qu'aux parties entre lesquelles il était intervenu (3).

Si le créancier faisait un pacte avec le débiteur, par lequel il promettait de ne pas exiger ce qu'il lui devait, le débiteur n'était pas libéré *ipso jure*, mais si le créancier s'avisait de le poursuivre au mépris de la convention, le débiteur pouvait le repousser au moyen de l'exception *pacti conventi*.

(1) *Des obligations*, t. I. p. 187 et 188.
(2) L. 1 § 1. L.L. 2. 7 pr. et § 1 D. *de pactis*. 2 14.
(3) L. 25. § 1 D. *de pactis*.

En supposant plusieurs *correi stipulandi*, si l'un d'eux fait avec le débiteur commun un pacte de *non petendo*, quel sera l'effet de ce pacte quant aux autres *correi?* La réponse est donnée par le jurisconsulte Paul, dans une loi (1) dont nous nous sommes déjà occupé en parlant de la novation. Le jurisconsulte prend l'hypothèse de plusieurs *argentarii socii*, dont l'un a fait le pacte de *non petendo* avec le débiteur commun, et il se demande : *an etiam alteri noceat exceptio?* Puis, citant l'opinion de plusieurs jurisconsultes, il répond, que même s'il s'agit d'un pacte *in rem*, l'exception ne peut être opposée qu'à celui, qui a fait le pacte, et à la fin du texte, il ajoute : « *idemque in duobus reis stipulandi dicendum est.* »

Ainsi, le pacte de *non petendo* fait avec le débiteur commun par l'un des *correi stipulandi* ne peut nuire qu'à lui; il ne peut être opposé aux autres *correi*.

La décision de Paul doit s'appliquer sans distinguer s'il s'agit d'un pacte *in rem* ou *in personam*, bien que cette distinction soit nécessaire, comme nous le verrons, en supposant plusieurs *correi promittendi*.

Quand nous traiterons de la solidarité passive, nous verrons, qu'il faut distinguer quant à l'effet du pacte de *non petendo in rem*, si les *correi promittendi* étaient ou non *socii*. Quant au pacte de *non petendo* fait par l'un des *correi stipulandi*, ce pacte ne peut être opposé aux

(1) L. 27 D. *de pactis*, 2, 14.

autres *correi* sans distinction s'ils sont ou ne sont pas *socii*. Cette différence peut être justifiée. Si le pacte *in rem*, consenti au profit de l'un des *correi promittendi* entre lesquels il y a société, ne pouvait pas être invoqué par les autres *correi*, le créancier en agissant contre un autre *correus*, enlèverait indirectement au débiteur, avec lequel le pacte est intervenu, le bénéfice de ce pacte, puisque ce *correus* forcé de payer, aurait le recours par l'action *pro socio* contre le débiteur, au profit duquel le pacte a été consenti. Donc, le créancier ne doit pas pouvoir agir contre les autres *correi*, ou plutôt, ceux-ci doivent avoir le droit de repousser l'action du créancier au moyen d'une exception. Tandis que, dans l'hypothèse où ce pacte *in rem* serait fait par l'un des *correi stipulandi* même *socii*, si le débiteur commun pouvait opposer ce pacte à l'autre *correus*, il ferait subir à une personne, qui était tout à fait étrangère à la convention, les conséquences de ce pacte.

Nous croyons que ce pacte ne peut-être opposé au *correus stipulandi socius*, même pour la part de celui qui a fait le pacte, puisque Paul en parlant des *argentarii socii* dit en termes généraux, que ce pacte ne peut pas nuire à l'argentarius qui n'y a pas pris part, et ce que Paul dit des *argentarii socii*, doit être également admis pour les *duo rei stipulandi socii* (1).

(1) M. Demangeat, *loc. cit.* p. 306.

§ 9. — *Compensation.*

Le jurisconsulte Modestin définit la compensation : « *debiti et crediti inter se contributio* (1). »

Dans les principes du droit romain, la compensation n'était pas une cause d'extinction d'obligations, c'était une chose d'équité, de commodité entre les parties, car dit Pomponius: « *interest nostra potius non solvere, quam solutum repetere.* » (2)

Dans l'ancien droit romain la compensation n'était admise que dans les actions de bonne foi, et seulement, si la créance alléguée par le défendeur provenait *ex eadem causâ* (3). En dehors des actions de bonne foi Gaius nous indique encore deux cas, dans lesquels la compensation pouvait avoir lieu (4).

Dans les actions du droit strict, Justinien (5) nous dit, qu'elle fut admise en vertu d'un rescrit de Marc-Aurèle et qu'elle se faisait valoir au moyen de l'exception *doli mali.* Les actions du droit strict provenant toutes d'obligations unilatérales, la compensation devait nécessairement avoir lieu ici entre des dettes et des créances provenant de causes différentes, *ex dispari causâ.*

(1) L. 1. D. *de compensat.* 16. 2.
(2) L. 3, *eod. tit.*
(3) Gaius, C. IV, § 61.
(4) C. IV, § 64 et s.
(5) *Instit., de actionibus*, liv. IV, t. VI § 30.

Si le débiteur commun devient créancier de l'un des *correi stipulandi*, peut-il opposer cette créance lorsqu'il est poursuivi par un autre *correus*? Non, s'il n'y a pas de société entre les *correi stipulandi;* même au cas de société, nous croyons qu'il faut donner la même décision, car, bien qu'il y ait société, le créancier qui poursuit le débiteur est intéressé à ce que ce débiteur soit condamné. Si le débiteur pouvait lui opposer la compensation, le créancier aurait certainement recours contre son *correus* par l'action *pro socio*, mais ce recours pourrait devenir inefficace, si le *correus* était insolvable. (1)

Toutefois, s'il y avait un arrangement relativement à la compensation entre le débiteur commun et celui des *rei stipulandi* qui est devenu son débiteur, les autres *correi* ne pourraient plus agir, car cet arrangement constituerait une sorte de *datio in solutum*, qui aurait pour effet d'éteindre l'obligation corréale (2).

§ 10. — *Confusion.*

Lorsque les qualités de créancier et de débiteur d'une même chose, se réunissent sur la tête d'une même personne, il s'opère une confusion, d'où résulte l'extinction des droits et obligations qui y étaient attachés (3). Ainsi,

(1) MM. de Vangerow, *loc. cit.* t. III, § 573 p. 98. — Demangeat, p. 285.

(2) M. de Savigny, *loc. cit.* t. 1, p. 189.

(3) L. 75, *D. de solution*. 46 3.

lorsque le débiteur succède au créancier, ou bien le créancier au débiteur, ou enfin le créancier et le débiteur succèdent à la même personne, il y a confusion.

Quel sera l'effet de la confusion sur une créance corréale? Si l'un des *rei stipulandi* succède au débiteur ou celui-ci à l'un d'eux, il y avait l'extinction complète à l'égard de tous, de la dette. En effet, chacun des *rei stipulandi* étant maître de la totalité de la créance (1), il en résultait que, lorsque l'un d'eux succédait au débiteur, il se trouvait à la fois débiteur et créancier de la totalité de la dette, et par conséquent, la confusion qui s'était opérée dans sa personne, devait entraîner l'extinction de toute la dette.

Le créancier qui a succédé, peut être considéré comme s'étant payé à lui-même, ce qu'il a le droit de faire, chacun des *correi stipulandi* pouvant se faire payer au préjudice de ses co-créanciers. On peut en effet considérer la confusion qui s'est opérée entre l'un des *rei stipulandi* et le débiteur, comme équivalant à un paiement. C'est ce que nous dit Papinien : « *Confusio aliquando pro solutione cedit* (2) ». Il faut donc dire que si l'un des *rei stipulandi* succède au débiteur commun, la confusion produisant le même effet que le paiement, ce *reus* pourra se prévaloir de ce que le paiement est censé effectué à son pro-

(1) L. 95, § 2, *D. de solution*. 46. 3.
(2) L. 95, § 2. *D. de solution*. 46. 3.

fit, pour faire disparaître les droits de ses cocréanciers.

Toutefois, si les *rei stipulandi* étaient *socii*, ils auraient le droit de poursuivre par l'action *pro socio* le *reus* qui a succédé au débiteur commun, pour la part qu'ils auraient le droit d'exiger de lui, si le paiement avait été réellement fait.

Si un des *rei stipulandi* avait succédé à son *correus*, y avait-il encore confusion? Non. En effet, pour que la réunion des deux qualités sur une même tête pût amener l'extinction des droits et obligations qui y étaient attachés, il fallait que ces deux qualités fussent incompatibles, comme celles de créancier et de débiteur d'une même chose. Mais si les deux qualités qui se réunissaient sur la même tête comportaient des droits ou des obligations de même nature, il y avait co-existence des deux droits ou des deux obligations dans la même personne, de sorte qu'il y avait, comme dit Scævola, non pas confusion, mais adjonction des deux droits ou des deux obligations. « *Quoties duæ sint principales, altera alteri potius adjicitur ad actionem, quam confusionem parere* (1) ».

Donc, si l'un des *rei stipulandi* venait à succéder à son *correus*, il n'y avait pas confusion, seulement le créancier qui a succédé se trouve investi des deux créances, mais s'il intente l'action en vertu de l'une d'elles, il éteindra

(1) L. 93, § 2, *D. de solution.* — Aj. L. 5, *de fidejus.* 46. 1.

l'une et l'autre, car ces deux créances n'ayant qu'un seul et même objet, devaient s'éteindre par une seule poursuite judiciaire. « *Si reus stipulandi exstiterit heres rei stipulandi, duas species obligationis sustinebit, plane si ex altera earum egerit, utramque consumet.* » (1).

Mais, puisque ces deux créances doivent s'éteindre lorsque le créancier intente l'action en vertu de l'une d'elles, quel intérêt peut-il y avoir à dire qu'elles ne se confondent pas, mais coexistent simultanément ? Cet intérêt peut apparaître, en supposant que le débiteur pouvait repousser la demande de ce créancier par une exception, par exemple, *pacti conventi*, ce créancier peut éviter les effets de l'exception du débiteur, en actionnant celui-ci au nom et comme héritier de son co-créancier (2).

§ 11. — *Compromis.*

Le compromis était un pacte par lequel deux ou plusieurs personnes convenaient de soumettre la décision d'un différend, qui existait entre elles, à un ou plusieurs arbitres (3). Pour sanctionner cette convention, les parties se promettaient réciproquement à titre de peine, pour le cas où l'une d'elles contreviendrait à la sentence arbitrale, soit une somme d'argent,

(1) L. 5 in fine D. *de Fidejus.* 46-1. — Aj. L. 93 pr. D. *de Solution.* 46-3.

(2) L. 93 pr. *de Solution.* 46-3.

(3) L. 17, § 5 D. *de Receptis*, 4-8.

soit des objets en nature (1). C'est de là que vient l'expression de *pœna compromissa* et le nom de compromis, *compromissum*, donné à la convention.

Cette convention, de même que la sentence arbitrale, n'avaient aucune force. Seulement, la partie qui contrevenait à la sentence arbitrale encourait la peine stipulée (2).

Le compromis n'ayant de force que par suite de la stipulation qui l'accompagnait, ne pouvait donner naissance à l'action *judicati* (3), et ne pouvait avoir pour effet d'éteindre le droit, qui était l'objet du litige (4). Dès lors, on comprend que son effet devait se borner entre les parties entre lesquelles il était intervenu.

Si donc un des *correi stipulandi* avait fait un compromis avec le débiteur commun, ce compromis ne pouvait être opposé aux autres *correi*, et si l'un des *correi*, qui n'étaient pas parties dans la convention, contrevenait à la sentence arbitrale, la peine stipulée n'était encourue ni par le contrevenant, ni par le créancier qui avait compromis.

Cependant il faut décider le contraire au cas de société entre les *correi stipulandi*. Dans ce cas, si l'un d'eux, contrairement à la sentence arbitrale, exigeait du débiteur le paie-

(1) L. 11, § 2, *Eod. tit.*
(2) L. 27, § 4 *D. de Receptis*, 4-8. — L. 2, *Eod. tit.*
(3) L. 1 *C. de Receptis*, 2-56.
(4) L. 30 *D. de Receptis* 4-8.

ment, le créancier qui avait compromis encourrait la peine (1).

Cette décision se justifiait par la considération que, dans le cas où les *correi stipulandi* étaient *socii*, celui qui avait compromis profitait du paiement que le débiteur était obligé de faire contrairement à la sentence arbitrale, et par suite il était censé avoir demandé lui-même le paiement au débiteur.

Mais même si les *correi stipulandi* étaient *socii*, le débiteur ne pouvait pas opposer le compromis à celui des *correi* qui n'était pas partie dans la convention, il pouvait seulement, lorsque ce dernier agissait contre lui, demander la peine promise (2).

§ 12. — *Prescription.*

Dans l'ancien droit romain, on ne connaissait point de prescription libératoire.

Sous le système formulaire, il fallait distinguer entre la durée de l'action déjà intentée, et la durée de l'action à intenter, c'est-à-dire, le laps de temps pendant lequel on pouvait demander l'action au préteur.

A ce dernier point de vue, les actions se divisaient en perpétuelles et temporaires, durant seulement un an.

Les actions étaient en général perpétuelles, lorsqu'elles étaient civiles, c'est-à-dire, fondées

(1) L. 34, *D. de Receptis.*

(2) MM. De Vangerow, *loc. cit.*, t. III, § 573, p. 100.— Demangeat, *loc. cit.*, p. 314.

sur une loi, un sénatusconsulte ou une constitution impériale.

Les actions prétoriennes étaient, au contraire, en général temporaires (1).

Ce sont des règles qui souffraient des exceptions. Ainsi, l'action contre les *sponsores* et les *fidepromissores* bien que civile, ne durait que deux ans (2). L'action d'injures et la *querella inofficiosi testamenti* étaient temporaires (3).

Quant aux actions prétoriennes, l'action *furti manifesti* et les actions persécutoires de la chose, créées à l'imitation du droit civil, étaient perpétuelles (4).

Ce fut dans le Bas-Empire, que les empereurs Honorius et Théodose ont rendu une constitution, par laquelle ils ont décidé que toute action jusqu'alors perpétuelle, sera prescrite pour l'avenir par trente ans (5). De plus, certaines actions, parmi lesquelles figurait l'action hypothécaire, ne se prescrivaient que par quarante ans. (6).

La prescription pouvait être interrompue par une citation en justice (*ex libello conventionis*) dirigée contre le débiteur, ou bien par la

(1) Instit. liv. 4, t. XII, pr.

(2) Gaius, C. III, § 121.

(3) L. 17, § 6, *D. de injuriis*, 47, 10. — L. 5, *C. eod. tit.*, 9, 35. — L. 36, § 2. *D. de inof. test.* 5, 2.

(4) L. 35, *D. de oblig. et act.* 44, 7.

(5) L. 3 *C. de prescrip. trigin. vel. quadragin. anno.* 7, 39.

(6) L. 7, *eod. tit.*

reconnaissance de la dette faite par celui-ci. Elle était suspendue au profit des impubères.

Maintenant, si nous supposons que la prescription a été interrompue par l'un des *correi stipulandi*, ou bien que la prescription a été suspendue au profit de l'un d'eux, cette interruption ou cette suspension profitera-t-elle aux autres *correi?* Quant à la première question, elle est résolue affirmativement par une constitution de Justinien : « *Sancimusque in omnibus casibus quos noster sermo complexus est, aliorum devotionem, vel agnitionem, vel ex libello admonitionem aliis prodesse creditoribus* (1). » Si la prescription était suspendue au profit de l'un des *correi stipulandi*, par exemple, l'un d'eux meurt laissant un héritier impubère, la prescription ne court pas contre lui, mais court-elle contre les autres *correi?* Nous croyons qu'il faut répondre affirmativement, car la suspension de la prescription est une faveur relative, qui a été accordée à une personne à cause de son âge, donc, toute autre personne, qui ne se trouve pas dans cette condition, ne doit pas en profiter (2).

§ 13. — *Perte de la chose due, demeure.*

Lorsqu'une obligation avait pour objet un corps certain, qui périssait par cas fortuit, cette perte était à la charge du créancier. Elle

(1) L. 5 in fine, *C. de duobus reis*, 8, 40.
(2) M. de Savigny, *des obligations*, t. I, p. 210.

était à la charge du débiteur, si le corps certain a péri par sa faute, ou bien s'il était mis en demeure avant la perte de la chose même par cas fortuit (1), à moins, dans ce dernier cas, qu'il ne fût établi que la chose eût péri également chez le créancier (2).

Ces principes n'étaient pas applicables aux obligations ayant pour objet une chose *in genere*, car l'objet de l'obligation étant indéterminé, ne pouvait périr.

Quant à la solidarité active, si la chose périt par cas fortuit, il est évident, que le débiteur est libéré à l'égard de tous les créanciers.

Si la chose a péri par la faute du débiteur, il n'était libéré envers aucun des créanciers; une nouvelle obligation, celle de payer les dommages-intérêts avait remplacé l'obligation primitive. Le créancier qui l'actionnait pouvait en effet lui dire : c'est par votre faute, que vous vous êtes mis dans l'impossibilité de pouvoir exécuter votre obligation, indemnisez-moi du préjudice que cette faute me cause.

Mais, si nous supposons que la chose a péri par cas fortuit, après que le débiteur a été mis en demeure par l'un des *correi stipulandi*, cette demeure profitait-elle aux autres *correi*, et le débiteur était-il tenu des dommages et intérêts envers eux?

Avant de résoudre cette question, disons

(1) L. 107, *D. de solut.* 46. 3. — LL. 22, 33, *D. de verb. oblig.* 45. 1.

(2) L. 14, § 1, *D. deposit.* 16. 3.

quelques mots de la demeure du débiteur en droit romain.

La demeure, *mora;* est le retard apporté par le débiteur dans l'exécution de son obligation.

Le débiteur était en principe mis en demeure par une sommation de payer faite par le créancier (1). Il était en demeure par la seule échéance du terme, si la dette était à échéance fixe (2). De plus, s'il s'agissait d'une dette, ayant pour objet une restitution à faire par suite d'une possession de mauvaise foi, le débiteur était toujours en demeure, sans aucune interpellation (3).

Les effets de la demeure étaient de mettre les risques de la chose dûe à la charge du débiteur et de faire courir contre lui les intérêts moratoires, s'il était obligé en vertu d'un contrat de bonne foi (4).

Revenons à notre question. L'interpellation faite par l'un des *correi stipulandi*, mettait-elle le débiteur en demeure à l'égard de tous? Nous croyons qu'il faut répondre négativement. Chacun des créanciers solidaires était censé seul maître de la créance, chacun était complètement indépendant des autres; si l'un a interpellé le débiteur, celui-ci ne devait être en demeure qu'à l'égard du créancier qui a fait l'interpellation. Ceci pourrait paraître con-

(1) L. 32, pr. *D. de usuris*, 22, 1.
(2) L. 4, *D. de condic. tritic.* 13, 3.
(3) L. 8, § 1, *D. de condic furti*. 13. 1.
(4) L. 32, § 2, L. 34. *D. de usuris*. 22, 1.

traire à ce que nous avons vu en matière de prescription. Nous avons constaté, en effet, que d'après une Constitution de Justinien (1), la prescription interrompue par l'un des *correi stipulandi* est interrompue au profit de tous les *correi*. Mais il faut observer que Justinien fonde sa décision sur la justice, sur des considérations d'équité, et non sur les principes du droit en matière de solidarité. Cette décision ne peut donc servir de base à notre question, qui, en absence d'un texte précis, doit être résolue d'après les principes.

Quant à la demeure qui résultait de la seule échéance du terme, il est évident qu'elle pouvait être invoquée par tous les *correi stipulandi*.

SECTION II.

EFFETS DE LA CORRÉALITÉ OU SOLIDARITÉ PASSIVE.

Nous avons vu les différentes sources d'obligations qui existent à la charge de plusieurs personnes, de manière que chacune d'elles puisse être poursuivie pour le tout, et le paiement fait par l'une libère les autres.

Mais faut-il placer toutes ces obligations sur la même ligne?

Tous les interprètes modernes donnent la réponse négative. Ces différentes obligations ont été par eux ramenées à deux classes d'obligations, régies par des règles spéciales. A

(1) L. 5, C. de duobus reis, 8, 40.

chacune de ces deux classes, correspondent les différentes dénominations employées par les interprètes. Ainsi, les uns, comme par exemple M. de Savigny, distinguent entre les cas véritables et les cas improprement dits de la solidarité. D'autres auteurs allemands établissent une différence entre l'identité et la solidarité des obligations. M. Demangeat distingue entre les obligations corréales et les obligations simplement solidaires. Sauf la diversité des expressions pour désigner ces deux classes d'obligations, l'idée sur laquelle cette distinction a été établie se résume en ce que dans une de ces deux classes d'obligations nous avons unité d'obligation, malgré la pluralité des débiteurs, dans l'autre, au contraire, il y a autant d'obligations que de débiteurs (1).

Cette différence fondamentale entre l'obligation corréale et l'obligation simplement solidaire entraînait des différences pratiques, dont la principale, sans aucun doute, se trouve dans l'effet extinctif de la *litis contestatio*. S'il s'agissait de débiteurs corréaux, la poursuite de l'un d'eux par le créancier, libérait les autres, qui ne pouvaient plus être poursuivis. Il en était autrement, au cas de débiteurs simplement solidaires : la *litis contestatio* intervenue avec l'un de ces débiteurs, n'enlevait pas au créancier le droit d'agir contre les autres.

Si les interprètes modernes s'accordent à

(1) MM. DE VANGEROW, *loc. cit.* t. III, § 573 p. 67. — DEMANGEAT, *loc. cit.*, p. 183.

poser la distinction entre ces deux classes d'obligations, ils sont bien loin d'être d'accord quant à la question de savoir dans quels cas aurons-nous une obligation corréale, et dans quels autres une obligation simplement solidaire?

D'après la doctrine de M. de Savigny, l'obligation corréale résulte de la convention des parties. Dans d'autres cas, où cette convention ne se rencontre pas, et où cependant le créancier a le droit de poursuivre chacun des débiteurs pour le tout, il y aura une obligation simplement solidaire (1). Ainsi, dans les cas de vente, de louage, de commodat, de dépôt, les parties peuvent, par la convention, au moyen d'un simple pacte, créer une obligation véritablement corréale (2). Nous aurons, au contraire, une obligation simplement solidaire dans les cas suivants. Lorsque par suite d'un délit plusieurs personnes sont tenues d'une action pénale unilatérale, chacun des codélinquants est tenu *in solidum*, mais c'est un cas d'une obligation simplement solidaire (3). Au cas de dépôt, chacun des dépositaires ne répond que de son dol et non de sa faute. Si donc la chose déposée a été volée, bien qu'on reconnaisse que le vol ne pouvait avoir lieu sans la faute des dépositaires, ils ne sont pas responsables. Mais.

(1) Des obligations, t I. p. 210 et s. de la traduction. — Comp. M. de Vangerow, *loc. cit.* p. 7. 6.

(2) *loc. cit.*, p. 225.

(3) P. 222 et s.

lorsqu'une chose qui a été déposée chez deux personnes, sans convention de corréalité, a été frauduleusement détournée par toutes les deux, chacune d'elles est obligée *in solidum*.

Le principe d'après lequel chacun de ces dépositaires peut être poursuivi pour le tout, repose sur le même motif que dans l'action pénale unilatérale: « car, bien qu'ici on intente non pas une action pénale, mais une action naissant d'un contrat, cependant ce n'est pas l'objet direct du contrat que le créancier poursuit par cette action; c'est la violation d'un droit commise à l'occasion du contrat, violation qui, dans ce cas, revêt même complètement la nature d'un délit, et d'un délit entaché de dol. » (1). Lorsqu'une chose a été louée ou donnée en commodat à plusieurs personnes, sans convention de corréalité, si elle a été détournée par les commodataires ou locataires, ils seront dans la même position que les dépositaires dont nous avons parlé. Mais les locataires et les commodataires sont tenus non-seulement de leur dol, mais aussi de la *diligentia*. Si donc cette chose a été volée par un tiers, chacun des commodataires ou locataires est tenu de payer l'indemnité *in solidum*, « car on peut faire à chacun ce reproche qu'il aurait pu prévenir tout le dommage par la *diligentia* qui lui incombait. Par conséquent, on peut dire que chacun est tenu de la *diligentia* complète, et non pas d'une demi-*dili-*

(1) Loc. cit. p. 227.

gentia. » (1). Lorsque plusieurs tuteurs administrent, en principe, chacun n'est tenu que pour sa part envers le pupille. Mais il peut arriver que chacun des tuteurs soit tenu *in solidum*, à raison des actes préjudiciables de l'un des tuteurs, parce que l'autre aurait pu les empêcher par la surveillance qu'il aurait dû apporter aux intérêts du pupille.

Ainsi il résulte de cette doctrine de M. de Savigny, que c'est la convention qui donne naissance à la corréalité, et en dehors de la convention, il n'y aurait qu'une simple solidarité.

Nous trouvons une autre doctrine, dont la science est redevable à notre savant maître, M. Demangeat. D'après lui, le criterium à l'aide duquel on peut reconnaître si une obligation, existant à la charge de plusieurs personnes, doit avoir les effets d'une obligation corréale ou les effets d'une obligation simplement solidaire, c'est la nature de l'action qui compète au créancier. Si l'action que le créancier pourra intenter est une *condictio*, on aura une obligation corréale. Si, au contraire, c'est une action de bonne foi ou une action *in factum*, l'obligation simplement solidaire peut seulement avoir lieu (2).

Le système de M. de Savigny s'appuie avec force sur la loi 9 pr. *D. de Duobus reis* (45-2), qui nous dit que la constitution de *Duo rei*

(1) Loc. cit. p. 228.
(2) *Des Obligat. solid.* p. 184.

promittendi peut résulter non-seulement de la stipulation, mais aussi des autres contrats, comme la vente, le louage, le commodat, qui sont cependant des contrats de bonne foi. De même la loi 13, § 9, *D. locati* (19-2) dit : « *Duo rei locationis in solidum esse possunt.* » Donc, ces textes nous montrent que la corréalité pouvait aussi résulter des contrats de bonne foi.

Cependant, nous préférons le système de M. Demangeat.

L'argument tiré des lois 9 *de Duobus reis* et 13, § 9 *locati*, peut être repoussé. Sans doute, l'expression *duo rei* était employée ordinairement pour désigner les débiteurs tenus d'une obligation corréale. Mais elle pouvait être employée dans nos lois pour indiquer les différents débiteurs qui, à un certain point de vue sont dans une position analogue, à savoir : Que chacun de ces débiteurs peut être poursuivi pour le tout, et que le paiement fait par un seul libère les autres. Quant à l'assimilation complète des divers débiteurs dont parle la loi 9, elle est impossible.

En effet, nous avons vu que ce qui distingue l'obligation corréale de l'obligation simplement solidaire, c'est que dans la première, malgré la pluralité des débiteurs, nous avons unité d'obligation; dans la seconde au contraire, nous avons autant d'obligations que des personnes obligées, et la conséquence de cette distinction fondamentale, c'est que la *litis contestatio* avec l'un des débiteurs corréaux libère tous les autres, ce qui n'a pas lieu, si le créancier poursuivait un des débiteurs simplement solidaires. Si tous les contrats indiqués par le jurisconsulte Papinien dans la loi 9, devaient être mis sur la même ligne et pouvait donner naissance à une corréalité proprement dite, il faudrait décider que la poursuite du créancier contre un de ces débiteurs, libère les autres, or, ceci est formellement démenti pour le cas de dépôt, contrat mentionné par la loi 9. Ulpien nous dit en effet, en parlant des dépositaires : « *Non liberatur alter si cum altero agatur : non enim electione, sed solutione, liberantur* (1) ».

Donc, le jurisconsulte Papinien, en indiquant dans la loi 9, les différents contrats de nature diverse, et en disant, qu'au moyen de ces contrats on peut constituer *duo rei*, a voulu simplement indiquer la ressemblance entre les débiteurs simplement solidaires et les débiteurs corréaux à ce point de vue, que chaque débiteur peut-être poursuivi pour le tout, et le paiement fait par l'un libère les autres (2).

Nous avons beaucoup de textes, qui parlant des débiteurs simplement solidaires, présentent cette solidarité comme résultant de contrats ou de faits donnant naissance à l'action de bonne foi ou *in factum* (3). D'après le sys-

(1) L. 1, § 43, D. *depositi*, 16-3.
(2) M. Demangeat. loc. cit. p. 184
(3) L. 59, § 3, D. *mandati*, 17-1. — L. 60, § 2, eod. tit. — L. 5, § 15, *Commodati*. — L. 1, § 43. *depositi*. — L. 41, § 1, *de fidejus*. — LL. 1, § 10, 2, 3, 4, *de his qui effud*. 9. 3.

tème de M. de Savigny, qui fait dériver la corréalité de la convention des parties, il faudrait supposer dans tous ces textes, qu'il n'y avait entre les parties aucune convention spéciale en ce qui concerne la solidarité. Mais c'est là une supposition tout-à-fait arbitraire. Aucun des textes n'indique cette absence de l'intention des parties pour créer la solidarité, tous s'expriment dans des termes généraux et par conséquent ils renferment tant les cas où cette intention existait, que les cas où elle faisait défaut.

Les effets de la corréalité sont, comme nous le verrons, très-rigoureux, souvent contraires à l'équité et l'utilité pratique. Il est probable, que lorsque les parties sont convenues tout simplement, que chacun des débiteurs peut être poursuivi pour le tout, elles ont voulu créer une simple obligation *in solidum*. Les contrats de bonne foi devant être interprétés *ex æquo et bono*, c'est cette présomption de la simple solidarité, qui produit des effets moins rigoureux doit être admise et non la présomption de la corréalité avec ses effets rigoureux.

On tire de la loi 1. *C. de condic. furti*. 4, 8, une objection contre cette théorie. Il résulte de cette loi, que plusieurs voleurs étant tenus de la *condictio furtiva*, la poursuite du créancier contre l'un d'eux ne libère pas les autres, ce qui devrait cependant avoir lieu d'après notre théorie, puisque les débiteurs sont tenus d'une *condictio*. Mais on peut faire une double réponse. D'abord, il y a toute probabilité que le texte a été interpolé par les commissaires de Justinien pour le mettre d'accord avec la loi 28 *C. de fidejus.* 46, 1. Même, mettant de côté l'interpolation, il n'y aurait rien d'étonnant à ce que, *odio furum*, la règle générale eût subi une dérogation.

On fait une seconde objection. Dans le cas d'un débiteur principal et d'un fidéjusseur, la poursuite du créancier contre l'un d'eux libère l'autre, et c'est alors même que l'obligation principale résulte d'un contrat de bonne foi. Pourquoi n'en serait-il pas de même au cas de plusieurs débiteurs principaux, obligés en vertu d'un contrat de bonne foi, comme par exemple, au cas de deux dépositaires, commodataires? L'explication peut être donnée historiquement. Il est probable qu'à l'origine c'est seulement la stipulation, qui pouvait donner naissance à une obligation corréale, et alors, les termes mêmes employés pour la création de cette corréalité, impliquaient unité d'obligation, ce qui entraînait l'effet extinctif de la *litis contestatio*. Cela s'appliquait sans difficulté aux *adpromissores*, qui étaient à l'origine *sponsores* et *fidepromissores*. Ils ne pouvaient accéder qu'à une obligation contractée *verbis*, et leur propre obligation ne pouvait se former que *verbis*; chaque *sponsor* ou *fidepromissor*, pouvait donc être considéré par rapport au débiteur principal, comme un véritable *correus promittendi*. Plus tard (la loi Cornelia, 673 de la fondation de Rome), une troisième classe d'*adpromissores*, les *fidejussores* fut reconnue.

On n'a pas modifié à leur égard l'effet extinctif de la *litis contestatio*, car, bien que les fidéjusseurs pûssent accéder à une obligation résultant d'un contrat de bonne foi, l'interrogation qui leur était faite par le créancier : *idem fide tuâ esse jubes?* impliquait aussi l'unité d'obligation. C'est seulement Justinien qui a abrogé, quant aux fidéjusseurs, cet effet extinctif de la *litis contestatio*. Déjà longtemps avant Justinien, on reconnaissait qu'une obligation solidaire pouvait résulter d'un contrat de bonne foi ou d'un fait donnant lieu à l'action *in factum*. Mais, comme l'effet extinctif de la *litis contestatio* présentait dans la pratique des inconvénients, et comme ici on n'était pas lié par des termes impliquant unité d'obligation, on a décidé, que ce n'est pas la poursuite de l'un des débiteurs solidaires, mais le paiement fait au créancier, qui libère ces débiteurs (1).

Nous rechercherons maintenant, comme nous l'avons fait pour la corréalité active, quels effets peuvent produire sur l'obligation corréale ou simplement solidaire les différents modes d'extinction d'obligations.

§ 1 — *Paiement.*

S'il y a plusieurs débiteurs solidaires et que l'un d'eux paie le créancier, tous les autres sont libérés. (2)

(1) M. Demangeat, *loc. cit.* p. 215.
(2) *Instit de duobus reis.* § 1.

Chacun des débiteurs peut être forcé de payer la totalité, c'est là l'effet de la solidarité (1), mais le créancier peut consentir à recevoir le paiement partiel de chaque débiteur, et la dette sera éteinte, lorsque le créancier aura reçu tout ce qu'on lui doit. (2).

Nous avons vu la controverse qui existait entre les Sabiniens et les Proculiens au sujet de la *datio in solutum*. Que décider, si le créancier consent à recevoir de l'un des *correi promittendi* une chose autre que celle, qui est *in obligatione*, les autres débiteurs sont-ils libérés ? Sans aucun doute, dans l'opinion des Sabiniens, puisque d'après eux, la *datio in solutum* équivalait à un paiement. Dans l'opinion des Proculiens, la dette n'était pas éteinte *ipso jure*, mais l'exception *doli* donnée au débiteur, qui a fait la *datio*, pouvait-elle être opposée par les autres *correi promittendi?* Oui, s'il y avait société entre les *correi promittendi*, car dans ce cas, comme nous le verrons, chacun des *correi* peut invoquer en compensation la créance, qui naquit dans la personne de son *correus*. Et si les *correi promittendi* ne sont pas *socii?* Le doute est possible, car la convention par laquelle le créancier consent à recevoir de l'un d'eux un objet autre que celui qui lui est dû, n'est qu'un simple pacte, et les *correi promittendi*, entre lesquels il n'y a pas de société, ne peuvent pas invoquer

(1) L. 3. § 1. *D. de duobus, reis*, 45, 2.
(2) L. 34. § 1. *D. de solution*, 46. 3.

le pacte fait avec l'un d'eux. Cependant cette règle souffre exception, dans le cas, où il est démontré, que le créancier a entendu renoncer absolument à tout droit de poursuite. Dans ce cas la convention, bien qu'elle soit faite avec l'un des débiteurs seulement, profitera aux autres. Ils pourront opposer au créancier poursuivant l'exception *doli mali* (1). Or, il est évident, que, lorsque le créancier a consenti à recevoir en paiement une autre chose, que celle qui lui était due, on peut dire, qu'il a renoncé tacitement à tout droit de poursuite et il irait manifestement *contra fidem*, s'il pouvait réclamer le paiement de sa créance, après avoir déjà reçu une satisfaction équivalente.

Du reste, comme déjà nous le savons, sous Justinien, c'est l'opinion des Sabiniens qui a prévalu (2).

Si le créancier refuse de recevoir le paiement qui lui est fait par l'un des *correi promittendi*, celui-ci peut, après avoir fait au créancier des offres en présence de témoins, déposer dans un lieu convenable la somme ou la chose due. Cette consignation étant régulièrement faite, tous les *correi promittendi* seront libérés et le créancier n'aura qu'une action utile contre le dépositaire (3).

(1) L. 25 § 2.— L. 26, *D. de pactis*. 2, 14.

(2) Instit. liv. III t. XXIX, pr. — L. 17, *C. de solution*. 8-43.

(3) L. 19, *C. de usuris* 4-32. — L. 9, *C. de solution*. 8. 43.

§ 2. — *Acceptilatio.*

Lorsque le créancier fait l'acceptilation à l'un des *correi promittendi*, les autres sont-ils libérés?

Nous savons que l'acceptilation était considérée comme un paiement fictif; il faut donc lui appliquer les effets d'un paiement et décider en conséquence, que l'acceptilation faite à l'un des *correi promittendi* profite aux autres et les libère complètement (1). Si le créancier ne veut libérer que l'un des débiteurs, il ne doit pas faire acceptilation, puisqu'elle entraînerait l'extinction complète de ses droits; il peut, dans ce cas, réaliser sa libéralité au moyen d'un simple pacte de *non petendo*, consenti au profit de celui qu'il veut gratifier. Ce pacte lui procurera une exception, qui ne pourra être invoquée par les autres débiteurs, à moins qu'ils ne soient *socii*.

Supposons que parmi les *correi promittendi*, il y en a un, auquel le créancier ne peut pas faire la remise de la dette, quel sera alors l'effet de l'acceptilation? Ce cas est prévu par le texte suivant : « *Si maritus*, nous dit Ulpien, *duos reos habebat Titium et mulierem et mulieri accepto tulerit donationis causa, neuter liberatur; quia acceptilatio non valet. Et hæc Julianus lib. XVII. Digestorum scribit. Plane,*

(1) L. 2, D, *de duobus reis* 45-2. — L. 16, pr., *de acceptil.* 46-4. — L. 29, D. *de liberat. legata.* 34.3.

si mihi proponas, Titio acceptilatum, ipse quidem liberabitur, mulier vero manebit obligata (1). Ulpien se place à une époque où les donations entre époux étaient radicalement nulles, ce qui durait jusqu'au senatus-consulte d'Antonin Caracalla, qui modifia ce point de droit. Comme ces donations étaient complétement nulles, la stipulation, l'acceptilation et tous les actes par lesquels on voulait réaliser ces libéralités, ne produisaient aucun effet (2). Ceci posé, prenons l'hypothèse prévue par Ulpien. Il suppose un créancier, par exemple, Primus et puis deux *correi promittendi!* Titius et la femme de Primus et il décide que si Pri-fait l'acceptilation à sa femme, elle ne produira aucun effet, tant à l'égard de la femme, qu'à l'égard de son codébiteur. On comprend cette décision, les libéralités étant nulles entre époux, l'acceptilation faite au profit de la femme par le mari, est considérée, comme non avenue. Si Primus fait l'acceptilation, non pas au profit de la femme, mais au profit de Titius son codébiteur, Ulpien décide que Titius sera libéré, mais la femme restera obligée. Cette décision peut donner lieu à une objection. Les effets de l'acceptilation sont absolus, l'acceptilation faite à l'un des *correi promittendi* libère tous les autres. Or, ici Ulpien décide, que malgré l'acception faite à Titius, la femme restera néanmoins débitrice. Comment ceci

(1) L. 5, § 1, *D de Donat. inter. vir. et uxor.* 24-1.
(2) L. 3, § 10, *eod. tit.*

peut-il s'expliquer ? L'acceptilation faite au profit du codébiteur de la femme est nulle, car elle aurait pour effet, si elle était valable, de faire réaliser une libéralité par le mari à la femme, mais comme dans cette acceptilation nous trouvons une convention, elle vaudra pour Titius comme un simple pacte de *non petendo* (1). Par conséquent, l'obligation de Titius ne sera pas éteinte *ipso jure*, car l'acceptilation est nulle, mais s'il est attaqué par le créancier, il peut le repousser par une exception du pacte résultant de l'acceptilation (2).

Du reste, il faut bien remarquer, que la décision d'Ulpien, dans le cas où l'acceptilation a été faite au co-débiteur de la femme, ne peut être vraie, que s'il n'y avait pas de société entre les débiteurs. En effet, si les *correi promittendi* étaient *socii* et si la femme restait obligée, la libération de Titius serait inefficace, car la femme, forcée de payer, aurait le recours par l'action *pro socio* contre Titius et par ce recours, elle lui enlèverait indirectement le bénéfice de sa libération. Donc, lorsque les *correi promittendi* sont *socii*, l'intérêt de Titius et celui de la femme sont indivisiblement liés, et Titius étant libéré, la femme en profitera. Ceci d'ailleurs résulte clairement de ce que nous dit Ulpien, en parlant des donations entre époux, dans le paragraphe 2 de la même loi : « *Generaliter tenendum est, quod inter ipsos,*

(1) L. 8, pr. *D. de Acceptil.* 46-4.
(2) M. Demangeat. *loc. cit.* p. 41.

aut qui ad eos pertinent, aut per interpositas personas, donationis causâ agatur, non valere. Quod si aliarum extrinsecus rerum personarumve causa commixta sit, si separari non possit, nec donationem impediri; si separari possit, cætera valere, id quod donatum sit non valere. »

§ 3. — *Novation.*

S'il y a plusieurs *correi promittendi*, la novation faite avec l'un d'eux, libère-t-elle les autres ?

La réponse affirmative n'est pas douteuse. En effet, la novation faite avec l'un des *correi promittendi*, peut être considérée comme une sorte de paiement ou de *datio in solutum* — le créancier a renoncé à l'obligation primitive, moyennant une nouvelle obligation qu'un des *correi promittendi* a contractée envers lui. Le jurisconsulte Venuleius fait en effet cette assimilation entre la novation et le paiement (1). S'il en est ainsi, la novation faite avec l'un des *correi promittendi* devait libérer les autres, comme le paiement fait par l'un d'eux, éteignait sa dette à l'égard de tous.

Mais que décider, s'il s'agit des débiteurs simplement solidaires, la novation faite avec l'un d'eux, éteint-elle la dette à l'égard des autres ?

Le doute pourrait provenir de ce que, dans

(1) L. 31, § 1, *D. de novation.* 46. 2.

une obligation simplement solidaire, il n'y a pas unité d'obligation comme dans une obligation corréale; aussi, verrons-nous, que lorsque l'un des débiteurs simplement solidaires est poursuivi par le créancier, les autres ne restent pas moins tenus. On pourrait décider de même que la novation faite avec l'un d'eux, n'éteint pas l'obligation à l'égard des autres. Cependant, en se fondant sur le principe de Venuleius, que la novation est semblable au paiement, nous croyons que, même dans ce cas, les autres co-débiteurs simplement solidaires, sont libérés (1).

§ IV. — *Litis contestatio.*

Nous avons vu que la *litis contestatio* avait pour effet l'extinction du droit du poursuivant; que cette extinction avait lieu tantôt *ipso jure* tantôt *exceptionis ope.*

On peut se demander si la *litis contestatio* ne renfermait pas une novation, car de même que la novation, la *litis contestatio* substitue une obligation à une autre qui est éteinte, comme nous le dit Gajus : « *Tollitur adhuc obligatio litis contestatione, si modo legitimo judicio fuerit actum. Nam tunc obligatio quidem principalis dissolvitur, incipit autem teneri reus litis contestatione* » (2).

Beaucoup d'interprètes n'y voient en effet

(1) MM. De Savigny, *loc. cit.* t. I, p. 224. — Demangeat, p. 419.

(2) *Com. III.* § 180.

qu'une espèce de novation, qu'ils nomment *necessaria*, pour la distinguer de la novation proprement dite. Ils se fondent sur la loi 29 *D. de novation.* 46, 2, qui dit : « *Aliam causam esse novationis voluntariæ, aliam judicii accepti* ».

Mais, peut-être, il vaudrait mieux voir dans l'effet de la *litis contestatio* un mode d'extinction *sui generis*, car l'*animus novandi*, que les jurisconsultes exigent pour l'existence de la novation, nous manque complètement, lorsqu'il s'agit de l'extinction du droit par la *litis contestatio*.

Du reste, même en voyant dans la *litis contestatio* une espèce de novation, plusieurs différences la séparent de la novation proprement dite. Ainsi, la novation fait cesser courir les intérêts, tandis que la *litis contestatio* les laisse courir, si la créance en était productive (1). La novation éteint la dette avec tous ses accessoires, sauf la stipulation contraire, tandis que ces accessoires subsistent après la *litis contestatio* (2).

S'il y a plusieurs *correi promittendi* et que l'un d'eux soit poursuivi par le créancier, la *litis contestatio* éteint-elle le droit du créancier à l'égard des autres *correi?* Oui, sans doute, car bien qu'il y ait plusieurs *correi promittendi*, il y a cependant, au point de vue de l'objet, une seule obligation. Et nous savons que, d'après une règle de l'ancien droit romain, une action

(1) L. 18 *D. de novation.* 45, 2. — L. 35 *D. de usuris.* 22, 1.

(2) L. 29 *D. de novation.*

une fois exercée ne pouvait plus être reproduite. Donc, puisque au point de vue de l'objet il y a, malgré la pluralité des débiteurs, unité d'obligation, il en résulte par suite de l'application de la règle : *bis de eadem re agi non potest*, que l'exercice de l'action contre l'un des *correi promittendi* libérait les autres. (1)

Si nous supposons au lieu de plusieurs *correi promittendi*, plusieurs débiteurs simplement solidaires, la décision ne sera pas la même. En effet, comme nous le savons, il y a une différence importante entre l'obligation corréale et l'obligation simplement solidaire. Dans la première, on peut dire qu'il y a unité d'obligation, bien qu'il y ait pluralité de débiteurs. Dans la seconde, on peut voir autant d'obligations distinctes que de débiteurs, mais l'un d'eux ayant satisfait à son obligation, tous les autres sont libérés. La poursuite exercée contre l'un des débiteurs simplement solidaires, laisse donc au créancier le droit intact à l'égard des autres et ce sera seulement par la satisfaction reçue par le créancier, que les débiteurs seront libérés vis-à-vis de lui. Cette décision est confirmée par des textes nombreux. Ainsi Ulpien, en parlant de deux commodataires, nous dit : « *Duo quodammodo rei habebuntur et si alter conventus præstiterit liberabit alterum.* » (2) Puis, à pro-

(1) L. 2, *D. de duobus reis* 45, 2. — L. 27, *D. de libera. lega.* 34, 3. — L. 51, § 4, *D. de eviction.* 21, 2.

(2) L. 5, § 15, *L. de commodati*, 13, 6.

pos de deux *mandatores*, débiteurs solidaires: « *Plures ejusdem pecuniæ credendæ mandatores, si unus judicio eligatur, absolutione quoque secuta, non liberantur; sed omnes liberantur pecunia soluta.* » (1) De même, lorsqu'il s'agit d'une action, dont plusieurs personnes sont tenues *in solidum*, quand un objet est tombé de l'appartement habité par elles en commun, on nous dit : « *Si cum uno actum fuerit cæteri liberabantur perceptione non litis contestatione.* » (2).

Que faut-il décider à l'égard des actions dites *adjectitiæ qualitatis*, comme *institoria*, *exercitoria*, *quod jussu*, *de peculio*? Dans ce cas plusieurs personnes peuvent êtres tenues solidairement et si le créancier a agi contre l'une d'elles, peut-il agir contre les autres, tant qu'il n'a pas été satisfait? Non, les jurisconsultes ont décidé, que la *litis contestatio* intervenue avec une de ces personnes libérait les autres (3). En effet, pour savoir si un droit a été déduit en justice, c'est l'*intentio* de la formule qu'il fallait considérer et non la *condemnatio*. Or, dans les différentes hypothèses, qui peuvent se présenter à l'occasion de ces actions, l'*intentio* était toujours rédigée de la même ma-

(1) L. 52, § 3. *D. de fidejus.* 46, 1.

(2) L. 1, § 10. LL. 3, 4, *D. de his qui effuder.* 9, 3. — Aj. L. 15. *D. de tut. et ration.* 27, 3 — L. 1 § 43, *D. depositi*, 16, 3.

(3) V. L. 9, § 1, *D. de tribut. act.* 14, 4. — L. 1, § 24, *D. de exercit. act.* 14, 1. — L. 32. *pr. D. de peculio*, 15, 1. — L. 4, § 5, *D. quod cum eo.* 14. 5.

nière, quelle que soit la personne attaquée par le créancier, et si après avoir agi contre une personne, le créancier voulait attaquer l'autre, qui était tenue solidairement avec la première à l'occasion du même contrat, il serait repoussé par la règle : *bis de eadem re agi non potest.*

Cette extinction complète du droit du créancier, lorsqu'il a poursuivi un des *correi promittendi*, présentait des inconvénients; car, supposons que le créancier, ne connaissant pas la solvabilité de l'un des *correi*, l'attaque et le trouve insolvable, il n'obtient rien en définitive et cependant il perd son droit à l'égard des autres *correi.*

Le créancier pouvait obvier à cet inconvénient en ne demandant à un des *correi promittendi* que la portion de la dette, jusqu'à concurrence de laquelle il était solvable (1). Dans ce cas, son droit était conservé pour le surplus, en ayant soin toutefois de prendre les précautions pour éviter l'exception *litis dividuæ* (2).

La consommation de l'action par la *litis contestatio* a disparu avec le temps. Elle devrait logiquement disparaître avec le système formulaire dont elle était la conséquence. Cependant l'établissement de la procédure extraordinaire n'a pas amené l'abolition de la consommation de l'action, mais elle l'a sans doute favorisée et hâtée. Par la suite, l'exception *rei in judicium*

(1) L. 3, § 1, *D. de duobus reis*, 45, 2.
(2) Gajus, C. IV, § 122.

deductæ s'est absorbée en quelque sorte dans l'exception *rei judicatæ* (1).

Justinien dans une Constitution (2) que nous avons déjà eu occasion de citer incidemment, établit expressément la disparition de cet ancien principe.

Dans cette Constitution, Justinien s'occupe d'abord du fidéjusseur, et il décide, que sa libération ne peut plus résulter comme antérieurement, de ce que le débiteur principal a été poursuivi, mais seulement de la satisfaction obtenue par le créancier, puis il ajoute : « *Idemque in duobus reis promittendi constituimus, ex unius rei electione præjudicium creditori adversus alium fieri non concedentes; sed remanere et ipsi creditori actiones integras, et personales et hypothecarias, donec per omnia ei satisfiat.* » Par conséquent, lorsque le créancier poursuit un des *correi promittendi*, les autres ne seront plus libérés, le droit du créancier est conservé à l'égard d'eux, tant qu'il n'est pas satisfait complètement.

Justinien à la fin de cette Constitution nous dit que les inconvénients de l'effet extinctif de la *litis contestatio* pouvaient être corrigés par des conventions. Quelles sont ces conventions?

D'abord, l'effet extinctif de la *litis contestatio* ne se présentait pas au cas de ce que les interprêtes modernes appellent la *fidejussio*

(1) MM. de Savigny, *Traité de dr. rom.* t. VI, § 282. Demangeat, loc. cit. p. 75.
(2) L. 28, *C. de fidejus*, 8, 41.

indemnitatis. Voici l'exemple de cette *fidejussio* : Je stipule de Titius 15 et puis après, je stipule de Mævius *quanto minus à Titio consequi possem.* Dans ce cas, si, poursuivant Titius je le trouve insolvable, je pourrai malgré la *litis contestatio* intervenue avec le débiteur principal poursuivre le fidéjusseur Mævius (1).

De même, lorsque le créancier voulait poursuivre un des *correi promittendi*, celui-ci pouvait lui donner mandat de poursuivre son *correus* au risque et péril du mandant (2). Dans ce cas, si l'autre *correus* poursuivi, était insolvable, le créancier (mandataire) pouvait se retourner contre son mandant. Ce remède pouvait aussi s'appliquer à la fidéjussion.

Mais, ne pouvait-on convenir que lorsque le créancier poursuivra l'un des *correi promittendi*, les autres ne seront pas libérés? Non, sans doute, sous le système formulaire, car l'extinction de l'obigation, une fois qu'elle est déduite *in judicium*, est en quelque sorte une règle d'ordre public. Mais sous le système extraordinaire, cette convention nous paraît être possible, car cette règle d'ordre public n'existe plus, et seulement la force de l'habitude faisait appliquer la conséquence de cette règle (3).

C'est pour mettre d'accord avec la Constitution de Justinien, que Tribonien et ses collègues ont interpolé beaucoup de textes de

(1) L. 116, *D. de verb. oblig.*, 45 1.
(2) Instit., *de mandato*, § 2.
(3) M. Demangeat, loc. cit., p. 79.

Digeste. L'interpolation de la loi 8, § 1 D. *de Legatis 1o*, par exemple, saute aux yeux. Voici ce texte : « *Si ita scriptum sit: Lucius Titius heres meus aut Mævius heres meus decem Seio dato; cum utro velit, Seius agat, ut, si cum uno actum sit, et solutum, alter liberatur, quasi duo rei promittendi in solidum obligati fuissent.* » Il est évident que les mots « *et solutum* » ont été ajoutés, et la preuve : c'est que dans la seconde partie du texte, qui a échappé à l'attention de Tribonien, on se demande si l'un des héritiers a été poursuivi seulement pour partie; la réponse, que le légataire pourra poursuivre l'autre héritier pour le surplus, suppose bien que pour la part, pour laquelle le premier héritier a été poursuivi, l'autre est liberé (1).

§ 5. — *Chose jugée.*

Si l'un des *correi promittendi* a été poursuivi et absous, la chose jugée pouvait-elle être opposée au créancier par les autres *correi?*

Cette question n'est pas résolue directement par les textes, et le silence des jurisconsultes à cet égard peut s'expliquer par l'effet extinctif du droit par la *litis contestatio,* à l'époque des jurisconsultes classiques. Cependant, il faut décider que le jugement d'absolution rendu contre un des *correi promittendi* doit profiter aux autres. Nous avons en effet des textes qui, parlant du fidéjusseur, décident qu'il peut in-

(1) Aj. L. 2 C. *de Fidéjus. tut.* 5-57.

voquer la sentence d'absolution rendue contre le débiteur principal. C'est ainsi que Pomponius nous dit : « *Si reus juravit, fidejussor tutus sit, quia et res judicata secundum alterutrum eorum utrique proficeret* (1) » Il résulte de ce texte que le jugement rendu au profit du fidéjusseur peut être aussi invoqué par le débiteur principal, d'où la conséquence, que ce n'est pas le recours qu'aurait le fidéjusseur contre le débiteur principal, s'il ne pouvait pas invoquer le jugement rendu à son profit, qui est la cause de cette décision, mais plutôt l'unité de l'obligation qui existe dans le cas de fidéjussion.

De même, Paul nous présente comme exemple d'exceptions *rei cohærentes*, c'est-à-dire qui peuvent être invoquées tant par le débiteur principal que par le fidéjusseur, l'exception *rei judicatæ* (2).

On peut étendre aux *duo rei promittendi*, ce que Pomponius et Paul décident à l'égard du débiteur principal et du fidéjusseur. On comprend bien, que si un *correus promittendi* étant poursuivi et absous, le créancier voulait poursuivre l'autre *correus*, ce dernier pouvant invoquer l'effet extinctif de la *litis contestatio* intervenue avec son *correus*, puisse opposer l'exception *rei judicatæ* (3).

(1) L. 42, § 3 D. *de Jurejur*. 12-2.

(2) L. 7, § 1, *de exception*, 44-1.

(3) MM. de Savigny, *des obligations*, t. I. p. 212. — Demangeat, p. 97.

Mais que décider, si nous supposons au lieu des *correi promittendi* des débiteurs simplement solidaires, si l'un d'eux a été poursuivi et absous, les autres peuvent-ils opposer au créancier l'exception *rei judicatœ?*

Nous savons, que dans la corréalité proprement dite, il y a malgré la pluralité des débiteurs, unité d'obligation, tandis que dans une obligation simplement solidaire, on peut voir autant d'obligations qu'il y a de débiteurs. C'est en partant de ce point de vue, que les jurisconsultes ont décidé, comme nous l'avons vu, que la *litis contestatio* avec l'un des débiteurs simplement solidaires, laissait subsister l'obligation des autres. Par suite de la même raison, il faut décider, que le jugement rendu au profit de l'un d'eux, ne profite qu'à lui, et ne peut être invoqué par les autres débiteurs simplement solidaires. C'est cette décision, qui est donnée par Papinien : « *Plures ejusdem credendœ pecuniœ mandatores, si unus judicio eligatur, absolutione quoque secuta non liberantur; sed omnes liberantur pecunia soluta* (1). »

Sous Justinien il n'y a pas lieu à distinguer entre les *correi promittendi* et les débiteurs simplement solidaires, quant à l'effet de la *litis contestatio*. Mais il y a lieu à la distinction quant à la sentence d'absolution, le texte de

(1) L. 52, § 3, *D. fidejus.*, 46-1.

Papinien ayant été inséré dans le Digeste sans aucune correction (1).

§ 6. — *Serment.*

Le serment prêté par l'un des *correi promittendi*, profite-t-il aux autres?

En partant de l'idée que le serment équivaut à un paiement (2), on a décidé l'affirmative: « *Ex duobus reis promittendi ejusdem pecuniæ, alter juravit: alteri quoque prodesse debebit* » (3).

Mais pour qu'il en soit ainsi, il faut que le serment ait porté sur l'existence même de la dette et non sur la question de savoir, si telle personne était un des *rei promittendi*. Dans ce dernier cas, le serment ne profitait qu'à la personne qui l'a prêté.

Cette distinction nous est présentée, à propos d'un fidéjusseur, par le jurisconsulte Paul: « *Si fidejussor juravit, si quidem de suâ personâ tantum juravit, quasi se non esse obligatum, nihil reo proderit: si vero in rem juravit dabitur exceptio reo quoque* » (4).

Que décider si l'un des *correi promittendi*, à qui le serment a été déféré, refuse de le prê-

(1) MM. Demangeat, *loc. cit.*, p. 98. — de Vangerow. *loc. cit.*, t. I, § 173, p. 324.

(2) L. 27, *D. de jurejur.* 12-2.

(3) L. 28, § 3, *eod. tit.*

(4) L. 1, § 3, *quar. rer. actio non datur.* 44-5.

ter? Ce refus pourra-t-il être invoqué contre les autres *rei promittendi?*

S'il s'agissait d'un serment extrajudiciaire, le refus de le prêter ne nuisait ni au *reus*, qui a refusé, ni aux autres *correi*. C'était simplement une proposition d'une transaction, qui n'était pas agréée; c'était, nous dit Ulpien, comme si la décision du litige, n'avait jamais été soumise au serment (1).

Si le serment a été déféré *in jure* ou *in judicio*, le *reus promittendi* qui a refusé de prêter ce serment et ne l'a pas référé, sera considéré comme ayant fait l'aveu (2), et il sera condamné. Mais le créancier ne pourra pas invoquer ce refus contre les autres *correi promittendi*, car ils ont été libérés par l'effet même de la poursuite.

Si nous supposons que l'un des *correi promittendi* avait déféré le serment au créancier commun et que celui-ci eût juré *sibi dari opportere*, ce créancier pourra-t-il invoquer ce serment contre les autres *correi?*

Nous ne trouvons à cet égard aucune décision dans les textes. Nous croyons, que l'action de *jurejurando* ne devait être donnée, que contre celui des *rei promittendi*, qui a déféré le serment. Si le serment prêté par l'un des *rei promittendi* avait des effets absolus, cela venait de l'assimilation qu'ont fait les jurisconsultes entre le serment et le paiement; l'assimilation,

(1) L. 5, § 4, *D. de jurejur.*
(2) L. 38, *eod. tit.*

qui ne pouvait avoir lieu; quant au serment prêté par le créancier (1).

Si, dans la même hypothèse, nous supposons que le créancier a refusé de prêter le serment, quelle sera la conséquence de ce refus?

S'il s'agissait d'un serment extrajudiciaire, on considérera, comme si la délation du serment n'avait jamais eu lieu. Si le serment était déféré *in jure* ou *in judicio*, le *correus*, qui l'a déféré sera absous, et même, le créancier aura perdu toute action contre les autres *correi promittendi*, qui ont été libérés par l'effet même de la *litis contestatio*.

Quelle décision faut-il donner s'il s'agit de débiteurs simplement solidaires, le serment prêté par l'un d'eux peut-il être invoqué par les autres?

Nous ne connaissons pas des textes qui résolvent cette question. L'affirmative serait logique, en suivant cette assimilation, que faisaient les jurisconsultes romains entre le serment et le paiement.

§ 7. — *Pacte de Constitut.*

L'un des *correi promittendi* a fait le pacte de constitut avec le créancier commun, quel sera l'effet de ce pacte quant aux autres *correi?*

En prenant l'idée du jurisconsulte Paul, qui, parlant de *duo rei stipulandi*, dit: « *Loco ejus*

(1) M. DE SAVIGNY, *loc. cit.*, p. 208.

cui jam solutum est haberi is cui constituitur » (1), on peut conclure que le pacte de constitut fait avec l'un des *correi promittendi*, équivalant à un paiement, libère les autres. Toutefois, le pacte de constitut, n'étant reconnu que par le droit prétorien, les autres *correi promittendi* ne seront pas libérés *ipso jure*, mais seulement *exceptionis ope*.

Quand le créancier fait le pacte de constitut avec l'un des *correi promittendi*, l'action nouvelle que ce pacte lui a procurée, est, en quelque sorte, une satisfaction, moyennant laquelle il renonce à son action primitive, et si après cela, il voulait encore poursuivre l'un des *correi*, il agirait contrairement à la bonne foi, et il pourrait être repoussé par l'exception *doli mali*.

D'ailleurs, il faut rechercher l'intention des parties, car, si le créancier faisant le pacte de constitut avec l'un des *correi promittendi*, entendait cependant que l'obligation corréale restât intacte, il conservera l'action primitive, et en outre il aura l'action *de pecunia constituta*, contre le débiteur avec lequel le pacte est intervenu.

Il n'y a pas à distinguer, quant aux décisions données ci-dessus, si les *correi promittendi* étaient ou non *socii*, car s'ils étaient *socii*, il n'y aurait aucun doute que le pacte de constitut fait avec l'un d'eux ne puisse être invoqué

(1) L. 10, *D. de pecun. constit.* 13. 5.

par les autres, comme nous le verrons, en traitant du pacte de *non petendo*.

§ 8. — *Pacte de* non petendo.

Pour savoir quels sont les effets d'un pacte de *non petendo*, il faut distinguer si le pacte, intervenu entre le créancier et un des *correi promittendi*, était *in rem* ou *in personam*.

Le jurisconsulte Ulpien nous montre quand il y a un pacte *in rem* ou bien un pacte *in personam*. « *In rem sunt quibus generaliter paciscor : ne petam ; in personam quoties ne à personâ petam id est ne a Lucio Titio petam* » (1). D'ailleurs, il faut toujours rechercher l'intention des parties, car, dit Ulpien dans la suite du texte, souvent on indique une personne dans un pacte, non pas afin qu'il soit *in personam*, mais seulement pour qu'on puisse savoir avec qui le pacte a été fait.

Si le pacte de *non petendo*, consenti par le créancier, était *in personam*, ce pacte peut être invoqué par le débiteur, mais une autre personne, même l'héritier du débiteur, ne peut en profiter (2). D'après cette règle, on doit décider, que, si le pacte intervenu entre le créancier et un des *correi promittendi* était *in personam*, ce ne serait que ce *correus* qui pourrait se défendre contre l'attaque du créancier au moyen de l'exception *pacti conventi*.

(1) L. 7, § 8, *D. de pactis*, 2. 14.
(2) L. 25, § 1. *D. de pactis*, 2. 14.

Quant aux autres *correi promittendi*, ils ne pourraient pas en profiter, et c'est sans distinguer s'ils sont ou ne sont pas *socii* (1).

Quant au pacte *in rem*, il peut être invoqué par toute personne, se trouvant dans une situation telle, qu'il y ait pour celui au profit duquel le pacte est intervenu, intérêt à ce que la personne actionnée l'invoque.

Cette règle nous est donnée par le jurisconsulte Paul : « *In rem pacta omnibus prosunt quorum obligationem dissolutum esse ejus qui paciscebatur interfuit, itaque debitoris conventis fidejussori proficiet* » (2). Ainsi, le pacte de *non petendo in rem*, consenti par le créancier au profit du débiteur, peut être invoqué par le fidéjusseur, car le débiteur lui-même est intéressé à ce que ce pacte profite au fidéjusseur ; autrement, celui-ci forcé de payer, aurait le recours contre le débiteur par l'action *mandati*. Aussi, en l'absence du recours de la part du fidéjusseur, par exemple, s'il s'est engagé *animo donandi*, le fidéjusseur ne pourrait pas invoquer le pacte *in rem* fait avec le débiteur, car ce dernier n'aurait alors aucun intérêt à ce que le fidéjusseur fût mis à couvert par l'exception *pacti conventi* contre l'attaque du créancier (3).

Si le créancier a fait un pacte *de non petendo in rem* avec l'un des *correi promittendi*,

(1) L. 71, § 1, *D. de fidejus*. 46, 1.
(2) L. 21, § 5. *in fine D de pactis*, 2, 14.
(3) L. 32, *D. de pactis*.

ce pacte profite-t-il aux autres? D'après ce que nous avons vu, cette question revient à celle-ci : le *correus promittendi*, avec lequel le pacte est intervenu, est-il ou non interressé à ce que ses *correi* puissent invoquer ce pacte? La réponse sera différente, selon que les *correi promittendi* sont ou ne sont pas *socii*. Sont-ils *socii*, ils peuvent invoquer le pacte de *non petendo in rem* intervenu avec l'un d'eux, car, dans ce cas, si le créancier, malgré le pacte intervenu avec l'un d'eux, pouvait agir contre les autres *correi*, celui qui serait obligé de payer, aurait le recours par l'action *pro socio* contre le débiteur pactisant, de sorte, qu'il ne profiterait pas lui-même du pacte. Donc, lorsque les *correi promittendi* sont *socii*, celui avec lequel le pacte est intervenu est intéressé à ce que ce pacte puisse être invoqué par ses *correi*. Cet intérêt au contraire manque, si les *correi promittendi* ne sont pas *socii*; dans ce cas donc, le pacte *in rem* intervenu avec l'un d'eux, ne peut être invoqué que par lui; les autres ne peuvent pas en profiter (1).

Lorsque les *duo rei promittendi* sont *socii*, celui d'entre eux, avec lequel le pacte n'a pas été fait, pourra invoquer le pacte intervenu avec son *correus*, non-seulement jusqu'à concurrence de la moitié, mais pour le tout, car s'il était obligé de payer seulement la moitié, il,

(1) LL. 23. 25 pr. *D. de pactis.*

aurait toujours un recours pour une part, contre son co-débiteur *socius* (1).

Si les *correi promittendi* ne sont pas *socii*, ne peut-il arriver cependant, que le pacte *de non pretendo in rem* intervenu avec l'un d'eux, puisse profiter aux autres? Oui, cela peut arriver. S'il est démontré, que le créancier en faisant le pacte a entendu renoncer absolument à tout droit de poursuite, dans ce cas, nous croyons, que les autres *correi promittendi* pourraient repousser l'action du créancier, si non par l'exception *pacti conventi*, au moins par l'exception de dol (2). On peut à l'appui de cette décision tirer un argument du texte suivant : « *Quamvis fidejussoris pactum reo non prosit, plerumque tamen doli exceptionem reo profuturam Julianus scribit. Videlicet si hoc actum sit, ne a reo quoque petatur. Idem et in confidejussoribus est* (3). » Si le pacte de *non petendo* fait avec le fidéjusseur, peut procurer au débiteur principal une exception *doli mali*, quelle raison y aura-t-il de ne pas admettre la la même décision au cas des *correi promittendi?*

Disons maintenant quelques mots d'une hypothèse, qui ressemble au pacte de *non petendo*. Nous voulons parler du legs de libération.

Le legs ne figurait pas en droit romain parmi

(1) M. de Vangerow, *loc. cit.* t. III, § 573, p. 104.
(2) L. 10, § 2 *D. de pactis*, 2. 14.
(3) L. 25, § 2, L. 26, eod. tit.

les modes d'extinction d'obligations. Par conséquent, lorsqu'un créancier a légué à son débiteur sa libération, celui-ci n'en restait pas moins tenu, mais si l'héritier agissait contre lui, il pouvait repousser son action par l'exception *testamenti* ou *doli mali*. Outre cette exception, le débiteur avait encore une autre voie, pour retirer le profit du legs, il pouvait exiger de l'héritier, qu'il le libère en lui faisant *acceptilatio*.

Supposons plusieurs *correi promittendi*; le créancier a fait à l'un d'eux un legs de libération, quel sera l'effet de ce legs à l'égard des autres *correi*?

Il faut distinguer si les *correi promittendi* étaient ou non *socii*.

S'il n'y avait aucune société entre eux, celui suelement, au profit duquel le legs a été fait, peut repousser l'action de l'héritier par l'exception *ex testamento* ou *doli mali*, ou bien agir contre lui, pour qu'il le libère. Mais dans ce cas, il ne peut pas exiger que l'héritier lui fasse une acceptilation, car ce mode d'extinction produisant un effet absolu, les autres *correi promittendi* seraient aussi libérés, ce qui serait contraire à l'intention du testateur. Dans ce cas, le *correus* légataire, doit se contenter d'un simple pacte de *non petendo*. « *Si cum alio sim debitor*, nous dit Ulpien, *puta duo rei fuimus promittendi, et mihi soli testator consultum voluit, agendo consequar, non ut accepto liberer, ne etiam conreus meus liberetur contra testatoris voluntatem; sed pacto liberabor* (1). »

Mais, peut-on dire, le *correus*, auquel le testateur a fait le legs de libération, a déjà l'exception *testamenti*, à quoi lui servira l'exception *pacti conventi*? Sans doute, le légataire a l'exception *testamenti*, mais le testament peut se perdre, alors le pacte de *non petendo* lui donnera la possibilité d'avoir à sa disposition une preuve du pacte conclu avec l'héritier.

Nous avons vu que, s'il n'y a pas de société entre les *correi promittendi*, c'est seulement le débiteur, à qui le testateur a fait le legs de libération, qui pourrait opposer à l'héritier agissant l'exception *testamenti* ou *doli mali*. Mais, peut-être faudrait-il décider autrement, s'il était démontré que le créancier, tout en nommant dans son testament un seul des *correi promittendi*, a entendu cependant décharger les autres *correi*. Ulpien montre dans le texte cité, par la phrase: « *mihi soli testator consultum voluit*, » qu'on ne doit pas, dans cette hypothèse, appliquer la même décision.

Passons maintenant aux *correi promittendi socii*. Dans ce cas, le *correus* légataire peut exiger de l'héritier par l'action *ex testamento*, qu'il le libère par acceptilation, car ici, l'intérêt du débiteur légataire exige que les autres *correi* soient libérés. Autrement, il ne profiterait pas du legs lui-même, en raison du recours qu'au-

(1) L. 3, § 3. *D. de liber. leg.* 34. 3.

rait contre lui, par l'action *pro socio*, le *correus* actionné. (1).

On peut même soutenir que, lorsqu'il y a société, les *correi* de celui à qui le legs a été fait, pourront exiger (au moyen d'un *judicium extraordinarium*) de l'héritier, qu'il leur fasse acceptilation, car, lorsque les *correi promittendi* ne sont pas *socii*, la raison pour laquelle l'acceptilation ne peut pas être demandée, c'est qu'on irait contre la volonté du testateur en libérant les autres *correi ;* or, ce motif n'existe plus, lorsqu'il y a société. Du reste, nous raisonnons dans l'hypothèse, où le testateur a eu la connaissance de cette société. Dans le cas contraire, les *correi* du légataire ne pourraient pas exiger l'acceptilation, mais attaqués, avant que l'héritier eût fait acceptilation au légataire, ils pourraient se défendre contre l'action de l'héritier par l'exception *doli mali* (2).

Nous avons vu que, si le créancier fait le pacte de *non petendo in personam* avec l'un des *correi promittendi*, ce pacte ne peut être invoqué que par celui au profit duquel il est intervenu, même au cas de société entre les *correi*. On présume que le créancier a voulu seulement dispenser le débiteur de faire l'avance du montant intégral de la dette. Tandis que, s'il s'agissait d'un legs de libération fait, par exemple, à Primus, ce legs profitera aussi à Secundus son *correus*, s'ils sont *socii*.

(1) Même loi 3, § 3. *D. de liber. leg.*

(2) Arg. de la L. 49, pr. *de fidejus.* 46. 1.

Quelle est la raison de cet effet plus absolu du legs de libération? La différence entre ces deux cas s'explique par cette considération, que les Romains donnaient une large interprétation, lorsqu'il s'agissait d'un testament: « *In testamentis*, nous dit Paul, *plenius voluntates testantium interpretantur.* » (1) Donc, si le testateur a fait un legs de libération seulement à l'un des *correi promittendi*, on interprète ce legs en ce sens, qu'il a voulu non-seulement dispenser ce débiteur de faire l'avance de la totalité de la dette, mais qu'il l'a voulu complétement décharger de l'obligation.

Jusqu'à présent, nous avons toujours supposé plusieurs *correi promittendi*; que décider s'il s'agit de plusieurs débiteurs simplement solidaires? Quel sera alors l'effet soit du pacte de *non petendo*, soit du legs de libération, fait au profit de l'un d'eux?

Il faut également distinguer si le pacte a été fait *in rem* ou *in personam*, si les débiteurs sont ou ne sont pas *socii*. S'ils sont *socii*, le legs de libération fait à l'un d'eux, ou le pacte de *non petendo* intervenu avec lui profite aux autres. Si les débiteurs ne sont pas *socii*, la réponse à cette question résulte d'un principe dont nous parlerons plus tard. Nous verrons en effet, en parlant du recours entre co-débiteurs, que s'il y a plusieurs débiteurs simplement solidaires et que le créancier se soit mis dans l'impossibilité de faire une cession d'ac-

(1) L. 12, D. *de reg. jur.* 50-17.

tions efficace contre l'un d'eux, les autres peuvent ne pas payer la part de la dette qu'ils auraient pu recouvrer au moyen de cette cession d'actions (1). Donc, par suite de cette règle, si le créancier a consenti le pacte de *non petendo* au profit de l'un des débiteurs simplement solidaires, les autres peuvent se dispenser de payer jusqu'à concurrence de la part pour laquelle ils auraient eu recours contre leur co-débiteur libéré par le pacte.

§ 9. — *Compensation.*

Un des *correi promittendi* peut-il invoquer en compensation non-seulement la créance qu'il a lui-même contre le créancier commun, mais aussi la créance de son *correus?*

La réponse peut être induite de ce que le droit romain permettait au fidéjusseur d'invoquer en compensation la créance du débiteur principal (2). Cette décision avait été admise, par suite du recours qu'aurait pu exercer le fidéjusseur contre le débiteur principal, s'il n'eût pas pu invoquer en compensation la créance de celui-ci.

D'après le même principe, il faut décider qu'un des *rei promittendi* peut invoquer en compensation la créance de son *correus*. Mais ceci, bien entendu, doit être restreint, au cas de *duo rei promittendi socii.*

En effet, dans ce cas, si le *correus* non-créan-

(1) L. 45, *D. de admin. et peric. tut.* 26, 7.
(2) LL. 4, 5, *D. de compensa.* 16, 2.

cier ne pouvait pas invoquer en compensation la créance de son co-débiteur, en payant le créancier, il recourrait par l'action *pro socio* contre son *correus* et ce dernier aurait aussi une action contre le créancier, pour recouvrer sa créance. En permettant d'opposer en compensation la créance du *correus* devenu créancier, on évitera précisément ce circuit d'actions.

Dans le cas où les *correi promittendi* ne sont pas *socii*, l'un d'eux ne peut pas opposer en compensation la créance de l'autre : « *Si duo rei promittendi socii non sint*, nous dit Papinien, *non proderit alteri quod stipulator alteri reo pecuniam debet* (1) ».

S'agit-il de débiteurs simplement solidaires, ces règles leur seront-elles applicables?

Au cas de société entre les débiteurs, chacun d'eux pourra certainement opposer en compensation la créance que l'autre a contre le créancier commun.

Mais s'ils ne sont pas *socii* ? Nous croyons, que même dans ce cas, la compensation peut être opposée, du moins pour partie. Voilà la considération sur laquelle cette décision peut être fondée. Lorsque l'un de ces débiteurs simplement solidaires étant poursuivi, paie le créancier, il a le recours contre ses co-débiteurs, comme nous le verrons plus tard, au moyen de cession d'actions, qui lui est faite par le créancier, et s'il n'a pas exigé cette cession, il

(1) L. 10, *D. de duobus reis*. 45-2.

a le recours au moyen d'une action utile de cession. De plus, si le créancier s'est mis dans l'impossibilité de faire une cession d'actions efficace contre l'un des débiteurs, ses co-débiteurs peuvent se dispenser de payer jusqu'à concurrence de la part de ce débiteur et pour laquelle ils auraient le recours contre lui (1). En partant de là, il faut reconnaître que le débiteur solidaire peut opposer en compensation la créance de son co-débiteur, jusqu'à concurrence de la part, pour laquelle le débiteur poursuivi, aurait le recours, au moyen de cession d'actions, contre son co-débiteur. En effet, cette cession d'actions ne peut pas être efficace, car l'action que céderait le créancier au débiteur poursuivi, serait paralysée par la compensation, qui peut être opposée tant au cessionnaire qu'au cédant. Et si on objecte que ce n'est pas par sa faute que le créancier est hors d'état de faire cette cession d'actions; la circonstance, qu'il est devenu débiteur de son débiteur, ne peut pas être considérée comme une faute; on peut repousser cette objection en disant que le créancier est en faute, car il a pu, ou bien payer le débiteur, ou bien s'arranger avec lui.

Si nous supposons que le créancier soit convenu avec le débiteur, pour compenser les deux dettes dont ils sont tenus l'un envers l'autre, dans ce cas, peu importe, s'il s'agit de *correi promittendi* ou bien de débiteurs simple-

(1) M. Demangeat, loc. cit. p. 235, 236.

ment solidaires, s'ils sont ou ne sont pas *socii*; si le créancier voulait poursuivre les autres débiteurs, ceux-ci pourraient le repousser, en lui opposant la compensation qui était l'objet d'un règlement avec l'un d'eux. En effet, on peut dire que « la compensation une fois qu'elle a été ainsi arrêtée, équivaut à un paiement : le créancier commun à qui remise est faite de son obligation, reçoit une sorte de *datio in solidum* (1). »

Il faut décider de même, lorsque la compensation a été opposée en justice. Prenons une hypothèse. Deux débiteurs solidaires Primus et Secundus du créancier Tertius. Primus devenu créancier de Tertius étant par lui poursuivi, lui oppose la compensation et il est absous; si ensuite Secundus est actionné il pourra invoquer la compensation opposée par Primus (2). Nous supposons, bien entendu, que Primus et Secundus sont des débiteurs simplement solidaires et non pas des *correi promittendi*, auquel cas, Secundus n'aurait pas besoin de se prévaloir de la compensation opposée par Primus, étant libéré par l'effet de la *litis contestatio* intervenue avec Primus.

Nous devons ajouter, que lorsque les débiteurs sont *socii*, celui dont la créance a été opposée en compensation, pourra recourir contre son codébiteur, par l'action *pro socio*.

(1) M. Demangeat *loc. cit.*, p. 282.

(2) MM. de Savigny, *des Obligations*. t. I, p. 190. — Demangeat, *loc. cit.*

§ 10. — *Confusion.*

Quand l'un des *correi promittedi* succédait au créancier commun, ou celui-ci à l'un des *rei promittendi*, il s'opérait une confusion qui éteignait la dette de ce débiteur, mais ses co-débiteurs étaient-ils libérés?

Il faut distinguer s'il y avait ou non société entre les *correi promittendi*. S'il n'y avait pas de société, l'un des *correi promittendi* succédant au créancier commun ou réciproquement, les autres ne sont pas libérés. « *Cum duo rei promittendi sint,* nous dit le jurisconsulte Paul, *et alteri heres extitit creditor.... puto additione hereditatis, confusione obligationis eximi personam...... Igitur alterum reum ejusdem pecuniæ non liberari*(1). » Cette décision se justifie par la considération dont nous avons déjà plusieurs fois parlé, que dans une obligation corréale, bien qu'il y ait unité d'obligation au point de vue de l'objet, il y a cependant, au point de vue des sujets, autant d'obligations qu'il y a de débiteurs. Donc, si les obligations des *correi promittendi* sont distinctes l'une de l'autre, on peut logiquement en conclure que la circonstance que l'un des *rei promittendi* est libéré, ne doit avoir aucune influence sur l'existence de l'obligation des autres, et celui-là seulement, qui est devenu à la fois créan-

(1) L. 71 pr. *D. de Fidejus.* 46-1.

cier et débiteur, doit être déchargé de l'obligation.

Paul, dans la même loi, décide, que ce n'est pas seulement le *correus* héritier qui sera libéré par confusion, mais aussi le fidéjusseur ou le *mandator*, qui auraient pu garantir sa dette. Il motive ainsi l'extinction de l'obligation des fidéjusseurs et *mandatores* : « *non possunt pro eodem, apud eumdem obligati esse : ut, quemadmodùm incipere aliàs non possunt, ità nec remaneant.* » Cette libération n'est donc qu'une conséquence de la libération du *correus*, à l'engagement duquel se rattachait leur obligation. Aussi, le même fidéjusseur cautionnait-il l'autre *correus*, il ne serait pas libéré. Toutefois, nous dit Paul, dans ce dernier cas, ce fidéjusseur ou *mandator* ne pourra pas être poursuivi efficacement. En effet, étant intervenu sur le mandat des deux *correi promittendi*, était-il actionné par le *correus* héritier, le fidéjusseur repoussait celui-ci par l'exception de dol, puisque, par l'action *mandati*, il pouvait exiger immédiatement de ce *correus* héritier ce qu'il lui demandait. « *Dolo facit, qui petit quod statim redditurus est* (1). »

Si nous supposons que les *correi promittendi* étaient *socii*, l'un d'eux succédant au créancier commun, ne pourrait pas poursuivre pour le tout son *correus*, car celui-ci, s'il était obligé de payer la totalité, pouvant recourir immédiatement par l'action *pro socio* contre le *correus*

(1) L. 8, pr. *D. de doli mali et met. c. excep.* 44. 4.

héritier, il serait en droit de lui opposer la règle : « *Dolo facit, qui petit quod statim redditurus est.* » Le *correus* héritier, ne pourra donc poursuivre son co-débiteur, que déduction faite de la part pour laquelle ce dernier pourrait recourir contre lui par l'action *pro socio.*

La décision sera la même, si c'est le créancier, qui a succédé à l'un des *correi promittendi,* puisque, en sa qualité de continuateur juridique de la personne du débiteur décédé, il est obligé de respecter et accomplir les obligations que la société avait mis à la charge de son auteur.

Lorsque c'est un des débiteurs simplement solidaires qui a succédé au créancier ou réciproquement, les autres débiteurs seront libérés jusqu'à concurrence de la part que devait supporter dans la dette le débiteur héritier, ou auquel le créancier a succédé, car, jusqu'à concurrence de cette part la cession d'actions ne peut avoir lieu au profit des autres co-débiteurs.

Prenons maintenant l'hypothèse où l'un des *correi promittendi* succède à l'autre, y aura-t-il confusion.? Non, car pour qu'il y ait confusion, il faut que les deux qualités qui se réunissent sur la même tête, soient incompatibles entre elles, comme la qualité de créancier et de débiteur. Il est vrai, que si c'est le fidéjusseur qui a succédé au débiteur, ou réciproquement, il y aura confusion et la fidéjussion sera éteinte (1). Mais ceci peut être expliqué par la circonstance, que la fidéjussion étant une obligation accessoire, est absorbée en quelque sorte dans l'obligation principale (2). Au contraire, un des *correi promittendi* succédait-il à l'autre, les deux obligations étant également principales, il n'y avait pas de raison de faire disparaître l'une plutôt que l'autre. « *Cum vero ejusdem potestatis sint*, nous dit Venulejus, *non potest reperiri qua altera potius quam alteram consummari.* (3) » Par conséquent, dans l'espèce qui nous occupe, l'obligation du débiteur défunt sera réunie à celle de son héritier, qui sera tenu alors des deux obligations (4).

Cette réunion des deux obligations sur la même tête, pouvait être utile au créancier, car si le débiteur survivant pouvait repousser la demande du créancier par une exception quelconque, le créancier pouvait éviter cette exception en l'actionnant au nom de son co-débiteur défunt (5).

(1) L. 13, *D. de duobus reis*, 45, 2.

(2) Du reste, même dans cette hypothèse, l'obligation accessoire ne disparaît pas, lorsqu'elle est plus efficace que l'obligation principale, par exemple, si l'obligation du débiteur est seulement naturelle. V. L. 95, § 3, *D. de solut.* 46-3. — L. 21, § 2, *D. de fidejus*, 46-1.

(3) L. 13. *D. de duobus reis*. 45-2.

(4) L. 5. *D. de fidejus*. 46-1. — L. 93, § 1, *D. de solution*. 46-3.

(5) L. 93. *pr. de solution.*

§ 11. — *Compromis.*

Lorsque le créancier a fait un compromis avec l'un des *correi promittendi*, ce compromis pouvait-il être invoqué par les autres ou contre eux?

La réponse nous sera dictée par ce que nous avons déjà dit, en parlant de la corréalité active. Le compromis, avons-nous vu, était un simple pacte, il ne tirait sa force que de la stipulation d'une peine, que les parties se promettaient réciproquement, pour le cas, où elles contreviendraient à la sentence arbitrale; par conséquent, il ne donnait pas lieu à l'action *judicati* (1), et ses effets se bornaient à faire encourir à la partie qui y contrevenait, la peine promise (2). Il s'ensuit que, si le compromis a été fait avec l'un des *correi promittendi*, il ne pouvait être invoqué par les autres *correi*, ni leur être opposé, car ils n'ont stipulé ni promis aucune peine. Toutefois, si les *correi promittendi* étaient *socii*, la décision ne sera pas la même. Dans ce cas, si la sentence arbitrale avait défendu au créancier de demander la dette à celui avec lequel il avait compromis, cette sentence profitait indirectement aux autres ; le créancier ne pouvait leur demander la dette sans encourir la peine (3). La

(1) L. 1. *C. de receptis*, 2. 56.
(2) L. 2. *D. de receptis*, 4. 8.
(3) L. 31, *D. de receptis.*

raison de cette décision est le recours qu'aurait exercé par l'action *pro socio* le co-débiteur qui eût été obligé de payer, contre le débiteur, avec lequel le compromis avait eu lieu, de sorte que le créancier en demandant le paiement à l'un des *correi promittendi*, demandait en quelque sorte, en même temps au *correus*, au profit duquel le compromis est intervenu.

§ 12. — *Prescription.*

Nous avons indiqué, en parlant de la corréalité active, les principes de la prescription libératoire ; nous savons qu'une Constitution d'Honorius et Théodose a introduit une prescription de trente ans pour les actions civiles, lesquelles étaient en général auparavant perpétuelles.

La prescription interrompue contre l'un des *correi promittendi*, l'était-elle contre les autres? Justinien répond affirmativement. Il justifie sa décision par un motif d'équité, tiré de ce que l'obligation solidaire provenait d'un contrat unique : « *Nobis pietate suggerente videtur esse humanum, semel in uno eodemque contractu qualicumque interruptione, vel agnitione adhibita, omnes, simul compelli ad persolvendum debitum, sive plures sint rei, sive unus.* (1). »

(1) L. 5 *C. de Duobus reis*, 8. 40.

§ 13. — *Faute.* — *Demeure.*

Étant donnés plusieurs *correi promittendi*, la perte de la chose arrivée par la faute de l'un d'eux libère-t-elle les autres ?

Pomponius répond à cette question : « *Ex duobus reis ejusdem Stichi promittendi factis alterius factum alteri quoque nocet* (1). » Ainsi, Primus et Secundus sont *duo rei promittendi* de l'esclave Stichus. — Primus fait périr l'esclave ; Secundus ne sera pas libéré, le créancier pourra le poursuivre.

Pomponius, dans ce fragment, suppose que c'est par le fait positif de l'un des *correi promittendi* que l'esclave a péri, la décision sera-t-elle la même s'il y a simple négligence, une *culpa in omittendo* ? L'obligation corréale subsistera-t-elle encore ? Non. Les jurisconsultes se sont attachés à cette idée, que quand le débiteur est tenu d'une *condictio*, il faut renfermer l'obligation dans ses termes stricts, et si une personne s'est obligée *verbis* à *dare Stichum*, elle a promis *dare*, non *facere*. « *Qui dari promisit, ad dandum, non ad faciendum, tenetur.* (2). » Donc, si l'esclave est mort, parce que Primus son maître ne l'a pas fait soigner dans sa maladie, Primus sera libéré, et à plus forte raison son *correus* Secundus.

Que déciderons-nous, si la chose a péri après

(1) L. 18 *D. de Duobus reis*, 45-2.
(2) L. 91 pr. *D. de Verb. oblig.* 45, 1.

la mise en demeure de l'un des *correi promittendi*, les autres seront-ils tenus?

Nous avons vu pour le *factum* de l'un des *correi promittendi*, le fragment de Pomponius dit : « *alterius factum alteri quoque nocet.* » Tandis que pour la demeure, le jurisconsulte Paul nous dit : « *Unicuique sua mora nocet quod et in duobus reis promittendi observatur* (1). » et le jurisconsulte Marcien : « *Si duo rei promittendi sint, alterius mora alteri non nocet.* (2). » Par conséquent le *correus* de celui qui était mis en demeure, devrait être libéré.

Voilà des textes positifs, qui ne mettent pas sur la même ligne la perte de la chose par le fait de l'un des *correi promittendi*, et par cas fortuit après la demeure de l'un d'eux. S'agit-il de la perte de la chose par le fait de l'un des *correi promittendi*, les autres sont tenus. S'agit-il au contraire de la perte de la chose par cas fortuit, après la demeure de l'un d'eux, les autres sont libérés.

Cependant, malgré ces textes, Dumoulin soutenait l'opinion contraire. Il prétendait que la même règle était applicable à la *mora* et au *factum* de l'un des *correi promittendi*, quant à son effet sur l'obligation des autres *correi*. Il expliquait ainsi la loi 18, D. *de duobus reis* et la loi 32, § 4, D. *de usuris*. Il disait que si la chose périssait par la faute de l'un des *correi promittendi* ou après la demeure de l'un d'eux,

(1) L. 173, § 2, *D. de regulis juris*, 50, 17.
(2) D. 32, § 4, *D. du usuris* 21, 2

les autres doivent la valeur de la chose, mais non les dommages et intérêts, qui sont à la charge de l'auteur de la perte, ou de celui qui était en demeure. Donc, si nous envisageons la valeur de la chose, on peut dire, qu'*alterius factum vel mora alteri nocet,* et c'est ainsi, dit-il, qu'il faut entendre la loi 18 D. *de duobus reis;* considérons-nous les dommages-intérêts extrinsèques, les autres *correi promittendi* ne les devant pas par suite du fait ou de la demeure de l'un d'eux, il en résulte que ce fait ou cette demeure ne leur nuit point, et c'est le sens qu'il donne à la loi 32, § 4, D. *de usuris* (1).

Cette interprétation ne nous paraît pas exacte, elle est complètement forcée, puisque Dumoulin ne peut la donner qu'en torturant les textes, et ces textes pris dans leur signification naturelle, montrent clairement, que les jurisconsultes ne mettaient pas sur la même ligne le *factum* et la demeure de l'un des *correi promittendi*. On comprendrait à la rigueur l'interprétation de Dumoulin, si avec les textes donnés par les jurisconsultes, on arriverait à des conséquences illogiques, mais il n'en est rien ; les décisions des jurisconsultes romains quant au *factum* ou quant à la demeure de l'un des *rei promittendi*, peuvent être, comme nous le verrons dans un instant, raisonnablement justifiées.

Cujas reconnaissait la différence entre le

(1) Dumoulin, *Tract. divid. et individ., pars.* 3. n. 128.

factum et la *mora* de l'un des *correi promittendi* (1). Nous croyons aussi avec lui et avec notre savant maître M. Demangeat (2), que si la chose périt après la demeure de l'un des *correi promittendi*, les autres sont libérés, tandis qu'ils restent tenus par la perte de la chose arrivée par le fait de l'un d'eux.

Nous avons dit que cette différence entre le *factum* et la *mora* peut être justifiée. En effet, si la chose périt par le fait de Primus, Secundus son *correus* doit être tenu, car il est en faute de s'être choisi un tel co-débiteur, tandis qu'aucune faute ne peut être reprochée au créancier. S'il s'agit, au contraire, de la demeure, alors de deux choses l'une, ou bien, quand Primus était en demeure, l'obligation de Secundus n'est pas encore échue, comment donc la demeure de Primus pourrait-elle lui nuire? Ou bien, les deux obligations sont également échues et le créancier a mis en demeure seulement Primus, il est en faute, car s'il était plus diligent, il aurait aussi mis en demeure Secundus.

Si au lieu de *correi promittendi*, nous prenons plusieurs débiteurs simplement solidaires, les conséquences du *factum* ou de la *mora* de l'un d'eux seront-elles les mêmes?

Nous avons vu, que lorsqu'il s'agissait de *correi promittendi*, c'est seulement le fait posi-

(1) Comment. de la L. 9, § 1. *de Duobus reis*, in lib. 27 quæst. Papiniani.

(2) Loc. cit. p. 380 et suiv.

tif, *culpa in faciendo*, qui continuait l'obligation corréale. Tandis que dans le cas de plusieurs co-débiteurs simplement solidaires, tenus d'une action de bonne foi, la question que nous avons posée, comprendrait tant la *culpa in faciendo* que la *culpa in non faciendo*.

Cette question doit être résolue négativement. C'est ce qui résulte d'un texte, qui nous dit, que si de deux dépositaires, l'un par son dol a fait périr la chose déposée, l'autre est libéré (1). Il n'y a pas de raison de restreindre cette décision seulement au cas de dépôt, et il faut l'appliquer à tous les débiteurs simplement solidaires (2). Toutefois, un tuteur répond de l'administration de son co-tuteur, donc, chacun peut être condamné *ex facto alterius* (3). Cujas admettait aussi cette différence entre les débiteurs simplement solidaires et les *correi promittendi*, pour ces derniers, ils sont tenus de la perte arrivée par la faute de l'un d'eux, les premiers au contraire, n'en sont pas tenus (4).

§ 14. — *Capitis deminutio*.

L'effet d'une *capitis deminutio*, c'était la disparition de la personnalité civile de la personne qui la subissait, et par suite sa libé-

(1) L. 1, § 43, *D. depositi*. 16-3.
(2) M. Demangeat, *des oblig. solid.* p. 378.
(3) L. 1, § 13, *D. de tutel. et ration.* 27. 3.
(4) Comment. de la Loi 60, § 2, *mandati. in lib.* 1. *responsa Scævolæ*

ration *jure civili* des dettes, dont elle était tenue antérieurement.

Dans le cas où l'un des *correi promittendi* a subi une *capitis deminutio*, cet événement avait-il quelque influence sur l'obligation des autres? Non, c'est seulement le *correus capite minutus*, qui était civilement libéré, les autres co-débiteurs restaient tenus. La *capitis deminutio* était une exception personnelle qui ne pouvait être invoquée, que par celui qui l'avait subie : « *Multum enim interest*, nous dit Pomponius, *an res ipsa solvatur*, *an persona liberatur. Cum persona liberatur, manente obligatione, alter durat obligatus* (1).

Même celui qui avait subi la *capitis deminutio*, pouvait être atteint par le créancier. D'abord, au cas de *minima capitis deminutio*, d'adrogation par exemple, l'adrogé restait tenu naturellement : « *manent obligati naturaliter* (2)». De plus, comme nous dit Gaius (3), le préteur donnait contre lui une action utile *rescissa capitis deminutione* et si l'adrogeant ne défendait pas à cette action, les créanciers étaient envoyés par le préteur en possession de tout ce qui aurait constitué le patrimoine de l'adrogé, s'il fût resté *sui juris*.

S'il s'agit de *maxima* ou *media capitis deminutio*, celui qui prend les biens de *capite minutus*, est tenu de payer ses dettes, le pré-

(1) L. 19, *D. de duobus reis*, 45-2.
(2) L. 2. § 2, *D. de capite minutis*. 4-5.
(3) Com. 3. § 84.

leur donne contre lui des actions utiles, et s'il ne défend pas *in solidum* à ces actions, le préteur envoie les créanciers en possession des biens qui appartenaient à leur débiteur avant sa *capitis diminutio* (1).

§ 15. — *In integrum restitutio.*

Lorsque l'un des *correi promittendi* a obtenu une *restitutio in integrum*, cette *restitutio* aura-t-elle quelque influence sur l'obligation des autres? Pourront-ils en profiter?

La réponse doit-être négative, sans distinguer si les *correi promittendi* étaient ou non *socii*. Au cas de non-société, il ne peut y avoir de difficulté, le débiteur, qui reste tenu *in solidum*, ne peut pas se plaindre, puisque, si le paiement était fait par lui, il n'aurait aucun recours contre son co-débiteur.

Mais, si la société existe entre les *correi promittendi*, la difficulté est plus grande, car, nous avons un texte, duquel on pourrait tirer un argument, pour décider que l'un des *correi promittendi* peut se prévaloir de la *restitutio in integrum* obtenu par l'autre. Voici ce texte: « *Ob ætatem si restituatur in integrum unus fidejussor, an alter onus obligationis integrum excipere debeat? Sed ita demum alteri totum irrogandum est, si postea minor intercessit, propter incertum ætatis ac restitutionis* » (2). Le jurisconsulte Papinien

(1) LL. 2. pr. et 7, §§ 2, 3, *de capite minutis*
(2) L. 48, § 1, *D. de fidejus.* 46. 1.

suppose qu'une dette a été cautionnée par deux fidéjusseurs. L'un d'eux, qui était mineur de vingt-cinq ans, se fait restituer; l'autre est-il tenu pour le tout? Papinien donne la réponse affirmative pour le cas, où le fidéjusseur majeur a déjà cautionné, et c'est postérieurement que le fidéjusseur mineur est intervenu. Donc, d'après Papinien, il faudrait décider le contraire, si les deux fidéjusseurs accédaient simultanément à l'obligation. Dans ce cas, le fidéjusseur majeur conserverait le droit au bénéfice de division et il pourrait se dispenser de payer la part de la dette qu'il n'a pas entendu conserver à sa charge, comptant sur le bénéfice de division. Si donc, d'après ce texte, le fidéjusseur, qui a compté sur le bénéfice de division, ne peut pas, au cas de restitution de son cofidéjusseur, être contraint de payer la totalité, on peut tirer de là un argument pour le cas des *correi promittendi socii* et dire, que celui qui a compté sur le recours par l'action *pro socio*, ne pourra pas être forcé de payer la dette toute entière, lorsque son co-débiteur a été restitué.

Cependant, nous croyons, que même si les *correi promittendi* sont *socii*, la restitution de l'un ne doit pas profiter à l'autre. L'argument tiré du texte Papinien, n'est pas concluant, car la position de deux fidéjusseurs et de deux *correi promittendi* n'est pas la même. Dans le cas de deux fidéjusseurs, le fidéjusseur majeur n'a pas traité avec le fidéjusseur mineur, il n'est pas en faute de ne pas avoir pris des renseignements suffisants sur la condition de son co-fidéjusseur. C'est le créancier, qui, ayant seul traité avec le mineur, a commis une imprudence, c'est donc lui qui doit souffrir de la *restitutio in integrum*. Tandis que, dans le cas de plusieurs *correi promittendi*, il y a faute de la part du *correus*, qui n'a pas prévu, en formant un contrat de société avec son co-débiteur mineur, que cette société pourrait être rescindée; car, ayant traité directement avec son co-débiteur, il devait s'assurer de sa condition (1).

On peut ajouter en faveur de cette opinion, la décision d'après laquelle l'obligation de l'un des *correi promittendi* peut-être nulle, tandis que l'autre sera très-bien obligé *in solidum* (2); or, quelle raison pourrait-on invoquer pour donner des décisions différentes au cas, où l'obligation de l'un de *duo rei promittendi* est rescindée par suite d'une *restitutio in integrum*, et au cas, où cette obligation est nulle *ipso jure*.

SECTION III.

BÉNÉFICE DE DIVISION EN MATIÈRE DE SOLIDARITÉ.

Nous dirons d'abord quelques mots en général du bénéfice de division qui était accordé aux fidéjusseurs, car, comme nous le verrons, certains débiteurs solidaires ont obtenu ce bénéfice *exemplo fidejussorum*.

(1) M. DEMANGEAT, *loc. cit.* p. 393 et s.
(2) L. 6. p. *D. de duobus reis*. 45. 2.

Dans l'ancien droit romain, il y avait trois espèces d'*adpromissores* : *sponsores*, *fidepromissores* et *fidejussores*. Chacun de ces *adpromissores* pouvait être poursuivi *in solidum* pour la dette par lui cautionnée.

La loi *Furia*, rendue l'an 659 de la fondation de Rome, est venue au secours des *sponsores* et *fidepromissores*, et décida que leur obligation serait divisée de plein droit entre les *sponsores* et *fidepromissores* existant au moment de l'exigibilité de la dette (1). Cette loi *Furia* ne s'appliquait qu'à l'Italie, et elle était étrangère aux fidéjusseurs (2). C'est l'empereur Adrien qui a introduit le bénéfice de division au profit de ces derniers. Une importante différence existait entre le bénéfice de division de la loi *Furia* et celui de l'empereur Adrien. D'après la loi *Furia*, l'obligation se divisait de plein droit, entre les *sponsores* et *fidepromissores*, qui existaient au moment de l'exigibilité de la dette, peu importe s'ils étaient solvables ou non. Cette division ayant lieu de plein droit, le créancier ne pouvait pas agir pour le tout contre l'un des *sponsores* ou *fidepromissores*, s'il le faisait, il excédait son droit et la loi *Furia, de sponsu*, donnait la *manus injectio pro judicato adversus eum qui à sponsore plus quam virilem partem exegisset* (3). Tandis que pour les fidéjusseurs, le créancier, même depuis qu'ils jouis-

(1) Gaius, C. III, § 121.
(2) Ibidem.
(3) Gaius, C. IV, § 22.

saient du bénéfice de division, avait le droit d'actionner chacun des fidéjusseurs *insolidum*, sauf à celui qui était poursuivi à demander que la dette fût divisée, mais seulement entre les fidéjusseurs solvables au moment de la *litis contestatio* (1).

Lorsque le bénéfice de division est invoqué par le fidéjusseur, si le créancier ne conteste pas l'existence et la solvabilité des autres fidéjusseurs, le préteur ne lui donnera action contre le fidéjusseur poursuivi, que déduction faite des portions de la dette qui doivent être supportées par les autres co-fidéjusseurs. Si, au contraire, le créancier conteste la solvabilité des autres fidéjusseurs, le préteur donne au créancier l'action pour le tout, mais en insérant dans la formule l'exception : « *nisi et illi solvendo sint*, (2) » qui permettra au fidéjusseur poursuivi de profiter du bénéfice de divison, s'il justifie devant le juge que les autres fidéjusseurs sont solvables.

Il résulte de ce que nous avons dit, que le bénéfice de division devait être demandé *in jure*, devant le magistrat, puisque celui-ci, ou bien donnait au créancier une action seulement pour partie, ou bien, en la donnant pour la totalité, devait insérer dans la formule une exception. Cependant, on pourrait croire que cela est contredit par une Constitution de

(1) *Instit. de Justin.* § 4, *de fidejus.* — GAIUS, C. III, § 121.

(2) L. 28, D. *de fidejus.* 46, 1.

l'empereur Alexandre, de laquelle il semble résulter que ce bénéfice pouvait être demandé, même devant le juge. Voici, en effet, ce qu'elle nous dit : « *Ut is qui cum altero fidejussit, non solus conveniatur, sed dividatur actio inter eos qui solvendo sunt, antè condemnationem ex ordine postulari solet:* (1) » Donc, il semble ressortir de ce texte, que le bénéfice de division pouvait être demandé, tant qu'il n'y a pas condamnation. Mais il n'en est rien ; le mot *condemnatio*, avait deux significations. C'était d'abord la sentence de condamnation rendue par le juge, mais de plus, on appelait aussi *condemnatio*, cette partie de la formule, dans laquelle le magistrat donnait au juge le pouvoir de condamner ou d'absoudre. (2) C'est dans cette dernière signification, que le mot *condemnatio* a été employé dans la constitution citée plus haut, et les expressions *ante condemnationem*, veulent dire tout simplement : avant que la formule ait été rédigée complétement par le magistrat,

Ce bénéfice de division, accordé originairement par Adrien aux fidéjusseurs, fut plus tard étendu à certains débiteurs tenus d'une obligation solidaire. Il nous faut rechercher quels sont ceux des débiteurs solidaires qui jouissaient de ce bénéfice.

Le bénéfice de division fut d'abord étendu aux *mandatores pecuniæ credendæ*. Ces débiteurs solidaires ont ce caractère commun avec les

(1) L. 10, § 1, C. *de fidejus.* 8, 41.
(2) Gaius. C. IV, § 43.

fidéjusseurs, qu'ils sont des débiteurs accessoires. — Nous avons un texte de Papinien, duquel résulte ce bénéfice au profit des *mandatores pecuniæ credendæ* (1). Pour comprendre ce texte, il faut d'abord remarquer que les fidéjusseurs d'un tuteur ne jouissaient pas du bénéfice de division. L'intérêt du pupille fut la raison de cette décision (2).

Prenons maintenant l'hypothèse prévue par Papinien. Plusieurs fidéjusseurs cautionnent un tuteur. Après la fin de la tutelle, l'ex-pupille veut agir contre ces fidéjusseurs, qui, en leur qualité de fidéjusseurs d'un pupille ne pouvant pas demander le bénéfice de division, pour échapper aux poursuites, donnent mandat à l'ex-pupille de poursuivre d'abord le tuteur, en promettant de combler le déficit, au cas où les biens du tuteur seraient insuffisants. Cette prévision étant arrivée, l'ex-pupille agit contre les fidéjusseurs. Ceux-ci ont droit au bénéfice de division, car par l'acceptation du mandat par l'ex-pupille de poursuivre d'abord le tuteur et de ne revenir contre les fidéjusseurs qu'en cas d'insuffisance des biens du tuteur, il y a eu une sorte de novation *post pubertatem facta*, et les fidéjusseurs ont cessé d'être *tutoris fidejussores*, qualité qui leur enlevait le bénéfice de division. A l'appui de sa décision, Papinien invoque le bénéfice de division qui doit être admis au profit de plusieurs individus, sur

(1) L. 7, *D. de Fidejus. et nominat.* 27-7.
(2) L. 12. *D. Rem pupili salvam fore*, 46-6.

l'invitation desquels une personne a prêté de l'argent, c'est-à-dire au profit des *mandatores pecuniæ credendæ*.

Du reste, il semble résulter des expressions de Papinien, que ce bénéfice ne fut pas accordé aux *mandatores pecuniæ credendæ* par le rescrit d'Adrien, mais qu'il fut étendu plus tard, par une raison d'équité. C'est par le même motif, que ce bénéfice fut aussi étendue à plusieurs personnes, qui avaient fait le pacte de constitut pour la dette d'un tiers. Cette extension ne fut faite que par Justinien (1).

Ce bénéfice pouvait être aussi invoqué par les co-tuteurs tenus *in solidum*, lorsque l'administration n'étant pas divisée entre eux, ils ont administré en commun (2). Il en est de même au cas où les tuteurs ont commis la faute de ne pas administrer (3). Ces tuteurs, tenus *in solidum*, avaient, outre le bénéfice de division, le bénéfice de discussion. Pour cela, il faut supposer que le tuteur poursuivi n'a pas pris part à l'administration des biens du pupille, alors il peut exiger que l'ex-pupille discute d'abord les biens des tuteurs qui ont géré (4).

Le bénéfice de division fut accordé aux magistrats municipaux (5), qui jouissaient aussi

(1) L. 3, *C. de consti. pecu* 4-18,

(2) L. 1, § 11 et 12, *D. de tut. et ration.* 27-3.

(3) L. 38, pr. et § 1, *D. de admin. et peric tuto.* 26-7.

(4) L. 39, § 11, *D. de admin. et peric. tut.*

(5) L. 45, *D. de admin. et peric. tut.* — L. 3, *C. de magis. conven.* 5-75.

d'un bénéfice de discussion, semblable à celui qui était accordé aux co-tuteurs (1).

Voilà les différents débiteurs solidaires, auxquels le bénéfice de division fut successivement étendu. D'après un texte (2), il semble résulter que ce bénéfice devrait être accordé à tous les débiteurs solidaires. Le jurisconsulte Marcellus montre dans ce texte, qu'on a proposé d'étendre le bénéfice de division à plusieurs acheteurs ou locataires (3). Il ne le repousse pas complètement, mais il hésite, car, dit-il, il est plus conforme au droit de permettre au créancier de poursuivre celui qu'il voudra, à la charge de céder à celui qu'il aura choisi, ses actions contre les autres.

Nous devons remarquer qu'il ne faut pas confondre ce bénéfice de division avec la règle de droit, par suite de laquelle, quand plusieurs débiteurs tenus *in solidum*, sont condamnés par une seule sentence, l'obligation qui résulte de cette condamnation, se divise entre eux (4). Le jurisconsulte Paul fait

(1) L. 1, § 9, *D. de magist. conven.* 27-8. — LL. 11, 13, *D. ad municipalem.* 50-1. L. 1, *C. Quo quisque ordine conveniatur*, 11-35.

(2) L. 47, *D. locati*, 19-2

(3) Marcellus parle seulement des acheteurs ou des locataires, mais cette décision devrait être étendue à tous les autres contrats de bonne foi, tels que le dépôt, le commodat, que Papinien, dans la L. 9, *D. de duob. reis*, met sur la même ligne.

(4) L. 10, § 3, *D. de appelat*, 49-1. — L. 43, *D. de re judicata*, 42-1.

l'application de cette règle dans un texte (1), dans lequel il suppose un mandat donné par plusieurs personnes. Le mandataire pouvait agir pour ses déboursés *in solidum*, contre chacun des mandants, mais il ne le fait pas, il appelle *in jus* tous les mandants : une sentence intervient, qui condamne les mandants à payer les déboursés au mandataire; ce dernier, ne peut agir par l'action *judicati*, que pour une part, contre chacun des mandants.

Du reste, le juge pouvait condamner les débiteurs, à ce que chacun soit tenu *in solidum* du montant de la condamnation (2).

Nous nous sommes occupés du bénéfice de division appliqué aux débiteurs simplement solidaires. Les *correi promittendi* jouissaient-ils de ce bénéfice? La réponse négative est généralement admise. Nous ne trouvons en effet rien dans les textes, qui autoriseraient l'admission de ce bénéfice au profit des *correi promittendi*.

Toutefois, il y avait une hypothèse, dans laquelle ce bénéfice pouvait être appliqué même aux *correi promittendi*: c'est l'hypothèse prévue par la loi 11, pr. *D. de duobus reis*, qui suppose que les *correi promittendi* se sont cautionnés réciproquement (3). Cette circons-

(1) L. 59, § 3, *D. de mandati*, 17-1.

(2) L. 1, *C. Si plures una sunt. condem. sunt*, 7-55.

(3) L'interprétation de cette loi est controversée. Nous admettons l'explication de M. Demangeat (*loc. cit.* p. 320), elle était aussi de Cujas (in. lib. XI, *respon. Papiniani*), et elle est de M. Savigny (*des obligations*, t. I, p. 206.

tance, d'après notre loi, n'enlève pas au créancier le droit de poursuivre chacun des *correi* comme débiteur principal. Mais, si le créancier veut bien poursuivre un des *correi promittendi* partie comme débiteur principal, partie comme fidéjusseur, celui-ci en payant ce qu'il doit comme débiteur principal, peut pour le surplus invoquer le bénéfice de division.

Sous le droit de Justinien, les interprètes ne sont pas d'accord sur la question de savoir, si les *correi promittendi*, même en dehors de l'hypothèse prévue par la loi 11, pr. D. *de duob. reis*, ne jouissent pas du bénéfice de division. La difficulté vient de la Novelle 99. Nous allons d'abord l'analyser.

En tête de la Novelle, Justinien dit, qu'une loi a été déjà rendue par lui, quant à la poursuite des *mandatores*, *fidejussores* et des constituants et que la Novelle 99, n'est qu'un développement et complément de cette loi. On reconnaît généralement, que la loi, à laquelle Justinien fait allusion, est la Novelle 4, qui a introduit le bénéfice de discussion au profit des fidéjusseurs et des *mandatores*. De ce renvoi à la Novelle 4, on doit conclure, que ces deux Novelles sont dans une intime relation.

Justinien dans la suite de la Novelle prévoit une hypothèse, qui ne présente pas de difficulté. Primus, Secundus et Tertius se sont obligés conjointement pour 90 et ils se sont cautionnés réciproquement. Chacun des débiteurs peut-être poursuivi pour 30, dont il est tenu en sa qualité du débiteur principal et puis pour les autres 60, comme fidéjusseur de ses co-débiteurs, mais pour ces 60, il peut opposer au créancier le bénéfice de discussion conformément à la Novelle 4 (1).

La seconde hypothèse de notre Novelle, présente plus de difficulté, au point de vue de la détermination de l'espèce même prévue dans ce texte. Plusieurs interprétations ont été données à ce sujet.

D'après la première, Justinien aurait établi au profit des *correi promittendi* ou débiteurs solidaires, un bénéfice de division, analogue à celui que le rescrit d'Adrien a accordé aux fidéjusseurs (2). Mais cette opinion oublie que les débiteurs solidaires, dont parle la Novelle 99, sont tenus aussi en qualité de fidéjusseurs. Elle ne tient pas compte non plus du renvoi de la préface de notre Novelle à la No-

(1) Des termes dans lesquels cette hypothèse est présentée, certains interprètes ont conclu, que sous Justinien, pour que la solidarité puisse exister à la charge de plusieurs personnes, il fallait que les parties fussent convenues expressément de cette modalité, et qu'elle ne pouvait résulter des circonstances dans lesquelles la dette a été contractée. Nous ne croyons pas cela exact. Justinien dans la seconde hypothèse s'occupe de débiteurs solidaires et pour faire ressortir le contraste entre la première et la seconde hypothèse, il dit dans la première : « *Si quidem non addiderit debere etiam singulos in solidum teneri* » et par cela il a voulu seulement indiquer, qu'il s'agit de débiteurs simplement conjoints ; mais faire la conclusion ci-dessus indiquée, c'est, nous le semble, aller un peu trop loin.

(2) Cujas *Comment. de la nov.* 99 (Œuvres t. X).

velle 4, de telle sorte, qu'il n'y aurait aucune relation entre ces deux Novelles.

Dans une seconde opinion la Novelle 99 s'occupe de débiteurs qui se sont obligés solidairement à la suite d'une opération, dont ils ont tous profité. Ces débiteurs doivent être considérés comme se cautionnant virtuellement les uns les autres. C'est donc par suite de ce cautionnement, que Justinien leur accorde le bénéfice de division. Cette opinion s'appuie sur le texte même de la Novelle, qui semble prévoir que le prêt contracté a profité à tous les débiteurs, qui se sont obligés solidairement à la suite de ce prêt (1). Il est vrai, que dans cette Novelle Justinien suppose qu'il s'agit d'un prêt fait par plusieurs personnes. Mais on ne peut pas en conclure, que la Novelle s'appliquera seulement au cas où les débiteurs solidaires ont profité d'un emprunt ou d'une opération analogue. La Novelle en effet parle d'abord en termes généraux de personnes qui contractent une obligation envers le même créancier, sans indiquer la cause de cette obligation, et si plus tard, la Novelle suppose l'hypothèse d'un emprunt, ce n'est que comme exemple et comme le cas qui est le plus ordinaire. De plus, il est difficile d'admettre, que dans cette seconde hypothèse, le cautionnement résulte virtuellement du profit que les débiteurs ont retiré de l'opération; car dans la première hypothèse prévue par la Novelle, si les débiteurs se cau-

(1) M. de VANGEROW, *loc. cit.*, t. III, § 573, p. 87.

tionnent réciproquement, c'est certainement en vertu d'une fidéjussion formellement établie ; comment donc supposer qu'il s'agisse, dans notre seconde hypothèse, d'un cautionnement d'une autre nature, alors que le texte ne fait aucune mention de cette circonstance.

Enfin, dans une troisième opinion que nous acceptons volontiers, l'hypothèse prévue par la Novelle 99 est celle qui nous est déjà donnée par Papinien dans la loi 11 pr. *de Duobus reis*, c'est-à-dire lorsque plusieurs débiteurs solidaires se sont portés fidéjusseurs les uns des autres. Papinien permet au créancier de ne pas tenir compte de la fidéjussion et d'actionner chacun des débiteurs en sa qualité du débiteur principal. Justinien, au contraire, voulait combiner équitablement le droit du créancier de poursuivre chacun pour le tout avec le principe de la fidéjussion. Le créancier aura le droit de poursuivre chacun des débiteurs pour le tout, mais le débiteur poursuivi peut demander au juge d'appeler devant lui les autres débiteurs présents et solvables, et ils seront condamnés tous à satisfaire le créancier. Par suite de cette combinaison, le créancier ne souffre point, car une seule poursuite de sa part suffit pour obtenir la condamnation de tout ce qui lui est dû; et, d'un autre côté, le débiteur solidaire poursuivi acquiert l'avantage de faire participer au paiement ses codébiteurs, par conséquent un avantage analogue à celui qu'il retire du *beneficium excussionis*. (1).

Du reste, il résulte de la fin de la Novelle, que pour que ce cautionnement réciproque des débiteurs solidaires puisse produire les effets par nous indiqués, il faut que le créancier connaisse et accepte ce cautionnement.

SECTION IV.

RECOURS ENTRE CO-CRÉANCIERS ET CO-DÉBITEURS.

Dans une obligation solidaire, comme nous l'avons vu, chaque créancier peut exiger le paiement en totalité, et chaque débiteur peut être forcé de payer la totalité. Mais le créancier, qui a obtenu le paiement, n'était-il pas obligé de partager le bénéfice de ce paiement, les autres créanciers n'avaient-ils aucun moyen pour le forcer à effectuer ce partage? Et de même, si un des débiteurs a payé, n'aura-t-il aucun recours contre ses co-débiteurs, pour qu'ils supportent aussi une part dans le paement?

Pour résoudre cette question, il faut avant tout distinguer, si la société existait entre les créanciers ou les débiteurs, ou bien s'il n'y avait pas de société.

Au cas de société, le créancier qui aura reçu le paiement, sera obligé de partager avec les autres créanciers, et ce partage pourra être

(1) MM. de Savigny, *des Obligations*. t. I, p. 300 et s. — Demangeat, *des Oblig. solid.*, p. 331 et suiv.

exigé par l'action *pro socio*. De même, le débiteur qui a payé, ne sera pas obligé de supporter seul la totalité de la dette, il aura son recours contre les autres co-débiteurs au moyen de l'action *pro socio*.

Ce recours est incontestable et nous trouvons plusieurs textes qui s'y réfèrent (1).

Mais l'existence d'une société entre les créanciers ou les débiteurs, ne se rencontre pas toujours, c'est un fait accidentel, qui peut exister, mais qui ne naît point de la situation elle-même de co-débiteurs ou co-créanciers. Le recours par l'action *pro socio* était-il certainement insuffisant.

Quel serait alors le moyen de faire répartir la créance solidaire entre tous les créanciers, ou de faire supporter la dette solidaire à tous les débiteurs?

Les actions *communi dividundo* et *familiæ erciscundæ*, pouvaient donner un moyen de recours. Ainsi, une maison appartient en commun à *Primus* et *Secundus*, qui ne sont pas *socii*; une dette solidaire est contractée par eux pour la réparation de la maison, si l'un d'eux, *Primus*, par exemple, est obligé d'acquitter cette dette, il pourra s'en faire tenir compte par *Secundus* jusqu'à concurrence de sa part, au moyen de l'action *communi dividundo* (2). Le

(1) L. 62, pr., *D. ad legem Falcidiam*. 35-2. — L. 10, *D. de duobus reis*. 45-2. — L. 29, *D. de liberat. legata*. 34-3.

(2) L. 4, § 3. L. 6. § 2, *D. de com. divid*. 10, 3.

même résultat aurait pu être atteint par l'action *familiæ erciscundæ*, si les débiteurs solidaires, dans l'hypothèse ci-dessus, étaient cohéritiers (1). Si ces personnes, au lieu de devenir débitrices solidaires ont acquis une créance solidaire à l'occasion d'une chose commune, elles auraient pu agir contre celui qui a obtenu le paiement, par l'une ou l'autre des actions dont nous venons de parler (2).

Une autre voie de recours entre co-débiteurs pourrait avoir lieu au moyen de l'action *mandati*. L'application de cette action peut d'abord se présenter dans le cas où les débiteurs solidaires se sont portés fidéjusseurs les uns des autres (3). Celui d'entre eux, qui serait obligé de payer, aurait le recours contre les autres par l'action *mandati*. De même, si nous supposons que les débiteurs solidaires, dans le but de faire réaliser le contrat dont la solidarité était la condition, se sont donnés un mandat réciproque, celui qui aurait payé le créancier, pourrait recourir contre ses co-débiteurs au moyen de l'action *mandati* (4).

Toutefois, le recours par l'action *mandati* n'est pas indiqué par les textes, et d'ailleurs cette action ne pouvait se rencontrer qu'au cas où la solidarité résultait d'une convention; l'idée de mandat ne pouvait donc servir comme

(1) L. 18, § 3. L. 25, § 15, *D. famil. ercis.* 10, 2.
(2) L. 19, *D. eod. tit.*
(3) L. 11, pr. *D. de duob. reis.*
(4) M. de Savigny, *loc. cit.*, p. 259 et suiv.

base générale de recours, qui s'étendrait à tous les cas dans lesquels cette modalité pouvait se présenter.

L'action *negotiorum gestorum* ne pouvait-elle servir comme fondement d'un recours?

Les interprètes du droit romain ne sont pas d'accord sur ce point. Nous avons un texte, duquel il paraît résulter que le recours au moyen de cette action, pouvait avoir lieu. Il permet à un tuteur ou à un magistrat, dont la responsabilité a été engagée par la mauvaise gestion de son collègue, de recourir contre celui-ci par l'action *negotiorum gestorum* (1).

L'interprétation de ce texte est controversée et différentes explications en ont été données.

Cujas dit que le texte s'applique seulement au cas où l'obligation solidaire, à la charge de plusieurs personnes, dérive de cette circonstance, que ces personnes gèrent une charge à laquelle elles prennent part en qualité de collègues, et la décision du texte ne doit pas être étendue à d'autres cas.

Comme cette gestion de deux collègues est indivisible, il s'ensuit que, si le tuteur ou le magistrat a fait un acte de mauvaise administration, il a géré mal une affaire, qui est celle de son collègue en même temps que la sienne, et par conséquent, ce collègue pourra recourir contre lui par l'action *negotiorum gestorum directa*, qui se donne au *dominus negotii*, contre

(1) L. 30, D. *de negotiis gestis*, 3 5.

celui qui a géré son affaire. (1) Dans ce système, l'action *negotiorum gestorum*, que le texte donne au magistrat contre son collègue, serait l'action *negotiorum gestorum directa* et non *contraria*. Mais, si cette explication était vraie, ne pourrait-on pas, en se fondant sur le même raisonnement, accorder l'action *negotiorum gestorum directa* à d'autres débiteurs solidaires, par exemple, à plusieurs commodataires, et non pas la restreindre, comme le fait Cujas, au cas cité par le texte.

D'après une autre interprétation, il faut distinguer entre les débiteurs simplement solidaires et les débiteurs tenus d'une obligation corréale. Dans le premier cas, l'action *negotiorum gestorum contraria* doit être toujours donnée, car, lorsqu'il s'agit de débiteurs simplement solidaires, il y a pluralité d'obligations, donc, quand un des débiteurs paie, il éteint non seulement sa propre obligation, mais aussi celle de ses co-débiteurs; il fait l'affaire d'autrui, l'action *negotiorum gestorum* doit donc lui être accordée. S'agit-il au contraire de débiteurs corréaux, il n'y a qu'une seule obligation, par conséquent on ne peut pas dire que celui qui paie, en éteignant sa propre dette, éteint aussi la dette de ses co-débiteurs, puisqu'il n'y a qu'une seule dette, et l'action *negotiorum gesto-*

(1) Cujas, lib. III, *Digest. Salvii Juliani, ad* L. 30, *de neg. gestis*.

rum ne peut pas naître (1). Sans doute, cette idée, que dans le cas d'une obligation corréale, il n'y a qu'une seule obligation, tandis que dans celui de débiteurs simplement solidaires il y a pluralité d'obligations, est vraie, mais elle ne peut exercer ici aucune espèce d'influence. En effet, l'action *negotiorum gestorum* étant de bonne foi, il fallait rechercher d'après l'équité, si une personne avait géré utilement l'affaire d'autrui ; or, il est évident, que lorsqu'un débiteur a éteint une dette commune, il a fait une opération utile pour les autres codébiteurs, aussi bien dans le cas où ces débiteurs étaient tenus d'une obligation corréale, qu'au cas, où il s'agissait de débiteurs simplement solidaires.

Enfin, dans une autre opinion, à laquelle nous nous rangeons, on refuse complétement l'action *negotiorum gestorum* à celui des débiteur solidaires qui a désintéressé le créancier. Mais alors, comment expliquer la loi 30 *de neg. gestis*, qui donne au tuteur l'action *negotiorum gestorum* contre son co-tuteur ? On donne une explication historique. La loi 30, n'est pas l'expression de la doctrine sur la gestion d'affaires, qui a prévalu en droit romain. En effet, les jurisconsultes sont arrivés à dire, que, pour que l'action *negotiorum gestorum contraria* puisse être donnée, il fallait que le gérant ait eu l'intention de faire l'affaire

(1) M. DE VANGEROW, *Lehrbuch der Pandeckten*, t. III, § 573, p. 81.

portant *adstipulator*, n'acquérait pas à son maître, sa stipulation était nulle (1).

Pour la corréalité passive, il pouvait arriver que la dette n'intéressât réellement qu'un seul des débiteurs, et que les autres ne se soient joints à lui pour se constituer *correi promittendi*, que pour donner plus de garantie au créancier. Cette garantie eût pu être, sans doute, effectuée au moyen de *sponsio* ou *fidepromissio*. Mais ici aussi, on pouvait préférer la constitution des *correi promittendi*, à cause des règles particulières qui régissaient les *sponsores* ou *fidepromissores*. Ainsi, leur obligation ne passait pas à leurs héritiers ; ils étaient libérés de plein droit après deux années, en vertu de la loi Furia (2). La garantie, qui résultait pour le créancier de l'établissement de la corréalité passive, était donc plus énergique que celle que fournissait la *sponsio* ou la *fidepromissio*; quant aux fidéjusseurs, il ne sont venus que plus tard.

Si on admet que l'établissement de la corréalité active se liait à ce principe, qu'on ne pouvait agir en justice par un mandataire, et que l'établissement de la corréalité passive avait seulement pour but de donner une garantie au créancier, on arrive à cette conclusion, que le droit romain ne présumait point l'existence d'un intérêt commun entre co-créanciers ou co-débiteurs, d'où la conséquence, que lorsqu'un des créanciers voulait recourir

(1) Gaius, C. III, § 114.
(2) Gaius C. III. §§ 120, 121.

contre ses co-créanciers, ou un des débiteurs contre ses co-débiteurs, il devait prouver la relation juridique sur laquelle il fondait son recours.

En supposant que les co-débiteurs ne fussent pas *socii*, et qu'on se trouvât dans un cas où l'action *mandati* ne pût être exercée, on comprend facilement qu'avec la doctrine qui refuse l'action *negotiorum gestorum*, l'absence du recours par le débiteur qui a payé, présentait des inconvénients, ce débiteur devant supporter, en définitive, la totalité de la dette. Aussi, avec le temps, est-on venu au secours de ce débiteur au moyen d'une institution juridique, appelée : bénéfice *cedendarum actionum*, dont nous allons nous occuper.

Ce bénéfice n'était pas seulement applicable en matière de solidarité ; il y avait d'autres hypothèses dans lesquelles, pour assurer un recours d'une équité évidente, ce bénéfice était accordé.

Nous en dirons quelques mots en général.

Les Romains, en partant de l'idée qu'une obligation est un rapport entre deux personnes déterminées, une de ces personnes ne pouvait être changée sans que le rapport lui-même en fût affecté, n'admettaient pas une cession de créance. Mais au moyen d'un détour, on arrivait en réalité au même résultat. Le créancier qui voulait transporter le bénéfice de sa créance à une autre personne, lui donnait mandat de poursuivre en justice le débiteur, et comme ce mandataire était dispensé de rendre compte *(procurator in rem suam)*, il profitait de la créance, comme si elle lui eût été directement cédée (1).

C'est au moyen de ce procédé, que le créancier pourra céder les actions au débiteur solidaire qui l'a désintéressé. Mais tout d'abord, une objection se présente à l'esprit. Quand le débiteur effectue le paiement, il éteint la créance, comment donc peut-il y avoir cession d'une créance qui n'existe plus? Pour échapper à cette objection, les jurisconsultes romains ont imaginé une fiction. Lorsque le débiteur payait le créancier, ils voyaient dans cette opération non pas le paiement proprement dit, mais un achat de la créance fait par le débiteur, le créancier, disaient-ils : *non in solutum accipit, sed quodammodo nomen debitoris vendidit* (2). De même Papinien, parlant d'un pupille et de plusieurs tuteurs, dit : « *Pro parte non condamnati tutoris non tutela reddita, sed nominis pretium solutum videtur* (3). »

Nous rechercherons d'abord l'application de ce bénéfice *cedendarum actionum*, quant aux débiteurs simplement solidaires et ensuite quant aux *rei promittendi*.

Les débiteurs simplement solidaires, jouissaient de ce bénéfice; plusieurs textes nous l'attestent. C'est ainsi que le jurisconsulte

(1) Gaius. C. 4. § 39. — L. 3 C. *de Hered. vel actione vendita*, 4-39.

(2) L. 36. *D. de fidejus.* 46. 1.

(3) L. 21. *D. de tut. et ration.* 27. 3.

Marcellus, en supposant plusieurs co-acheteurs ou plusieurs co-locataires tenus *in solidum*, après avoir parlé du bénéfice de division, qui pourrait être admis au profit de ces débiteurs, ajoute : « *Quamquam fortasse justius sit, etiamsi solvendo omnes erunt, electionem conveniendi quem velit non auferendam actori, si actiones suas adversùs cæteros præstare non recuset* (1) ». De même, Papinien parle de ce bénéfice au profit des tuteurs, tenus *in solidum*. (2).

On peut donc étendre ces décisions à tous les débiteurs tenus solidairement d'une action de bonne foi, ou d'une action *in factum*. (3).

Nous avons vu que parmi les débiteurs simplement solidaires, certains d'entre eux jouissaient du bénéfice de division. On peut se demander à quoi servira à ces débiteurs le bénéfice *cedendarum actionum ?* N'était-il pas préférable pour eux d'exiger du créancier qu'il divisât ses poursuites, plutôt que de payer la totalité, et de lui demander la cession d'actions pour recourir contre ses co-débiteurs?

Ce bénéfice pouvait cependant présenter une utilité même pour les débiteurs solidaires, qui jouissaient du bénéfice de division. En effet, ces débiteurs solidaires accèdent-ils à une obligation principale, la cession d'action pourra leur procurer cet avantage qu'au cas de paiement de leur part, ils pourront, grâce aux

(1) L. 47. D. *locati*. 19-2.

(2) L. 21, D. *de tut. et ration*. 27-3.

(3) M. Demangeat, *loc. cit.* p. 283.

sûretés dont cette action pouvait être munie, recouvrer du débiteur principal, qui, nous le supposons, est insolvable, tout ce qu'ils ont déboursé. Tandis qu'avec le bénéfice de division, une partie de la dette resterait à la charge de celui qui l'aurait invoqué.

Même en dehors de l'hypothèse où les débiteurs solidaires sont *intercessores*, ce bénéfice pourra leur être utile, car, le bénéfice de division ne peut être invoqué qu'en présence de co-débiteurs solvables ; dans le cas contraire, il est refusé, et alors la cession d'actions est utile à celui qui paie, pour obtenir de ses co-débiteurs, devenus ultérieurement solvables, leur part contributoire.

Le débiteur solidaire poursuivi en justice, peut demander la cession d'actions soit *in jure* soit *in judicio*. Dans le premier cas, si le créancier ne voulait pas lui faire cette cession d'actions, en général, le prêteur ne lui délivrait pas de formule. Si le refus du créancier se produisait *in judicio*, le juge de l'action de bonne foi ne condamnera pas le débiteur, du moins *in solidum*.

Le débiteur solidaire peut-il indéfiniment réclamer la cession d'actions, ou bien cette réclamation ne pourra-t-elle plus avoir lieu après un certain moment ?

Le débiteur peut exiger du créancier la cession d'actions, même après la *litis contestatio*, ou la sentence du juge qui l'a condamnée. « *Non tantum ante condemnationem, sed etiam post condemnationem, desiderare tutor potest mandari sibi actiones adversùs contutorem pro quo condemnatus est* (1). » Cette décision est fondée sur le principe, dont nous avons parlé, que la poursuite de l'un des débiteurs solidaires ne libérait pas les autres, contrairement à ce qui se passait au cas de *correi promittendi*. Comme les autres débiteurs ne sont pas libérés par la *litis contestatio*, rien n'empêche que celui qui est poursuivi puisse demander la cession d'actions après cette *litis contestatio*. Le bénéfice *cedendarum actionum* n'a-t-il pas été demandé par lui et s'est-il laissé condamner, il pourra encore l'exiger, sous forme d'exception, lorsque le créancier agira contre lui par l'action *judicati* (2). Mais le paiement opéré, la cession d'actions ne pouvait plus être exigée, car le paiement a éteint complètement la dette, tous les autres co-débiteurs ont été libérés. Le créancier n'ayant plus d'action à exercer, ne peut faire aucune cession de ce qui n'existe plus. C'est ce que nous dit le jurisconsulte Modestin : « *Modestinus respondit : Si, post solutum sine ullo pacto omne quod ex causâ tutelæ debeatur, actiones post aliquod intervallum cessæ sint : nihil eâ cessione actum, cum nulla actio superfuerit. Quod si ante solutionem hoc factum est ; vel, cum convenisset ut mandarentur actiones, tum solutio facta esset, mandatum sub secutum est : salvas esse mandatas actiones, cum novissimo quoque casu pretium magis mandatarum actionum*

(1) L. 1, § 18, *D. de tut. et ration.* 27-3.
(2) L. 41, § 1, *D. de Fidejus.* 46-1.

solutum, quam actio quæ fuit, perempta videatur (1). »

Lorsque le créancier s'est mis par son fait dans l'impossibilité de faire cette cession d'actions, le débiteur poursuivi sera-t-il obligé de payer le créancier, alors qu'il ne peut plus être indemnisé de ce paiement?

Non. Dans ce cas, le débiteur pourra se dispenser de payer le créancier jusqu'à concurrence de la part pour laquelle il aurait pu recourir contre ses co-débiteurs, si la cession d'actions eût été possible. Le débiteur poursuivi pourra tenir au créancier le langage suivant : Il y avait entre nous des obligations réciproques; moi, j'étais obligé de vous payer, mais vous étiez obligé de conserver les actions pour me les céder, ainsi veut la bonne foi; vous avez agi contrairement à cette bonne foi, souffrez donc, et vous ne pouvez exiger de moi la part pour laquelle cette cession d'actions ne peut avoir lieu.

Cette doctrine est confirmée par les textes. D'abord, le jurisconsulte Paul nous dit que, si un pupille devenu pubère, avait libéré l'un des tuteurs, il ne peut agir contre l'autre pour le compte du tuteur libéré (2). De même, Papinien suppose qu'une personne a prêté de l'argent sur le mandat d'un tiers, si le créancier en agissant contre le débiteur succombe, par exemple, s'il y a eu plus-pétition de sa part, il

(1) L. 76, *D. de solution.* 46-3.
(2) L. 15, *D. de admin. et peric. tut.* 26-7.

ne pourra plus agir contre le *mandator*, car il ne peut pas lui faire la cession d'actions sur laquelle ce *mandator* a compté (1).

Cependant, il faut reconnaître que la même décision serait difficilement admissible dans un cas d'une obligation simplement solidaire ne présentant pas cette réciprocité d'obligations, comme dans l'hypothèse d'habitants d'une maison tenus *in solidum* en raison du préjudice causé par un objet jeté de cette maison (2).

Lorsqu'il s'agit d'une cession volontaire, le créancier peut constituer le cessionnaire *procurator*, pour qu'il puisse agir *in solidum* contre chacun des débiteurs. Au contraire, dans le cas où cette cession n'est faite, que pour assurer au débiteur qui a payé, un recours contre ses co-débiteurs, la cession d'actions ne doit avoir lieu contre ces débiteurs, que pour la part de chacun. Le bénéfice *cedendarum actionum* fut introduit par un sentiment d'équité, on irait contre cette équité, si chacun des débiteurs était obligé d'avancer la somme pour ses co-débiteurs. Si l'un d'eux était insolvable, cette insolvabilité devrait peser sur tous les débiteurs et la part de l'insolvable devrait se répartir entre tous (3).

Un des débiteurs simplement solidaire ayant

(1) L. 95, § 11. *D. de solution.* 46. 3.

(2) L. 1, § 10. L. 2, 3, 4, *D. de his qui effud.* 9. 3.

(3) MM. de Savigny *loc. cit.* 293 et suiv. Demangeat, *loc. cit.* p. 237.

payé sans qu'il y ait eu cession d'actions, n'aura-t-il aucune autre action pour recourir contre ses co-débiteurs ?

A cet égard voilà ce que nous dit Ulpien : « *Et si forte quis ex facto alterius tutoris condemnatus præstiterit, vel ex communi gesto, nec ei mandatæ sunt actiones, constitum est à Divo Pio, et ab Imperatore nostro et Divo Patre ejus, utilem actionem tutori adversus contutorem dandam* (1). » Ainsi, un tuteur condamné pour le fait de son co-tuteur ou pour un fait commun a-t-il payé, une action utile lui est donnée pour exercer son recours contre son co-tuteur, alors qu'il n'y a pas eu cession d'actions. Une semblable décision est donnée par le jurisconsulte Paul, qui suppose, qu'un objet est tombé d'un appartement habité par deux personnes, une de ces personnes poursuivie *in solidum* a payé, elle pourra exercer son recours contre l'autre, à défaut de l'action *pro socio*, par une action utile (2).

Au reste, il faut remarquer qu'il résulte de la combinaison de la loi 76, *D. de solution*, avec les L.L. 1, § 13, *de tut. et ration.*, et 2, C. *de contr. jud. tut.* qui accordent au tuteur une action utile, que le tuteur peut exercer cette dernière action, lorsqu'il a payé, étant poursuivi ; que si, au contraire, il a payé spontanément, il n'a pas d'action utile. On peut expliquer cette dif-

(1) L. 1, § 13. *D. de tut. et ration.* 27-3. — Aj. L. 2. *C. de contr. jud. tut.* 5-58

(2) L. 4, *D. de his qui effud.* 9-3.

férence, par la considération suivante : lorsque le tuteur est poursuivi, s'il avait exigé la cession d'actions, l'ex-pupille serait obligé de la lui consentir, et s'il avait oublié de la demander, l'équité serait blessée, qu'un simple oubli lui fut préjudiciable. Tandis que celui qui paie spontanément, « a dû réfléchir à l'acte dont il prend l'initiative : tant pis pour lui s'il s'est présenté comme voulant éteindre l'action, et non comme voulant se la faire céder. » (1)

Reste à nous demander qu'est-ce que cette action utile, dont parlent les textes ? Selon certains auteurs, ce serait une action *utilis negotiorum gestorum*. Dans une autre opinion, qui nous paraît plus probable, ce serait l'action du créancier même, dont la cession est sous-entendue. (2). Ainsi, quant au tuteur, ce serait l'action du pupile, que le tuteur avait le droit de se faire céder, et qu'il peut exercer comme action utile, en l'absence d'une cession expresse.

Il résulte en effet des textes, que l'on est arrivé à décider, que lorsqu'une personne avait droit à la cession d'action, elle pourrait l'exercer sous la forme d'action utile. Ainsi la loi 16, D. *de pactis* dit : « *Rescriptum est a Divo Pio utiles actiones emptori dandas.* » Un acheteur d'hérédité avait droit à la cession d'actions que lui devait faire le vendeur, l'empe-

(1) M. Demangeat, p. 246.
(2) MM. de Savigny, *loc. cit.* p. 272. — Demangeat, p. 245.

reur Antonin-le-Pieux lui accorde le droit, sans aucune cession effective, de les exercer comme actions utiles. L'empereur cité par ce texte, est précisément le même dont parle Ulpien dans la loi 1, § 13 *de tut. et ration.*, et c'est un argument à l'appui de l'opinion, qui voit dans cette action utile, non pas l'action *utilis negotiorum gestorum*, mais l'action du créancier, dont la cession est sous-entendue. D'autres textes font application du même principe dans différentes hypothèses particulières, par exemple, au cas d'un legs d'une créance, (1) ou bien, au cas, où une créance est donnée en paiement (2), ou enfin, lorsqu'une créance a été constituée en dot (3).

Ces différentes applications nous autorisent à généraliser la règle et à décider, que toutes les fois qu'un des débiteurs simplement solidaires a été condamné sur les poursuites du créancier, sans qu'il y ait cession d'actions, cette cession est sous-entendue à son profit et il peut exercer l'action du créancier sous forme d'action utile.

Toutefois, nous devons ajouter que, si les poursuites du créancier ont été occasionnées par le dol ou la faute du débiteur solidaire, celui-ci, après avoir payé, n'aura pas droit à la cession d'actions ou à son défaut à l'exercice de l'action utile (4). Il en est de même si

(1) L. 18. *C. de legatis*, 6, 36.
(2) L. 5, *C. quando fiscus*. 4, 15.
(3) L. 2, *C. de obligat. et action*. 4, 10.
(4) L. 2, *C. de contr. jud. tut.*, 5, 58.

c'est par suite d'un dol commun à tous les débiteurs, que l'un d'eux a été poursuivi, aucun recours ne lui est accordé contre ses co-débiteurs pour recouvrer ce qu'il y a payé, car, nous dit Ulpien : « *Proprii delicti pœnam subit* (1). »

Passons maintenant aux *correi promittendi*. Jouissaient-ils du bénéfice *cedendarum actionum?* Oui, de même que les débiteurs simplement solidaires, ils avaient droit à cette cession. Cela résulte d'abord de ce que dit Julien du fidéjusseur : « *Fidejussoribus succurri solet, ut stipulator compellatur ei qui solidum solvere paratus est vendere cæterorum nomina* (2). » Il est vrai que le texte parle seulement des fidéjusseurs, mais ceci peut être étendu par analogie aux *correi promittendi*, car les fidéjusseurs considérés dans les rapports avec le créancier, sauf le bénéfice de division, qui leur a été accordé par Adrien, peuvent être regardés comme de véritables *rei promittendi*.

Cependant, cet argument d'assimilation ne pourrait pas être invoqué, si on se place dans l'opinion, qui prétend que les fidéjusseurs n'avaient pas le droit d'exiger du créancier la cession d'actions, opinion soutenue par M. de Savigny (3). Mais, sans examiner les différents textes invoqués et interprétés de la manière à les

(1) L. 1, § 14, *D. de tut. et ration.* 27, 3.
(2) L. 17. *de fidejus* 46. 1,
(3) *Des obligations*, t. I p. 301 et suiv.

faire plier à cette opinion (1), le texte cité plus haut (2), est complétement contraire aux idées de M. de Savigny.

D'ailleurs nous avons un texte, qui a trait aux *correi promittendi*, duquel résulte ce bénéfice *cedendarum actionum* à leur profit. Voici ce texte important: « *Rem hereditariam pignori obligatam heredes vendiderunt, et evictionis nomine pro partibus hereditariis spoponderunt: cum alter pignus pro parte suâ liberasset, rem creditor evicit. Quærebatur an uterque heredum conveniri possit. Idque placebat, propter indivisam pignoris causam. Nec remedio locus esse videbatur ut per doli exceptionem actiones ei qui pecuniam creditori dedit præstarentur: quia non duo rei facti proponerentur* » (3). L'hypothèse prévue par le jurisconsulte Papinien est celle-ci. Une chose hypothéquée à une dette de succession a été vendue par les deux héritiers, qui se sont engagés envers l'acheteur (sans doute par la *stipulatio duplæ)*, de le garantir de l'éviction, *pro partibus hereditariis*. L'un des héritiers a payé le créancier hypothécaire, mais comme ce dernier n'est pas payé par l'autre héritier, il vend la totalité de la chose hypothéquée, comme il en a le droit, par suite du principe de l'indivision de l'hypothèque. L'acheteur est donc évincé pour le tout et il a le droit d'agir par

(1) *Instit.* § 4. *de fidejus* — L. 39. *D. de fidejus.* 46-1. — L. 11. *C. de fidejus.* 8-41.

(2) L. 17. *D. de fidejus.* 46-1.

(3) L. 65. *D. de evictionibus.* 21-2.

l'action *ex stipulatu duplæ* contre chacun des héritiers, même contre celui qui l'a payé, et ce dernier ne pourra pas exiger du créancier la cession d'actions, car dit Papinien : « *non duo rei facti proponentur* (1). » Donc, on peut légitimement conclure par un argument *à contrario*, que Papinien aurait accordé ce bénéfice, s'ils étaient *duo rei promittendi*.

Une objection à notre théorie peut être tirée de la loi 62 pr. *D. ad legem Falcidiam* (35-2.), dans laquelle le jurisconsulte Julien, en supposant qu'une personne actuellement morte était *correus promittendi* ou *stipulandi* avec une autre, se demande, pour combien doit-on compter cette dette ou cette créance, pour la détermination de la masse du patrimoine du défunt, afin de savoir s'il y a lieu d'appliquer la loi Falcidie. Julien distingue : les *correi promittendi* ou *stipulandi* étaient-ils *socii*, on comptera la créance ou la dette pour la moitié. S'ils n'étaient pas *socii*, on ne la comptera pas provisoirement, *in pendenti esse*, car, c'est seulement à l'époque de l'exigibilité, qu'on pourra régler définitivement le compte. L'héritier paie-t-il la dette ou touche-t-il la créance, le recours ne pouvant avoir lieu par l'action *pro socio*, on comptera la créance ou

(1) Du reste, celui des héritiers, qui a payé le créancier et qui est soumis à l'action *ex stipulatu duplæ*, pourra se faire tenir compte par son co-héritier, au moyen de l'action *familiæ erciscundæ*, du tort qu'il lui a causé, en n'exécutant pas aussi son obligation. C'est ce que dit Papinien dans la suite du texte.

la dette pour le tout. Si c'est l'autre *correus*, qui a payé ou qui a touché, on procédera, comme si le *de cujus* n'était jamais *correus promittendi* ou *stipulandi*.

D'après ce texte de Julien, en cas d'absence de société, aucun recours ne peut avoir lieu, donc, peut-on dire, le *correus promittendi* n'avait pas droit à la cession d'actions, autrement le recours étant possible, le règlement du compte du patrimoine du défunt, serait établi d'une autre manière que le fait Julien. Comment alors concilier ce texte avec l'opinion, qui admet le bénéfice de cession d'actions au profit des *correi promittendi*? Le silence de Julien, quant au bénéfice *cedendarum actionum*, peut s'expliquer par cette considération, que probablement de son temps, la jurisprudence ne l'avait pas encore établi d'une manière certaine, au profit du *correus promittendi*, qui désintéresse le créancier. D'ailleurs, Julien parle à la fois des *correi promittendi* et des *correi stipulandi* et quant à ces derniers, il n'y avait rien d'analogue au bénéfice de cession d'action (1).

De quelle manière la cession d'actions était-elle demandée dans les actions de droit strict?

La loi 65 *de evict.*, que nous avons analysée, nous dit que le créancier était forcé de faire cette cession d'actions au moyen de l'exception de dol. Mais voici une objection qui se

(1) M. Demangeat, *loc. cit.*, p. 201.

présente. Nous avons vu que le droit du créancier poursuivant un des *correi promittendi*, était éteint quant aux autres *correi*, par la *litis contestatio*. S'il en est ainsi, il semble, que la cession ne peut avoir lieu, car l'exception de dol, comme toute autre exception, étant insérée dans la formule est nécessairement portée à l'examen du juge. Or, dès qu'on arrive devant le juge, l'action du créancier contre les *correi* de celui qu'il poursuit, est déjà éteinte par la *litis contestatio*, qui avait lieu *in jure*. Par conséquent il ne peut céder une action qui n'existe plus.

Voilà probablement comment les choses avaient lieu. Etait-ce par pure malignité que le créancier refusait la cession, son dol était-il évident, le préteur ne lui délivrait pas de formule (1). Mais il pouvait arriver qu'il y avait un certain examen à faire, pour savoir s'il y a dol de la part du créancier, alors cet examen sera renvoyé au juge, le préteur lui délivrera la formule, mais en y insérant l'exception *doli mali*. Le juge reconnaît-il qu'il y a dol de la part du créancier de ne pas vouloir céder ses actions, le défendeur sera absous ou du moins il ne sera pas condamné *in solidum* (dans l'opinion de ceux qui pensent, que l'effet de l'exception n'était pas nécessairement l'absolution du défendeur). C'est ainsi qu'on peut dire que le créancier est forcé de céder ses actions par l'exception de dol, en ce sens,

(1) M. DE SAVIGNY, *loc. cit.*, t. I, p. 260, note r.

qu'il fait la cession, pour que sa demande ne soit pas repoussée par cette exception.

Il résulte de ce que nous avons dit, que lorsqu'il s'agit de *correi promittendi*, la cession d'action ne pouvait plus avoir lieu après la *litis contestatio*, contrairement à ce que nous avons vu de débiteurs simplement solidaires.

Le créancier, nous l'avons vu, s'était-il mis dans l'impossibilité de faire la cession, le débiteur simplement solidaire poursuivi, pouvait se dispenser de payer jusqu'à concurrence de la part pour laquelle il aurait pu recourir contre ses co-débiteurs au moyen des actions cédées, si cette cession avait pu en être faite. Cette décision était-elle aussi applicable aux *correi promittendi* ? La négative paraît devoir être admise. Nous n'avons pas à cet égard de textes positifs, mais on peut tirer un argument d'analogie de ce que nous dit le jurisconsulte Julien : « *Si ex duobus qui apud te fidejusserant in viginti, alter ne ab eo peteres quinque tibi dederit vel promiserit, nec alter liberabitur. Et si ab altero quindecim petere institueris nullâ exceptione summoveris* (1). » Ainsi, deux fidéjusseurs accèdent à une obligation principale de 20, un d'eux donne au créancier 5, qui s'engage, par un pacte de *non petendo*, de ne pas lui demander plus. Le texte décide que le créancier pourra agir contre l'autre fidéjusseur pour les 15 restants, et cependant le créancier, lié par le pacte de *non petendo* envers le premier fidé-

(1) L. 15, § 1. *D. de fidejus.* 46-1.

jusseur, ne pourra pas faire une cession d'actions au second. Par conséquent, l'impossibilité de faire la cession d'actions au fidéjusseur, ne prive pas le créancier du droit de le poursuivre efficacement.

Cette décision peut être étendue aux *correi promittendi*, qui sont tenus, de même que les fidéjusseurs, d'une action de droit strict. La corréalité dérive, en effet, d'un contrat unilatéral; entre les *correi promittendi* et le créancier commun, il n'y avait pas d'obligations réciproques, par suite desquelles le créancier se trouve tenu de conserver les actions afin de les pouvoir céder. Sans doute, s'il les a conservées, il y aurait dol de sa part, s'il ne voulait pas effectuer la cession, mais si elle n'est pas possible, le créancier conserve néanmoins son droit intact.

Toutefois, il faut apporter une restriction. Lorsque l'exception de dol a été insérée dans la formule sur la demande du défendeur, le juge est investi d'un pouvoir large d'appréciation et s'il reconnaît, que c'est par son dol, uniquement dans le but de nuire au *correus* poursuivi, que le créancier s'est mis hors d'état de faire la cession d'actions, il pourrait très-bien ne pas condamner le débiteur, du moins *in solidum*.

Remarquons, comme nous l'avons déjà fait en parlant des débiteurs simplement solidaires, que le *correus* poursuivi, ne pourra obtenir qu'une cession d'actions divisible, en ce sens, qu'il ne pourra poursuivre les autres *correi*, que pour la part de chacun. C'est l'équité qui a fait introduire le bénéfice *cedendarum actionum*; or, elle serait blessée, si le *coreus* cessionnaire avait le droit d'agir contre chacun de ces *correi in solidum*, car la position de chacun d'eux doit être égale et de plus, celui auquel il s'adresserait, supporterait seul la perte causée par l'insolvabilité des autres (1).

Lorsqu'un des débiteurs simplement solidaires, comme nous l'avons constaté, étant poursuivi *in solidum* a payé sans se faire céder les actions, cette cession était sous-entendue à son profit et pour recourir contre ses co-débiteurs, il avait une action utile. Cette action utile existait-elle au profit des *correi promittendi*? La réponse négative paraît résulter des textes. Voici d'abord ce que nous dit Modestin: « *Ut fidejussor adversus confidejussorem suum agat, danda actio non est : ideoque, si ex duobus fidejussoribus ejusdem quantitatis, cum alter electus a creditore totum exsolverit, nec ei cessæ sint actiones : alter nec a creditore, nec a confidejussore, convenietur* (2). » Ainsi, lorsque le fidéjusseur poursuivi a payé sans se faire céder les actions, il n'a aucun moyen pour recourir contre ses co-fidéjusseurs. Les fidéjusseurs ne jouissent donc pas de cette cession sous-entendue. Cette décision doit être étendue aux *correi promittendi*, car les fidéjusseurs de même que les *correi promittendi* sont tenus

(1) M. de Savigny, *loc. cit.* p. 203.
(2) L. 39, *D. de fidejus*, 46-1.

d'une action de droit strict, et les fidéjusseurs, comme nous l'avons déjà dit, sauf le bénéfice de division, peuvent être, par rapport au créancier, considérés comme de véritables *rei promittendi*.

D'ailleurs cette absence de l'action utile quant aux *correi promittendi*, résulte de la loi 62, p. *D. Ad leg. Falcidiam* (35-2), que nous avons déjà analysée plus haut.

On peut se demander quelle est la raison de cette différence entre les débiteurs simplement solidaires et les *correi promittendi*?

Cela tient probablement à la nature des actions, par lesquelles sont poursuivis les débiteurs simplement solidaires. Le caractère équitable de ces actions, ne permet pas que le défendeur, par suite d'un simple oubli, soit privé de tout recours. Quant aux *correi promittendi*, la cession d'action n'est pas sous-entendue à leur profit, car « nous ne voyons pas qu'en général on ait égard, dans l'intérêt de celui qui est tenu d'une *condictio*, à ce que réclamerait l'équité, que, par exemple, on sous-entende à son profit les conventions qui interviennent habituellement, ou qu'on le relève des conséquences rigoureuses d'un simple oubli(1) »

Toutefois, on peut soutenir que cette action utile, qui n'existait pas en principe au profit des *correi promittendi*, leur était accordée dans le dernier état du droit romain. Cela paraît résulter du rescrit suivant de Dioclétien et Maxi-

(1) M. Demangeat, *loc cit.* p. 257.

mien : « *Creditor prohiberi non potest exigere debitum, cum sint duo rei promittendi ejusdem pecuniæ, a quo velit. Et ideo si probaveris te conventum in solidum exsolvisse, Rector provinciæ juvare te adversus eum cum quo communiter mutuam pecuniam accepisti, non cunctabitur.* (1). » Deux personnes, en empruntant une somme, se sont constituées *duo rei promittendi.* Le créancier a le droit de demander à chacun la totalité. Mais, celui qui paie, aura-t-il un recours contre l'autre ? Oui, dit le rescrit : *Rector provinciæ juvare te non cunctabitur.* Par quelle action ce recours aura-t-il lieu ? Les interprètes ne sont pas d'accord. Les uns pensent que ce recours aura lieu au moyen d'une action *negotiorum gestorum.* D'autres croient qu'il aura lieu au moyen de l'action *pro socio* ou *communi dividundo.* Ces mots *communiter accepisti*, disent-ils, indiquent qu'il y avait société entre les emprunteurs, ou bien en l'absence de société, que la somme empruntée a été employée pour une chose commune entre les emprunteurs (2).

Nous avons vu quels principes ont prévalu quant à la *negotiorum gestio.* Pour avoir droit à l'action *negotiorum gestorum*, il fallait l'intention de faire l'affaire d'autrui. Nous ne voyons pas que ces principes aient été modifiés plus tard ; donc, il est difficile d'admettre

(1) L. 2, C. *de duob. reis*, 8-40.
(2) POTHIER, *Pand. Justin. de duobus reis.* n° 8.

dans notre texte le recours au moyen de l'action *negotiorum gestorum.*

La seconde interprétation peut être aussi repoussée. Les mots « *communiter accepisti* » peuvent, en effet, se référer seulement à cette circonstance que deux personnes à la fois ont joué le rôle d'emprunteurs. S'il s'agissait d'emprunteurs associés, ou bien si l'emprunt avait été fait pour une chose commune, aucun doute ne serait possible quant au recours par l'action *pro socio* ou *communi dividundo,* par celui qui a payé le créancier *in solidum.* Par conséquent, il n'y aurait pas besoin d'un rescrit des empereurs.

Le texte fait donc probablement allusion à une action utile, laquelle est l'action du créancier, dont la cession est sous-entendue au profit du *correus promittendi* qui, étant poursuivi, a effectué le paiement *in solidum* (1).

Si on a réellement admis que la cession d'actions était sous-entendue au profit des *correi promittendi,* lorsqu'ils ne l'ont pas exigée, il faut reconnaître que la distinction entre les *correi promittendi socii* et *non socii,* qui se trouve dans beaucoup de textes, présente peu d'intérêt. Cependant, cette distinction conserverait son intérêt à un certain point de vue. En effet, le créancier ne peut pas enlever à l'un des *rei promittendi* le recours qui existe par l'action *pro socio,* contre les autres *correi.* Tandis qu'il dépend du créancier de priver le

(1) M. Demangeat, *loc. cit,* p. 260.

correus du recours par l'action utile; car, en supposant deux *rei promittendi*, si le créancier fait un pacte de *non petendo* avec l'un d'eux, la cession d'action ne pouvant s'effectuer, ne peut pas être sous-entendue, et l'autre *correus* poursuivi serait obligé de supporter seul le paiement de la dette.

DROIT FRANÇAIS

L'idée générale, que nous avons donnée de l'obligation en droit romain, peut s'appliquer aussi en partie au droit français. De même qu'en droit romain, en droit français, l'obligation est une nécessité juridique de donner, de faire ou de ne pas faire quelque chose. La loi fournit au créancier les moyens de coercition, pour contraindre le débiteur à l'accomplissement de sa promesse.

Mais une importante différence existe entre le droit romain et le droit français, au point de vue de la création de l'obligation. En droit romain, nous avons vu que le seul consentement ne pouvait pas en principe, engendrer une obligation sactionnée par une action. ce consentement devait être nécessairement accompagné de certains faits matériels, pour que l'obligation puisse en résulter. Aussi, en règle générale et sauf certaines exceptions peu nombreuses, le droit romain suivait-il cette règle: *solus consensus non obligat*.

Le droit français est entré dans une autre voie. Il n'exige pas de pantomines, de paroles sacramentelles, et de toutes ces choses dont le droit romain était plein dans son enfance, ce que le droit français recherche, c'est la volonté des parties, volonté de quelque manière qu'elle soit exprimée, pourvu qu'elle soit manifestée par des personnes usant de leur raison. Les parties ont-elles voulu s'obliger; la loi prête sa sanction pour rendre efficace cette volonté. Aussi, le droit français suit-il une règle inverse à celle du droit romain; en droit français, le droit commun, c'est la règle: *solus consensus obligat*.

Le caractère de la modalité dont nous avons parlé en droit romain et dont nous allons nous occuper en droit français, est différent dans ces deux législations. Là, nous avons vu, chacun des *correi stipulandi*, est maître complet de la créance; il est considéré comme s'il était seul créancier, et une fois ce principe posé, les jurisconsultes en tirent des conséquences rigoureuses. Le législateur français est parti d'une autre idée, chacun des créanciers solidaires n'est considéré créancier, que pour une partie de la créance, pour le reste, il n'est qu'un mandataire de ses co-créanciers, à l'effet de recevoir le paiement et de faire les actes utiles à la créance commune.

En droit français, rien de pareil à l'effet extinctif du droit par la *litis contestatio;* tant que le débiteur n'a pas payé, chacun des créanciers solidaires peut le poursuivre et tant que le créancier commun n'est pas satisfait, chacun des débiteurs solidaires peut être poursuivi.

Mais de même qu'en droit romain, en droit français la solidarité peut exister du côté des créanciers ou du côté des débiteurs. Dans le premier cas, on l'appelle : *solidarité active*, dans le second : *solidarité passive*. La première, est une modalité de la créance, en vertu de laquelle chacun des créanciers peut exiger le paiement intégral, mais le paiement une fois fait, éteint complètement la créance. La seconde est une modalité de la dette, en vertu de laquelle chacun des débiteurs peut être forcé de payer la totalité de la dette, mais la prestation effectuée par un seul des débiteurs éteint complètement la dette.

La solidarité, au point de vue de la cause qui lui donne naissance, peut être divisée en solidarité *conventionnelle* et *légale*, lorsque c'est la loi elle-même qui la prononce. Nous verrons plus tard, que cette dernière solidarité n'existe que du côté des débiteurs et jamais du côté des créanciers.

Nous traiterons d'abord de la solidarité conventionnelle tant du côté des créanciers que du côté des débiteurs et ensuite, nous nous occuperons de la solidarité légale.

CHAPITRE I.

DE LA SOLIDARITÉ ENTRE CRÉANCIERS.

SECTION Ire.

CARACTÈRE. — CONSTITUTION DE LA SOLIDARITÉ ENTRE CRÉANCIERS.

L'article 1197 donne la définition suivante de la solidarité active : « L'obligation est soli- » daire entre plusieurs créanciers lorsque le » titre donne expressément à chacun d'eux le » droit de demander le paiement du total de la » créance, et que le paiement fait à l'un d'eux » libère le débiteur. »

Nous ferons d'abord observer que la rédaction de cet article n'est pas exacte. En effet, il semble en résulter que c'est le titre qui crée la solidarité. Or, il est évident que le titre ne peut pas plus donner naissance à la solidarité, qu'à la créance pure et simple, ce qui est la source de la solidarité, c'est la convention des parties et le titre qui la constate, ne sert que pour en prouver l'existence.

Pour l'existence de la solidarité active, il faut nécessairement que la même chose soit due à chacun des créanciers, car, si ce sont des choses différentes qui font l'objet de leur créance, il n'y aurait pas de solidarité, mais il y aurait plusieurs obligations distinctes. L'obstacle à la solidarité active vient alors, non seulement du défaut de l'idendité de l'objet, mais aussi du défaut d'un autre caractère de la solidarité, à savoir : que le paiement fait à l'un des créanciers libère complètement le débiteur. Or, au cas où le débiteur doit à chacun des créanciers une chose différente, le paiement fait à l'un d'eux n'aurait pas pour effet d'anéantir le droit des autres créanciers.

Un autre caractère de la solidarité active, c'est le pouvoir de chacun des créanciers d'exiger le paiement intégral de la créance, mais comme en définitive, l'objet n'est dû qu'une seule fois, la prestation effectuée au profit de l'un des créanciers, libère le débiteur à l'égard de tous.

Enfin, un autre caractère de la solidarité entre créanciers, c'est le mandat réciproque que les créanciers sont censés s'être donné; mandat, à l'effet de poursuivre le débiteur et de faire tous les actes pour la conservation et l'amélioration de la créance commune. C'est par l'existence de ce mandat réciproque, que nous pourrons plus tard expliquer beaucoup de dispositions de la loi.

Lorsqu'une créance existe au profit de plusieurs personnes, le droit commun, c'est la division de la créance entre les co-intéressés ; chacun d'eux ne peut poursuivre le débiteur, que pour une part. La faculté pour chacun des créanciers de demander l'intégralité de la créance est un droit exceptionnel, qui par conséquent, ne se présume pas. Aussi, pour que le titre puisse servir à prouver l'existence de la solidarité, il faut qu'il en contienne une clause expresse. L'art. 1197 nous le dit : « L'obligation est solidaire entre plusieurs créanciers, lorsque le titre donne expressément à chacun, etc. »

Du reste, nous n'avons plus comme en droit romain de formules sacramentelles. Tout ce qu'on peut exiger, c'est que la volonté des parties soit clairement manifestée, de donner à chacun des créanciers le droit de demander l'intégralité de la créance au débiteur, qui sera libéré par le paiement une fois fait. Ainsi, la solidarité existerait, si le titre par exemple, au lieu d'indiquer le droit de chacun des créanciers de demander le tout, disait que la chose est dûe à chacun d'eux pour le tout, ou bien, s'il se bornait seulement à indiquer que les créanciers ont stipulé solidairement, sans entrer dans les détails de cette solidarité.

Puisque c'est l'intention des parties qu'il faut examiner pour décider de l'existence de la solidarité, il n'est pas nécessaire que les créanciers stipulent en même temps et par le même acte, pour qu'ils puissent être des créanciers solidaires. Sans doute, lorsque je stipule 100 de Primus, un tiers ne pourrait pas intervenir plus tard de manière à devenir mon co-créancier solidaire. Mais, si lors de la stipulation entre moi et Primus, il a été convenu que Secundus pourra intervenir, plus tard, comme créancier solidaire; Secundus stipule-t-il ensuite le même objet, il n'y a pas d'obstacle à ce que Secundus et moi soyons co-créanciers solidaires.

Ce n'est pas seulement la convention qui peut créer la solidarité active, elle peut aussi résulter du testament (1).

Le testateur peut, en faisant un legs à plusieurs personnes, les constituer créancières de son héritier. En effet, la volonté du défunt peut établir que chacun des légataires pourra demander à l'héritier l'intégralité du legs, sauf à partager entre eux dans la proportion indiquée par le testateur.

Nous verrons en parlant de la solidarité passive, qu'elle peut exister quelquefois indépendamment de la volonté des parties, lorsqu'elle est directement prononcée par la loi. Il n'en est pas de même de la solidarité active, elle ne peut résulter, que de la volonté de l'homme; aucune loi ne prononce la solidarité entre les créanciers. Même, quant à la solidarité active résultant de la convention, elle se rencontre très-rarement dans la pratique, et cela est facile à expliquer. La solidarité passive, en multipliant le nombre de personnes auxquelles le créancier peut s'adresser, en diminuant les chances de l'insolvabilité du débiteur, en augmentant les sûretés du créancier, lui est éminemment utile. Quelle utilité au contraire peut procurer la solidarité active? Elle facilite seulement le recouvrement de la créance, en permettant à chacun des intéressés de faire les poursuites pour la totalité de la créance. Mais ce résultat peut être atteint d'une autre ma-

(1) POTHIER, *des Obligations*, n° 259.

nière. Le créancier peut, si le besoin l'exige, constituer un mandataire et le charger de poursuivre le débiteur pour le tout. Ce procédé présente même au créancier plus d'utilité; le mandataire ordinaire pouvant être révoqué par lui à chaque instant, tandis que le mandat, qui existe entre les créanciers solidaires, est irrévocable. Voilà un autre inconvénient plus grave de la solidarité active. Chacun des créanciers, ayant le droit d'exiger du débiteur le paiement intégral de la créance commune, fait courir aux autres créanciers les risques de son insolvabilité. Il est donc facile de comprendre, pourquoi la solidarité active se rencontre très-rarement dans la pratique.

SECTION II.

EFFETS DE LA SOLIDARITÉ ENTRE CRÉANCIERS.

Le premier effet de la solidarité active, c'est le droit de chacun des créanciers de demander au débiteur le paiement intégral de la créance, et d'un autre coté, le droit pour le débiteur de payer la totalité à l'un des créanciers solidaires, et de se libérer par ce paiement envers tous. Comme chacun des créanciers a un droit égal, le débiteur est libre de choisir celui des créanciers auquel il veut faire le paiement. Toutefois, le débiteur est-il déjà poursuivi par l'un des créanciers, il ne peut plus payer qu'à celui-ci (art. 1198), et cela pour deux raisons. La première, c'est que chacun des créanciers étant mandataire l'un de l'autre, celui qui actionne le débiteur, agit tant en son nom, qu'au nom des autres créanciers qu'il représente ; la seconde, c'est que, si le débiteur actionné avait encore le droit de payer à un autre qu'au créancier poursuivant, ce dernier serait privé, par le fait du débiteur, de l'avantage qui résulte de la possession des fonds. En effet, il devient à son tour débiteur de ses co-créanciers, qui vont courir les risques de son insolvabilité, sans qu'il ait à redouter un semblable danger.

Du reste, le débiteur perd ce choix, non-seulement au cas de poursuites judiciaires, mais même si l'un des créanciers lui a fait un commandement ou bien une simple sommation (1).

Le débiteur qui n'est pas actionné, ayant droit de choisir le créancier à qui il veut payer, peut aussi faire des offres réelles, mais pour la totalité de la créance, et non pour la part seulement du créancier, à qui il s'est adressé. Ces offres, valablement faites à l'un des créanciers, et suivies de la consignation, libèrent le débiteur à l'égard de tous les créanciers.

Nous allons examiner successivement les effets de la solidarité active en ce qui concerne la remise de la dette, la novation, la compensation, la confusion, la transaction, le compromis, le serment, la chose jugée, la prescription et la demeure.

(1) M. Valette. — Duranton, t. 11, n° 173.

§ 1. — *Remise de la dette.*

En droit romain, comme nous le savons, la remise pouvait s'opérer ou au moyen des formes solennelles du droit civil *acceptilatio*, ou par un moyen plus simple, du droit prétorien, pacte de *non petendo*. Les effets n'étaient pas les mêmes dans les deux cas.

En droit français, il n'y a qu'un seul moyen, dégagé de toutes les formalités et ayant pour fondement, la convention des parties. La preuve de cette remise peut résulter de l'abandon du titre sous seing privé, ou de la grosse d'un acte authentique, fait au débiteur (Art. 1282-1283). La remise de la dette, faite par le créancier au débiteur éteint complétement la dette.

Un des créanciers solidaires peut-il éteindre la créance commune en faisant la remise de la dette au débiteur? L'article 1198-2° nous répond à cette question. « La remise qui n'est faite que par l'un des créanciers solidaires, ne libère le débiteur que pour la part de ce créancier. »

Pothier n'était pas de cet avis. Tranchant la question d'après les idées romaines, comparant la remise de la dette à l'acceptilation, il décidait que chacun des créanciers peut, en faisant la remise au débiteur, le libérer envers tous (1). C'était là, en effet, la doctrine des ju-

(1) Pothier. *Des obligations*, numéro 260-4°.

risconsultes romains. L'acceptilation, mode d'extinction du droit civil, équivalant à un paiement, éteignait la créance à l'égard de tous. « *Acceptilatione unius tollitur obligatio* (1). » Les rédacteurs du Code ont, au contraire, assimilé la remise de la dette au pacte de *non petendo*, mode d'extinction du droit prétorien, qui procurait au débiteur une exception, opposable seulement au créancier avec lequel le pacte a été fait. La décision du Code est conforme aux principes. Chacun des créanciers solidaires, n'est en réalité créancier que de sa part dans la créance commune. Quant aux parts afférentes à ses co-créanciers, il n'est que leur mandataire tacite à l'effet de recevoir le paiement, il ne peut donc, quant à leur part de cette créance, avoir plus de pouvoir qu'un mandataire ordinaire, lequel ne peut faire aucun acte de propriété sans un mandat spécial (art. 1988, 1989).

Chacun des créanciers, ayant le droit de recevoir le paiement intégral, a évidemment le droit de donner quittance. Mais, si n'ayant rien reçu, il donne au débiteur une quittance constatant que le paiement a été effectué, les autres créanciers peuvent-ils prouver la fraude, et au moyen de cette preuve, conserver l'action contre le débiteur ?

D'abord, il faut constater que l'intérêt de ces créanciers d'établir la fraude, peut être très-considérable, car, bien qu'ils puissent recourir

(1) L. 2. *D. de duobus reis.* 45-2.

contre le créancier qui a donné une quittance mensongère, et réclamer la part que chacun devait avoir dans la créance, ce recours pourrait devenir illusoire au cas d'insolvabilité du créancier fraudateur, et alors, la perte de l'action contre le débiteur équivaudrait à la perte complète de la créance.

Nous croyons que les créanciers ont droit de prouver la fraude et établir, qu'aucun paiement n'ayant eu lieu, la quittance donnée au débiteur, ne peut pas leur être opposée et que par conséquent, ils conservent leur droit contre le débiteur. Sans doute, chacun des créanciers peut donner une quittance, mais ce droit n'est qu'une conséquence du droit de recevoir le paiement, et si un des créanciers donne une quittance sans avoir reçu aucune prestation, il a outre-passé le mandat que ses co-créanciers sont censés lui avoir donné, donc cet acte, en dehors de ce mandat, ne peut pas leur être opposé. Le créancier qui a donné la quittance a voulu être libéral, mais l'équité serait blessée, s'il pouvait faire des libéralités au préjudice de ses co-créanciers, la libéralité ne doit donc valoir que pour sa part dans la créance commune. Cela est confirmé par l'exposé des motifs fait par M. Bigot-Préamenen au Corps législatif: « Chaque créancier a le droit d'exécuter le contrat. La remise de la dette est autre chose que l'exécution.... C'est un acte de libéralité personnel à celui qui fait la remise; il ne peut être libéral que de ce qui lui appartient... Si le créancier donne une quittance, le contrat lui a donné le droit de recevoir le paiement et conséquemment de donner quittance. C'est l'exécution directe et naturelle du contrat, et c'est à cet égard que ses co-créanciers ont suivi sa foi. Ce serait à eux à prouver que la quittance n'est qu'un acte simulé et que le créancier a fait contre son droit la remise de la dette (1) ».

La même décision devrait être admise, si un des créanciers solidaires, au lieu de donner une quittance mensongère, abandonnait au débiteur commun le titre qui constate la créance. Les autres créanciers peuvent prouver que le paiement n'a pas eu lieu, et que l'abandon du titre a été une pure libéralité, ne pouvant leur être opposée, que pour la part du créancier qui a voulu gratifier le débiteur.

Cependant ceci n'est pas accepté sans contestation. Il y a des auteurs qui refusent aux autres créanciers la faculté de prouver le défaut du paiement. Ces auteurs donneraient sans doute la même décision, au cas d'une quittance mensongère délivrée par l'un des créanciers solidaires. Ils prétendent que le but de l'art. 1198, 2° est « d'empêcher que l'un des créanciers solidaires ne puisse, en faisant remise de la totalité de la dette, priver les autres de toute action contre le débiteur, et de tout recours contre lui (2) ». Si donc cet article

(1) Exposé des motifs. — Locré, t. XIII, p. 348, n° 83.

(2) MM. Aubry et Rau sur *Zachariæ*, t. III, § 323, note 27.

n'existait pas, chacun des créanciers aurait le droit de faire la remise de la dette et par suite, priver les autres créanciers du recours tant contre le débiteur, que contre lui-même. Ce résultat serait injuste, la loi a voulu l'écarter. Mais, lorsque le créancier a abandonné le titre qui constate la créance, et que le débiteur prétend être libéré en invoquant la présomption du paiement, cette présomption n'étant pas de nature à porter atteinte aux droits des autres créanciers, puisqu'ils auront leur recours contre celui qui a fait l'abandon, ils ne pourront pas prouver que le paiement n'avait pas eu lieu.

Cette opinion ne nous paraît pas exacte. Le but de l'art. 1198-2°, n'était pas d'empêcher que l'un des créanciers solidaires puisse priver les autres de leur recours tant contre le débiteur, que contre lui-même. Il est évident en effet, que même en l'absence de l'art. 1198, celui qui aurait fait la remise de la dette, serait soumis au recours, et devrait indemniser les autres créanciers du préjudice qui leur a été causé par cet acte. Il est vrai, qu'en droit romain, lorsqu'un des *correi stipulandi* libérait le débiteur commun en lui faisant acceptilation, les autres n'avaient aucun recours contre lui. Mais le défaut de ce recours pouvait aussi avoir lieu au cas du paiement fait à l'un des *correi*. D'ailleurs, si les *correi stipulandi* étaient *socii*, l'un d'eux libérait-il le débiteur en lui faisant acceptilation, les autres avaient un recours par l'action *pro socio*. Comme en droit français, il y a toujours société entre les créanciers solidaires, en attribuant même à la remise de la dette l'effet absolu de l'acceptilation, les co-créanciers de celui qui l'a faite, auraient donc toujours un recours contre lui.

La circonstance que, dans le cas de l'abandon du titre par l'un des créanciers, si le débiteur invoque la présomption du paiement, les autres créanciers auront leur recours contre celui qui a fait la remise, cette circonstance, disons-nous, n'est pas concluante. Nous avons vu en effet, que ce recours peut devenir complètement inefficace, par suite de l'insolvabilité du créancier qui a fait l'abandon, et nous croyons, que c'est ce danger précisément que la loi a voulu éviter, en décidant que la remise consentie par l'un des créanciers, ne libérait pas le débiteur à l'égard des autres.

En admettant que tel est l'esprit de l'art. 1198-2°, nous en devons conclure, que si un des créanciers solidaires a donné au débiteur commun une quittance mensongère ou bien si, sans avoir reçu le paiement, il lui a abandonné le titre qui constate la créance, les autres créanciers auront droit de prouver l'absence du paiement et leur action contre le débiteur devra être conservée.

§ 2. — *Novation.*

Un des créanciers solidaires peut-il faire une novation? Oui, en tant qu'elle peut être utile aux autres créanciers. Ils peuvent l'invoquer, s'ils trouvent avantageux de s'en prévaloir. C'est la conséquence du principe, que les créanciers solidaires sont mandataires réciproques pour conserver et améliorer leur créance commune.

Mais si la novation faite par l'un des créanciers est préjudiciable aux autres créanciers, peut-elle leur être opposée?

S'il s'agit d'une novation par changement du débiteur, il est évident qu'elle ne peut produire d'effet que pour la part du créancier qui l'a faite; car le nouveau débiteur ne s'est obligé qu'envers lui. Quant aux autres créanciers, l'ancien débiteur reste tenu envers eux.

Il en serait de même de la novation par changement du créancier, puisqu'il y a là une cession de créance.

Enfin, il faut donner la même décision au cas de la novation par la substitution d'une nouvelle dette à l'ancienne. En substituant la nouvelle dette à l'ancienne, le créancier dépasserait les limites du mandat tacite que les créanciers sont censés s'être donné. La novation, en effet, peut être considérée comme une sorte de *datio in solutum*. La nouvelle dette a été contractée en paiement de l'ancienne. Or, il est évident que le mandat de recevoir le paiement, ne donne pas au mandataire le droit de recevoir une autre chose que celle qui est due au créancier. De plus, la novation peut gravement compromettre la créance, car elle a pour résultat l'extinction des sûretés particulières qui garantissaient la dette novée.

§ 3. — *Compensation.*

Lorsque l'un des créanciers solidaires devient débiteur du débiteur commun, ce dernier actionné par lui, peut lui opposer la compensation, et il sera libéré à l'égard de tous les créanciers. Mais, si c'est un autre créancier qui actionne le débiteur, celui-ci pourra-t-il dire que sa dette est éteinte par compensation, au moins jusqu'à concurrence de la part qui doit revenir, dans la créance, au créancier devenu son débiteur?

Nous croyons que la réponse doit être affirmative. En effet, aux termes de l'article 1290 : « La compensation s'opère de plein droit par la seule force de la loi, même à l'insu des débiteurs; les deux dettes s'éteignent réciproquement, à l'instant où elles se trouvent exister à la fois, jusqu'à concurrence de leurs qualités respectives. » Donc, dès l'instant où l'un des créanciers solidaires est devenu débiteur du débiteur commun, les deux dettes se sont éteintes, et ce n'est pas seulement à l'égard du créancier devenu débiteur, mais aussi à l'égard des autres créanciers solidaires; car le débiteur peut invoquer contre tout le monde les causes d'extinction qui portent sur l'objet même de sa dette.

Au reste, ceci est admis sans difficulté par les auteurs.

Mais ne faut-il pas aller plus loin et décider, au cas où la dette du créancier devenu débiteur, est égale ou supérieure à la créance commune, que la compensation pourra être opposée pour le tout? La question est controversée.

Les auteurs, qui soutiennent que la compensation ne peut être opposée que jusqu'à concurrence de la part du créancier devenu débiteur, se fondent sur cette considération : que pour les portions qui doivent revenir aux autres créanciers, chaque créancier solidaire n'est qu'un mandataire des autres, et il est évident qu'on ne peut pas opposer au mandant la compensation de ce qui est dû par son mandataire (1). On invoque, en outre, un argument d'analogie tiré de l'article 1294, 3° : « Le débiteur solidaire ne peut pas opposer la compensation de ce que le créancier doit à son co-débiteur (2). »

Nous croyons, au contraire, avec d'autres auteurs (3), que cette compensation pour le tout, peut avoir lieu. L'argument d'analogie de l'art. 1294-3° n'est pas exact, et c'est plutôt un argument à *contrario* qu'on peut en tirer.

En effet, nous avons vu qu'en principe, la compensation a lieu de plein droit, à l'insu des parties, dès l'instant où deux personnes sont réciproquement créancières et débitrices, les dettes sont éteintes. Puis, la loi

(1) Marcadé, t. IV, sur l'art. 1198.

(2) Delvincourt, t. III, p. 502.

(2) MM. Aubry et Rau, sur *Zachariæ*, t. III, p. 12. — Duranton, t. XI, 178.

déroge à ce principe, au cas de plusieurs débiteurs solidaires. Donc, c'est une exception à la règle, il faut donc l'enfermer dans ses limites strictes. La loi n'a pas apporté une semblable exception quant aux plusieurs créanciers solidaires, c'est donc la règle, la compensation de plein droit, qui doit avoir lieu. D'ailleurs les motifs qui justifient la disposition de la loi, quant aux débiteurs solidaires, ne se trouvent pas lorsqu'il s'agit de plusieurs créanciers solidaires, donc, l'exception elle-même, ne doit s'appliquer. Pourquoi en effet la loi défend-elle à un débiteur solidaire, d'invoquer en compensation la créance de son co-débiteur? Chacun des débiteurs solidaires est exposé à faire l'avance au créancier poursuivant. On ne sait pas à *priori* lequel des débiteurs sera obligé d'avancer les fonds, et c'est seulement la poursuite du créancier qui déterminera ce débiteur. Le débiteur, que le créancier choisira, sera obligé de payer sa part et les parts de ses co-débiteurs, sauf son recours contre eux; recours, qui peut devenir inefficace, par suite de leur insolvabilité. Si celui des débiteurs, auquel le créancier s'adresse, pouvait lui opposer en compensation la créance de son co-débiteur, il ferait retomber sur lui le danger de l'avance et lui ferait courir les risques de l'insolvabilité de ses co-débiteurs. L'équité et l'utilité pratique, causes de l'introduction de la compensation, s'opposent à ce résultat. Les mêmes motifs ne se rencontrent pas, pour empêcher le débiteur d'opposer en compensation à un des créanciers solidaires, la créance qu'il a contre l'autre. Le créancier auquel la compensation est opposée, ne peut pas se plaindre, en effet, de ce qu'il est obligé de recourir contre son co-créancier et par conséquent qu'il court les risques de son insolvabilité, puisqu'il serait dans la même position, si au lieu de compensation, nous supposons un paiement fait au créancier devenu, dans notre hypothèse, débiteur du débiteur commun. Et il est évident, qu'il n'y a pas de raison de distinguer, si l'extinction de la dette a eu lieu par suite d'un paiement, ou par suite d'une compensation, qui n'est elle-même qu'un paiement abrégé.

Mais pour que cette compensation puisse être opposée, il faut que les deux dettes réunissent toutes les conditions exigées par la loi, avant toute poursuite de l'un des co-créanciers de celui qui est devenu débiteur. Si au moment de la poursuite, ces conditions n'existaient pas, la compensation ne peut plus avoir lieu, puisque la loi ne la permet pas, au préjudice des droits acquis à des tiers (art. 1298).

§ 4 — *Confusion.*

Lorsque l'un des créanciers solidaires a succédé au débiteur commun, ou celui-ci à l'un des créanciers, la confusion opère-t-elle l'extinction de la créance solidaire? Oui, mais seulement pour la part du créancier, qui a hérité du débiteur ou auquel le débiteur a succédé (Arg. d'anal. des art. 1209,1301).

La confusion en effet, est moins un mode d'extinction d'obligation, que l'impossibilité matérielle de son exécution, par suite de la réunion sur la même tête des deux qualités incompatibles entre elles, de créancier et de débiteur. Si donc, l'un des créanciers solidaires a succédé au débiteur ou réciproquement, cette impossibilité matérielle d'exécuter l'obligation ne se trouve que pour la part du créancier dans la créance, c'est donc jusqu'à concurrence de cette part, que la confusion va opérer l'extinction de la créance solidaire (1).

Ainsi, supposons trois créanciers solidaires d'une somme de 1,200 francs: un de ces créanciers succède-t-il au débiteur, nous aurons extinction de la créance solidaire par confusion, jusqu'à concurrence de la part du créancier héritier, c'est-à-dire, 400 fr. Par conséquent, nous n'aurons plus que deux créanciers solidaires et un débiteur de 800 fr.

Si nous supposons, que c'est un des créanciers solidaires, qui a succédé à son co-créancier, y aura-t-il confusion? Non, car la confusion est la réunion sur la même tête des deux qualités incompatibles entre elles, de créancier et de débiteur. Or, dans notre espèce, nous ne trouvons pas cette incompatibilité des deux qualités; il y aurait dans ce cas, comme

(1) MM. Aubry et Rau, t. III, § 298, note 7. — Marcadé, sur l'art. 1301. — Toullier, t. IV, 1re partie, n° 431.

disent les jurisconsultes romains adjonction des deux créances et le créancier, héritier de l'autre, prendrait outre sa part dans la créance solidaire, celle qu'aurait eue son co-créancier défunt.

§ 5. — *Transaction. — Compromis.*

Un des créanciers solidaires, peut-il faire avec le débiteur un compromis, ou une transaction qui serait opposable aux autres créanciers?

La réponse résulte de la combinaison de l'art. 2045 avec l'art. 1198-2°. L'art. 2045 nous dit, que, « pour transiger, il faut avoir la capacité de disposer des objets compris dans la transaction, » et il résulte de l'art. 1198-2°, que chacun des créanciers solidaires, n'a pas le droit de disposer de la totalité de la créance commune, il ne peut en disposer, que jusqu'à concurrence de sa part. Par conséquent, le mandat tacite, qui existe entre les créanciers, ne donne pas à chacun d'eux le droit de transiger sur la créance totale, et en dehors d'un mandat exprès à cet effet, la transaction que l'un des créanciers ferait, ne pourrait être opposée aux autres, que jusqu'à concurrence de la part de ce créancier dans la créance commune (1).

L'art. 2051 qui dit, que la transaction faite par l'un des intéressés, ne lie point les autres intéressés, vient à l'appui de cette décision.

(1) MM. Aubry et Rau, sur *Zachariæ*, t. III, p. 12.

Mais les autres créanciers peuvent invoquer une transaction faite par l'un d'eux, s'ils la trouvent avantageuse. C'est la conséquence du mandat réciproque, pour améliorer la créance commune.

Le compromis est un contrat, par lequel deux ou plusieurs personnes conviennent de remettre à des arbitres désignés par la convention (art. 1006 C. de proc.), la décision d'un différend existant entre elles. L'art. 1003 du C. de proc. décide, que pour pouvoir compromettre, il faut avoir la libre disposition des droits, sur lesquels le compromis doit porter. Nous en devons conclure, que le compromis fait entre un des créanciers solidaires et le débiteur commun, ne peut être opposé aux autres créanciers, que jusqu'à concurrence de la part du créancier compromettant.

L'art. 1989, en disant que le pouvoir de transiger n'emporte pas celui de compromettre, corrobore cette décision. Nous venons de voir, en effet, que l'un des créanciers solidaires ne peut faire une transaction, que pour sa part dans la créance commune, donc, à plus forte raison, il ne peut faire un compromis avec des limites plus étendues.

§ 6. — *Serment.*

L'art. 1365 nous dit que « le serment déféré par l'un des créanciers solidaires au débiteur, ne libère celui-ci que pour la part de ce créancier. » Pothier admettait au contraire, que le serment déféré par l'un des créanciers solidaires et prêté par le débiteur, devait lui donner le droit de repousser l'action des autres créanciers. « Le paiement, disait-il, qui est fait d'une créance solidaire à l'un des créanciers solidaires, décharge le débiteur envers tous les autres : or, le serment qu'a fait le débiteur, *qu'il ne devait rien*, équivaut à un paiement, qu'il aurait fait à celui qui lui défère le serment ; *nam jusjurandum loco solationis cedit* (L. 27, *de jurejur.*), par conséquent, il doit le décharger envers tous. (1) » On voit que Pothier a donné sa décision en se fondant sur les idées romaines, que le serment équivaut à un paiement. Le Code, au contraire, a plutôt vu dans cette délation de serment une remise de la dette qu'un paiement. (2) La décision du Code est plus logique. En effet, tout serment renferme en lui une transaction, or, un créancier solidaire ne peut faire une transaction comme nous le savons, que pour sa part dans la créance commune, donc, le serment qu'il défère doit être renfermé dans les mêmes limites.

Que faut-il décider, si le débiteur a refusé de prêter le serment, et par conséquent, le créancier solidaire qui le lui a déféré, a gagné le procès, les autres créanciers peuvent-ils se prévaloir de ce refus du débiteur ? Nous croyons qu'il faut donner la réponse affirma-

(1) *Des obligations*, n° 917.
(2) Note de M. Bugnet.

tive. Le débiteur, en refusant de prêter le serment, a fait un aveu, il a reconnu la dette solidaire; pourquoi les autres créanciers ne pourraient-ils invoquer cette reconnaissance, cette preuve que le débiteur a donnée contre lui-même. D'ailleurs, on peut tirer un argument d'analogie de ce que la loi dit pour les débiteurs solidaires : chaque débiteur peut profiter du serment prêté par son co-débiteur.

Si c'est l'un des créanciers solidaires qui a prêté le serment, il est évident que les autres créanciers peuvent s'en prévaloir. Le créancier en le prêtant, a agi en qualité de mandataire tacite des autres créanciers, pour faire un acte utile à la conservation de la créance commune.

§ 7. — *Chose jugée.*

Le jugement rendu au profit ou contre un des créanciers solidaires, peut-il être invoqué ou opposé aux autres créanciers ?

Les auteurs ne sont pas d'accord.

Dans une première opinion, on dit que le jugement rendu au profit de l'un des créanciers, peut être invoqué par les autres. Mais le jugement rendu contre ce créancier, n'est opposable aux autres, que jusqu'à concurrence de la part de ce créancier. On se fonde sur la considération que si les créanciers sont censés s'être donné un mandat tacite, c'est seulement pour améliorer, mais non pour empirer la condition de la créance commune. (1)

Une autre opinion ne distingue pas. Tout jugement rendu soit au profit de l'un des créanciers solidaires, soit contre lui, a la force de chose jugée à l'égard des autres créanciers (2). Du moment que chacun des créanciers représente les autres en justice, et c'est là un des résultats évidents de la solidarité active, il doit les représenter tant dans un jugement rendu à son profit, que dans un jugement rendu contre lui.

L'art. 1365, qui décide, que le serment déféré par un des créanciers solidaires ne peut être opposé aux autres que pour la part de ce créancier, ne s'oppose pas à cette décision. La loi ayant pensé, que la délation du serment est un acte très-dangereux, n'a pas voulu que l'un des créanciers puisse compromettre les droits des autres par cet acte. Même l'art. 1365, vient à l'appui de notre opinion. En effet, il prévoit l'hypothèse du serment prêté par le débiteur, qui par conséquent entraîne un jugement en sa faveur, et décide, que ce serment et ce jugement favorable, qui est sa conséquence, ne peut être opposé aux autres créanciers, que pour la part du créancier, qui a déféré le serment. S'il était de règle, que le jugement rendu contre l'un des créanciers

(1) MM. AUBRY et RAU, sur *Zachariæ*, t. III, p. 12. — BONNIER, *Traité des preuves*, t. II, n° 887.

(1) TOULLIER, t. V, 2e partie, n. 204. — MARCADÉ, sur l'art. 1108.

solidaires n'est pas opposable aux autres, la disposition de l'art 1365 serait complètement inutile, puisque ce serait l'application du droit commun. Donc, pour donner un sens raisonnable à l'art. 1365, il faut admettre qu'il est une exception à la règle générale, à savoir : que le jugement rendu contre l'un des créanciers solidaires, constitue une chose jugée à l'égard des autres et par conséquent qu'il peut leur être opposé.

Toutefois, nous devons apporter une restriction. Si le créancier, contre lequel le jugement a été rendu, s'était laissé condamner par collusion, les autres co-créanciers pourront alors faire tomber le jugement, au moyen de la tierce opposition.

§ 8 — *Prescription.*

Les actes interruptifs de prescription faits par l'un des créanciers solidaires, profitent-ils aux autres? L'art. 1199 nous donne la réponse : « Tout acte qui interrompt la prescription à l'égard de l'un des créanciers solidaires, profite aux autres créanciers. » Cette décision est fondée sur le principe, que les créanciers solidaires sont mandataires réciproques à l'effet de conserver la créance commune. En conséquence, la citation en conciliation, suivie d'une demande en justice, dans le mois à partir de la non-conciliation ou non-comparution (art. 2245); la demande en justice, le commandement ou la saisie (art. 2244) signifiés par l'un des créanciers solidaires au débiteur commun, ou bien sa reconnaissance de la dette (art. 2248), interrompent la prescription à l'égard de tous les créanciers.

Si le créancier qui, ayant intenté l'action en justice et ainsi interrompu la prescription, a laissé périmer l'instance, l'interruption sera considérée comme non-avenue à son égard (art. 2247). Mais en sera-t-il de même à l'égard de ses co-créanciers, l'interruption existera-t-elle ou sera-t-elle considérée comme non-avenue ?

Nous croyons que c'est ce dernier parti qu'il faut prendre. Comment en effet admettre, que le débiteur soit libéré à l'égard du créancier qui a agi, tandis qu'il resterait tenu à l'égard de ceux qui ont gardé le silence ?

Si parmi les créanciers solidaires, il y a des mineurs ou des interdits, la prescription ne court pas contre eux, mais est-elle aussi suspendue au profit de leurs co-créanciers? La question est controversée. Pour l'affirmative, on assimile l'interruption et la suspension de la prescription. Un acte interruptif de la prescription fait par un des créanciers, profite aux autres, donc, si la prescription est suspendue au profit de l'un d'eux, la suspension doit aussi profiter aux autres (1).

Nous préférons l'opinion contraire. La suspension de la prescription est une faveur spéciale accordée aux mineurs et aux interdits, en rai-

(1) Delvincourt, t. II, n° 490. — Duranton, t. XI, n° 180.

son de leur position particulière et par suite de la protection que la loi doit à leur faiblesse d'esprit, provenant de leur âge ou de leur intelligence; par conséquent, toute personne, qui ne se trouve pas dans une position telle qu'elle ait besoin de cette protection spéciale, ne doit pas jouir de cette faveur.

La maxime qu'en fait de prescription, *minor relevat majorem*, n'est appliquée par la loi, que lorsqu'il s'agit de droits indivisibles et il n'y a pas de raison de l'étendre au cas de solidarité.

Dans l'opinion adverse on se fonde sur l'assimilation entre l'interruption et la suspension de la prescription. Mais cette assimilation n'est pas exacte. On comprend que, si un des créanciers a interrompu la prescription, elle le soit à l'égard de tous, par suite du mandat réciproque, qui existe entre les créanciers.

Mais comment l'idée de ce mandat pourrait-elle être appliquée à la suspension de la prescription? Il est évident, que le mandant ne peut pas se prévaloir de la minorité du mandataire, pour invoquer les causes qui suspendent la prescription à son égard.

Nous croyons qu'il faut donner la même décision, si la prescription a été suspendue non pas par suite de la minorité ou de l'interdiction de l'un des créanciers, mais aussi lorsque le droit de l'un d'eux est à terme ou sous condition, tandis que les droits des autres sont purs et simples. La prescription ne sera suspendue qu'à l'égard du créancier dont le droit est à terme ou sous condition (art. 2257).

Il faut donc dire, que la suspension ne profite qu'à celui à l'égard duquel existe la cause de suspension (1). La créance sera éteinte par la prescription, sauf la part du créancier au profit duquel elle était suspendue, qui ne pourra exiger le paiement que déduction de la part des autres créanciers, dont les droits sont prescrits.

Quand l'un des créanciers solidaires est mort, laissant plusieurs héritiers, nous appliquerons par analogie, quant aux effets de l'interruption de la prescription, ce que l'art. 2249 dit au cas de mort de l'un des débiteurs solidaires. Ainsi, la prescription est-elle interrompue par l'un des héritiers du créancier décédé, l'interruption ne profite pas aux autres héritiers, car une créance solidaire se divise de plein droit entre les héritiers du créancier et aucune solidarité n'existe entre eux. Au contraire, l'acte interruptif de l'un de ces héritiers profite aux co-créanciers du créancier décédé, pour la part de l'héritier, qui a interrompu la prescription. Quant à l'acte interruptif qui émanerait de l'un des créanciers survivants, il profite à tous les héritiers du créancier défunt, car la solidarité continue à exister entre les créanciers survivants et les héritiers du créancier décédé.

(1) MM. Valette, Aubry et Rau, t. III, § 298, note 15. Marcadé sur l'art. 1199.

§ 9. — *Demeure. Demande d'intérêts.*

La demeure est le retard apporté par le débiteur dans l'exécution de son obligation. Le débiteur peut être constitué en demeure soit par une sommation, soit par un acte équivalent (art. 1139), comme une citation en justice ou un commandement, soit exceptionnellement par la seule échéance du terme, lorsque telle était la volonté des parties. Dans ce dernier cas, il est évident, que le débiteur sera en demeure à l'égard de tous les créanciers solidaires, à moins que sa dette ne fût affectée de termes différents envers chacun des créanciers.

Si la demeure du débiteur résulte d'une demande en justice ou d'une sommation faite par l'un des créanciers solidaires, le débiteur est mis en demeure à l'égard de tous les créanciers. En effet, nous appliquerons encore ici l'idée du mandat réciproque entre les créanciers solidaires, à l'effet de faire des actes conservatoires. Or, la demeure, ayant pour effet de mettre les risques de la chose à la charge du débiteur (art. 1302), et de l'exposer dans certains cas, au paiement des dommages et intérêts (art. 1147), cette demeure, disons-nous, est évidemment un acte conservatoire, donc elle doit profiter à tous les créanciers.

C'est par application de même idée du mandat pour conserver et améliorer la créance commune, qu'il faut décider, que la demande d'intérêts formée par l'un des créanciers solidaires, fait courir les intérêts au profit des autres (Arg. de l'art. 1207.) (1).

SECTION III.

RECOURS ENTRE CO-CRÉANCIERS.

Nous avons vu qu'en droit romain, lorsqu'un des créanciers solidaires a touché la créance, en l'absence de l'action *pro socio* ou dans certaines hypothèses des actions *communi dividundo* ou *familiæ erciscundæ*, les autres créanciers n'avaient aucun recours contre celui qui a profité de la créance.

En est-il de même en droit français?

La réponse affirmative semble résulter de l'art. 1197 qui, après avoir énoncé dans quel cas il y aura solidarité entre les créanciers, ajoute : « Encore que le bénéfice de l'obligation soit partageable et divisible entre les divers créanciers. » Il semblerait en ressortir, que c'est une exception et qu'en principe, le bénéfice de la créance ne se divise point entre les créanciers solidaires. Mais il n'en est rien. En droit français, le bénéfice de la créance se divise de plein droit entre les créanciers solidaires. Les idées romaines ne pouvaient être admises par la législation française, basée sur les principes d'équité. L'art. 1198, § 2 ainsi conçu : « La re-

(1) MM. VALETTE, AUBRY et RAU sur *Zachariæ*, t. III, p. 12.

mise qui n'est faite que par l'un des créanciers solidaires, ne libère le débiteur que pour la part de ce créancier » prouve, que la division du bénéfice de la créance entre les créanciers solidaires, est la règle générale. Il en résulte en effet, que si, dans ses rapports avec le débiteur, chaque créancier a le droit d'exiger la totalité de la dette, il n'a, vis-à-vis de ses co-créanciers, droit qu'à sa part. Si chacun d'eux peut exiger du débiteur le paiement total, c'est en vertu du mandat tacite réciproque, que les créanciers sont censés s'être donné, d'exercer contre le débiteur les droits et actions des uns des autres. Chaque créancier en recevant le paiement, reçoit donc sa part et celles de ses co-créanciers dont il est mandataire, et par conséquent, il est obligé de leur en tenir compte.

La fin de l'art. 1197, n'a eu d'autre but, que de faire remarquer l'absence d'incompatibilité entre la solidarité et la division du bénéfice de la créance entre les créanciers.

Sans doute, il se pourrait, même en droit français, que le bénéfice de la créance appartint à l'un des créanciers seulement, de même qu'il pourrait arriver que la dette solidaire dût être supportée par un seul des débiteurs (art. 1216). Mais si l'un des créanciers prétend avoir droit à la totalité de la créance, c'est à lui à prouver ce droit exceptionnel à la règle générale.

Il ne faut pas, à l'égard de cette division du bénéfice de la créance entre les créanciers solidaires, confondre avec la solidarité une autre situation, qui, au moins en apparence, lui ressemble. Supposons que Primus en prêtant de l'argent à Secundus stipule, que le remboursement de la somme prêtée, pourra être demandé par lui ou par Tertius.

Dans cette stipulation, comme dans la solidarité Primus ou Tertius peut demander au débiteur le remboursement de la somme prêtée. Mais des distinctions profondes séparent ces deux situations. En effet, à la différence de ce qui se passe en cas de solidarité, Tertius qui n'est qu'un *adjectus solutionis gratia*, n'a le droit de rien conserver de ce qu'il touchera du débiteur. De plus, l'idée du mandat tacite réciproque, que nous trouvons dans la solidarité entre les co-créanciers ne se rencontre pas dans notre hypothèse. Tertius est sans doute mandataire de Primus, à l'effet de poursuivre le débiteur et de recevoir le paiement, mais Primus n'est nullement mandataire de Tertius. Enfin, les droits de chacun des créanciers solidaires passent à ses héritiers; au contraire, le mandat, qui est donné à Tertius, lui est personnel et le droit de poursuivre le débiteur ou de recevoir le paiement ne passe point à ses héritiers.

CHAPITRE II.

DE LA SOLIDARITÉ ENTRE DÉBITEURS.

SECTION I.

CARACTÈRES. — CONSTITUTION DE LA SOLIDARITÉ ENTRE DÉBITEURS.

D'après l'art. 1200, la solidarité existe entre plusieurs débiteurs : « lorsqu'ils sont obligés à une même chose, de manière que chacun puisse être contraint pour la totalité, et que le paiement fait par un seul libère les autres envers le créancier. » Cette définition peut être critiquée. Elle n'est pas complète ; elle pourrait convenir aussi bien à une obligation indivisible et elle a le défaut de ne pas indiquer les caractères essentiels de la solidarité. Il eût fallu dire, que c'est la volonté des parties qui est la source de la solidarité, indépendamment de la possibilité ou impossibilité de la division de la chose, qui est l'objet de l'obligation solidaire et de plus « qu'il ne suffit pas que chacun des débiteurs soit débiteur de toute la chose... Il faut que chacun des débiteurs *totum et totaliter debeat* ; c'est-à-dire qu'il faut que chacun se soit obligé aussi totalement à la prestation de la chose, que s'il eût seul contracté l'obligation. (1) »

(1) POTHIER, *Obligations*, n. 262.

Le premier caractère de la solidarité passive, indiqué par la loi, c'est l'identité de l'objet de la dette de chacun des débiteurs. Ainsi que dans la solidarité active, nous l'avons vu, le même objet devait être dû à chacun des créanciers, de même dans la solidarité passive, la même chose doit être due par chaque débiteur. S'agit-il de choses différentes pour chaque débiteur, il n'y a pas de solidarité, mais plusieurs obligations distinctes.

Un second caractère de la solidarité passive, c'est le droit pour le créancier de poursuivre pour le tout chacun des débiteurs, mais comme il n'y a qu'une seule chose due, le paiement fait par l'un des débiteurs libère tous les autres.

Nous avons dit, que la définition de la solidarité donnée par la loi, conviendrait aussi à une obligation indivisible. En effet, les deux caractères de la solidarité, qui nous sont indiqués par l'art. 1200, se rencontrent également dans l'obligation indivisible. Nous y trouvons aussi l'identité de l'objet dû par chaque débiteur, le droit pour le créancier de poursuivre pour le tout chacun des débiteurs, et enfin cet effet, que le paiement effectué par l'un d'eux, libère tous les autres.

Mais des différences importantes entre ces deux classes d'obligations sont à signaler. La solidarité existe, parce que telle était la volonté des parties; sa cause c'est la convention ou bien la loi, dans les cas où elle l'a prononcée. Au contraire, la cause de l'obligation indivisible, c'est la nature de l'objet dû, qui n'est pas susceptible d'être fractionné. De cette différence principale dérivent plusieurs conséquences. La solidarité, ayant pour cause la volonté des parties ou bien la loi, n'empêche pas la division de l'obligation entre les héritiers de chaque débiteur.

Tandis que l'obligation indivisible ayant pour cause la nature de l'objet, qui n'est pas susceptible de prestations partielles, dure tant que cet objet est dû et par conséquent, chacun des héritiers de l'un des deux débiteurs d'une obligation indivisible peut être poursuivi pour le tout. De ce que l'obligation indivisible dérive de la nature de l'objet dû et la solidarité de la convention ou de la loi, il s'ensuit, que si l'obligation indivisible se convertit par suite de son inexécution en obligation de payer des dommages et intérêts, la cause de l'indivisibilité ayant disparu, cette obligation secondaire se divise entre les débiteurs.

Dans une obligation solidaire, au contraire, si elle est convertie en obligation de payer des dommages et intérêts, cette obligation ne se divise pas entre les débiteurs, mais chacun est tenu de payer la totalité.

Dans une obligation indivisible, il n'y a aucun mandat tacite entre les différents débiteurs, qui en sont tenus. Tandis que dans une obligation solidaire, les débiteurs sont censés s'être donné réciproquement un mandat à l'effet de recevoir les poursuites du créancier et de faire tous les actes, qui peuvent améliorer leur position. Chacun des débiteurs est considéré, dans ses rapports avec le créancier, comme représentant tous ses co-débiteurs.

L'obligation solidaire est une, quant à son objet, car c'est le même objet qui est dû par chaque débiteur, mais quant aux personnes qui sont le sujet passif, il y a autant de liens divers et d'obligations différentes, qu'il y a de co-débiteurs solidaires. De là, cette conséquence indiquée dans l'art. 1201, que chacun d'eux peut être obligé d'une manière différente envers le créancier, l'un purement et simplement, les autres à terme ou sous condition. Ainsi, Primus et Secundus se sont obligés solidairement ; le créancier a accordé à Primus un terme de deux mois. Pendant ce délai, Tertius ne peut poursuivre que Secundus et c'est seulement après l'expiration des deux mois, qu'il pourra adresser sa demande à Primus ou à Secundus, à son choix. Ou bien, si dans notre hypothèse, Primus s'est obligé sous condition, la dette et la solidarité de Primus n'existent que conditionnellement. Si la condition s'accomplit, Primus et Secundus seront débiteurs solidaires, si au contraire elle vient à défaillir, il n'y aura qu'une dette pure et simple, unique, Secundus seul sera obligé.

Selon le droit commun, lorsque plusieurs personnes s'obligent envers un créancier, chacune d'elles ne doit qu'une part, et le créancier ne peut la poursuivre que pour cette part. D'où la conséquence, que la solidarité donnant au créancier le droit de poursuivre chacun des débiteurs pour le tout, est une situation exceptionnelle, qui ne doit pas se présumer. Aussi l'art. 1202 nous dit-il, qu'elle doit être expressément stipulée et que cette règle ne cesse que dans les cas, où elle a lieu de plein droit, en vertu d'une disposition de la loi. Dans le doute, il faut donc rejeter la solidarité et admettre, que les débiteurs sont des débiteurs simplement conjoints. C'est la décision qui nous est aussi présentée par Pothier et la raison qu'il en donne, c'est que l'interprétation se fait dans le doute en faveur du débiteur. Ainsi, dit-il, « dans l'espèce d'un héritage qui appartient à quatre propriétaires, trois l'ayant vendu solidairement, et ayant promis de faire ratifier la vente par le quatrième propriétaire; il a été jugé que le quatrième, en ratifiant, n'était pas censé avoir vendu solidairement; parce que les trois autres avaient bien promis pour lui, qu'il accéderait au contrat de vente; mais il n'était pas exprimé qu'il y accéderait solidairement (1). »

Quoique la solidarité doive être expressément stipulée, il n'est pas besoin cependant, d'employer ces expressions: solidairement, solidarité. En droit français, il n'y a pas de paroles sacramentelles; il suffit, que la volonté des parties ressorte clairement, pour que l'obligation des débiteurs puisse être affectée de cette modalité; par exemple, les débiteurs seraient obli-

(1) *Des obligations*, n° 265.

gés solidairement, s'ils s'engageaient : chacun pour le tout, l'un pour l'autre, etc.

Ordinairement, c'est par le même acte, que les débiteurs s'obligent solidairement, mais la solidarité peut-elle résulter d'engagements successifs et par actes séparés?

Ainsi, le 1er janvier, Primus s'est obligé envers Secundus à lui payer 1000 fr. à telle époque. Puis, le 15 Janvier, Tertius souscrit un engagement par lequel il s'oblige à payer à Secundus les mêmes 1000 fr. Tertius et Primus sont-ils débiteurs solidaires?

Nous croyons, qu'il faut donner la réponse affirmative, si au moment où Primus s'engageait, il déclarait, qu'il accepte pour son codébiteur solidaire Tertius, qui va s'obliger plus tard; ou bien, si après que Tertius s'est obligé envers Secundus à payer la même somme que lui doit Primus, ce dernier déclare qu'il accepte Tertius pour son co-débiteur solidaire. En effet, pour que la solidarité puisse exister, il faut, qu'il n'y ait pas de doute sur la volonté des parties, or, dans les hypothèses ci-dessus présentées, nous rencontrons précisément cette volonté clairement exprimée.

Mais Tertius et Primus ne doivent pas être considérés comme deux débiteurs solidaires proprement dits, si au moment de l'engagement de Primus, il n'y avait aucune mention de Tertius, qui doit s'obliger plus tard; ou bien, si après l'engagement de ce dernier, Primus et Tertius ne sont pas convenus d'être débiteurs solidaires. Dans ces cas en effet, il n'y a pas concours de volonté, Primus et Tertius ne se sont pas entendus; cette intention, cette volonté nécessaire pour la création de la solidarité, nous manque. La solidarité proprement dite, suppose un mandat réciproque entre les débiteurs, de manière que chacun d'eux représente envers le créancier, tous ses co-débiteurs. Ce mandat entraîne des conséquences rigoureuses. Or, comment pourrait-on supposer l'existence de ce mandat entre Primus et Tertius, qui peut-être ne se connaissent pas?

Nous croyons donc, que dans ce dernier cas, Primus et Tertius seront bien des débiteurs tenus *in solidum*, c'est-à-dire, que le créancier aura droit de poursuivre chacun pour le tout, mais ils ne seront pas des débiteurs solidaires proprement dits (1).

Une obligation solidaire peut aussi résulter d'un testament, lorsque le testateur a expressément déclaré, qu'il chargeait solidairement ses héritiers de la prestation du legs. Même, si le testateur n'a pas exprimé la solidarité, s'il a fait un legs dans ces termes : mon fils Pierre ou mon fils Jacques donneront dix écus à un tel, Pierre et Jacques seront débiteurs solidaires. Dumoulin, en se fondant à tort sur les lois romaines, n'était pas de cet avis. Il disait que dans ce cas, chacun des débiteurs sera bien tenu *in solidum*, mais il n'y aura pas de solidarité proprement dite.

(1) Toullier, t. III, 2me partie, n° 723. — Marcadé, sur l'art. 1201.

Pothier combat Dumoulin. Comme ce n'est pas la nature de l'objet, dit-il, qui fait que chaque héritier soit tenu pour le tout, mais la volonté du testateur, l'obligation des héritiers a donc tous les caractères d'une vraie obligation solidaire (1).

SECTION II.

EFFETS DE LA SOLIDARITÉ ENTRE DÉBITEURS.

Le premier effet de la solidarité passive, c'est le droit pour le créancier de s'adresser à celui des débiteurs qu'il veut choisir et de lui demander le paiement intégral de la dette (art. 1203). Mais ce choix n'appartient au créancier, qu'en supposant que tous les débiteurs sont obligés purement et simplement. Car si les uns sont obligés purement et simplement, d'autres à terme ou sous condition, le créancier ne peut s'adresser qu'aux premiers; quant aux autres, il doit attendre l'expiration du terme et l'accomplissement de la condition.

L'art. 1203, après avoir donné au créancier la faculté de s'adresser à celui des débiteurs qu'il veut choisir, ajoute : « sans que celui-ci puisse lui opposer le bénéfice de division. »

Nous avons vu, qu'en droit romain, certains débiteurs simplement solidaires avaient

(1) *Des obligations* n° 260. — TOULLIER, t. III. — 2e partie, n° 721, MM. AUBRY et RAU, sur *Zachariæ*, t. III, p. 14.

obtenu le bénéfice de division et que par la Novelle 99 de Justinien, ce bénéfice aurait été étendu aux *correi promittendi*, d'après l'opinion de beaucoup d'interprètes modernes. Dans l'ancien droit français, certaines coutumes du midi admettaient ce bénéfice de division au profit des débiteurs solidaires. D'autres, au contraire, le refusaient. Dumoulin n'admettait pas ce bénéfice (1) et Pothier était de même avis : « Je ne pense pas, dit-il, que les co-débiteurs qui se sont obligés solidairement aient entre eux le bénéfice de division..... Les actes de notaires portent ordinairement la clause de renonciation au bénéfice de division; et quand il n'y aurait point de clause de renonciation à cette exception de division, je ne pense pas qu'elle eût lieu (2). »

Aujourd'hui, sous le Code, il n'y a plus de doute, le créancier peut s'adresser à l'un des débiteurs et celui-ci ne peut pas refuser de payer la dette entière, sous prétexte, que ses co-débiteurs sont solvables comme lui.

Du reste, si le débiteur actionné par le créancier, ne peut pas demander le bénéfice de la division de la dette, il peut appeler en cause ses co-débiteurs, afin de faire statuer par un seul et même jugement sur la demande du créancier et sur son recours contre ses co-débiteurs (art. 1214, C. civ. art. 183 et 175, C. de

(1) Notes sur la coutume du Maine, à l'art. 471.
(2) *Obligations*, n° 270.

Pro). (1) Il pourrait sans doute ne pas profiter de cette faculté que lui donne la loi, mais cette manière d'agir lui est plus utile, que si, après avoir payé, il intentait une action principale et introductive d'instance en recours contre ses co-débiteurs. D'abord, en intentant une action principale incidente en garantie contre ses co-débiteurs, il y a économie de temps et de frais, car au lieu de deux procès, il n'y en a qu'un seul. De plus, s'il défend à l'action du créancier sans appeler en cause ses co-débiteurs, ceux-ci peuvent prouver qu'il s'est mal défendu, qu'il n'a pas invoqué tel ou tel moyen, qui eût fait débouter le créancier de sa demande et par conséquent qu'il doit échouer dans son recours contre eux.

L'art. 1204, en complétant ce qui a été énoncé par l'art. 1203, nous dit que : « les poursuites, faites contre l'un des débiteurs n'empêchent pas le créancier d'en exercer de pareilles contre les autres. »

L'explication de cet article nous est facile, par ce que nous avons vu en droit romain. Là, lorsque le créancier poursuivait un des *correi promittendi*, l'effet de la *litis contestatio* éteignait son droit contre les autres *correi*. Le créancier ne pouvait plus abandonner l'instance pour s'adresser aux autres *correi promittendi*, car ceux-ci étaient déjà libérés par la *litis con-*

(1) MM. Valette, Aubry et Rau sur *Zachariæ*, t. III, p. 18. — Duvergier sur Toullier, t. III, 2e partie, n° 278, 1°, note a. — Marcadé sur l'art. 1203.

testatio. Cet effet extinctif de la *litis contestatio* a cessé d'exister plus tard et Justinien l'abrogea formellement. Rien d'analogue n'existait dans l'ancien droit français ; cet effet extinctif du droit du créancier étant attaché à un système de procédure spéciale aux Romains. Mais pour prévenir le doute, Pothier (1) faisait remarquer, que la poursuite du créancier contre l'un des débiteurs, ne libère pas les autres, et le Code n'a fait que reproduire le passage de Pothier.

Ainsi, le créancier, soit qu'il poursuive chacun des débiteurs pour une part seulement, soit pour le tout, conserve son droit de poursuite, tant qu'il n'est pas complètement satisfait.

Nous savons, que dans une obligation solidaire, les débiteurs sont censés s'être donné un mandat réciproque, par suite duquel chacun d'eux est considéré, par rapport au créancier, comme représentant tous ses co-débiteurs. Nous allons rechercher quels sont les effets de ce mandat, quant à la perte de la chose, qui fait l'objet de l'obligation solidaire, par la faute de l'un des débiteurs; quant à la demande d'intérêts formée par le créancier contre l'un d'eux et quant à l'interruption de la prescription.

Le débiteur d'un corps certain est libéré par la perte de ce corps, si elle est arrivée par cas fortuit. L'obligation ne pouvant alors s'exécuter par la force des choses, et le créancier n'ayant aucune faute à reprocher au débiteur, il doit

(1) *Obligations*. n° 271.

souffrir le dommage qui résulte pour lui de cette perte (art. 1302). Si au contraire, le corps certain a péri par la faute du débiteur, ou bien même sans sa faute, mais alors qu'il était mis en demeure, et que la chose n'eût pas péri chez le créancier, si elle lui eût été livrée (art. 1302), l'obligation primitive se convertit en une obligation de dommages et intérêts (art. 1147).

Lorsqu'il s'agit d'une obligation solidaire, si le corps certain a péri par cas fortuit, tous les débiteurs sont libérés. S'il a péri par la faute ou pendant la demeure de l'un d'eux, la loi décide, que tous les débiteurs seront tenus de payer la valeur de la chose, mais quant aux dommages et intérêts, qui peuvent être dus au créancier, par suite de l'inexécution de l'obligation, ils ne sont dus, que par les auteurs de la perte de la chose ou par ceux qui étaient en demeure (art. 1205).

Pothier en donne la raison : c'est que, dit-il, la faute ou la demeure de l'un des débiteurs solidaires préjudicie à ses co-débiteurs *ad conservandam et perpetuendam*, mais non *ad augendam obligationem* (1).

Le système qui est consacré par la loi, est celui de Dumoulin, dont nous avons parlé, en traitant du droit romain. Il l'a imaginé pour concilier la Loi 18, *D. de duobus reis*, avec la Loi 32, § 4, *D. de usuris*. D'après Dumoulin, la faute ou la demeure de l'un des débiteurs solidaires nuit aux autres « *usque ad metas et*

(1) *Obligations*, n° 273.

æstimationem obligationis principalis » mai elle ne leur nuit point « *quod accessiones, sive usurarias, sive quanti plurimi vel interesse extrinseci.* (1) »

Nous ne reviendrons pas sur l'appréciation de la conciliation de ces deux lois romaines ; conciliation, qui n'avait pas besoin d'être tentée, car les deux textes formaient deux règles parfaitement distinctes et séparées.

Pothier a reproduit le système de Dumoulin et le Code n'a fait que suivre l'opinion de ces deux grands jurisconsultes. Cependant, on pourrait critiquer la disposition de la loi. Il eût été, peut-être, plus logique de ne pas rendre le co-débiteur responsable d'une faute, qui n'est pas la sienne, et qui ne doit être considérée par rapport à lui, que comme un cas fortuit. La disposition de la loi, quant au paiement de la valeur de la chose par les débiteurs qui ne sont pas en faute, ne peut s'expliquer que par le mandat réciproque, qui existe entre les co-débiteurs, mandat, qui entraîne une responsabilité collective; chaque débiteur représente les autres et la faute de l'un d'eux est considérée comme celle des autres. D'ailleurs, même avec cette idée du mandat, il est difficile de justifier la loi d'une manière complète, car de deux choses l'une : ou bien les débiteurs solidaires sont garants les uns des autres et alors, si la chose a péri par la faute de l'un deux, les autres devraient payer non-seulement la valeur

(1) *Tract. de divid. et indiv. pars* III, nº 126 et 127

de la chose, mais aussi les dommages et intérêts; ou bien, ils ne sont pas garants, et alors ils ne doivent répondre ni de la valeur de la chose, ni des dommages et intérêts. En somme, cette distinction entre la valeur de la chose et les dommages et intérêts, n'est pas facile à justifier rationnellement.

Que faut-il décider, si c'est au moyen d'une clause pénale que les dommages et intérêts ont été fixés; les débiteurs, qui étaient étrangers à la perte de la chose, doivent-ils ou non le montant de la clause pénale?

Dumoulin et Pothier restreignaient leur décision au cas où les dommages et intérêts n'étaient pas déterminés d'avance. Si au contraire, ils étaient fixés au moyen d'une clause pénale, cette clause pénale étant encourue par la perte de la chose par la faute de l'un des débiteurs solidaires ou après la demeure de l'un d'eux, Dumoulin et Pothier décidaient, que les autres débiteurs seront obligés de payer le montant de la clause pénale. Ils la considéraient, comme une seconde convention, faite sous une condition suspensive: si la première convention n'est pas exécutée par la faute de l'un des débiteurs. Donc, l'inexécution de la première convention par la faute de l'un des débiteurs, faisait réaliser la condition, sous laquelle chacun d'eux s'était obligé à payer le montant de la clause pénale. « *Hoc casu*, nous dit Dumoulin, *insons magis ad pœnam tenetur ex conditione stipulationis quæ exstat, tanquam ex con-*

sâ propinquâ et immediatâ, quam ex facto consortis (1). »

Le code a-t-il maintenu cette doctrine? Aucun texte ne résout la question d'une manière directe. Cependant nous croyons, qu'il faut admettre l'affirmative. On peut tirer à l'appui de cette opinion un argument de l'art. 1232, ainsi conçu : « Lorsque l'obligation primitive contractée avec une clause pénale est d'une chose indivisible, la peine est encourue par la contravention d'un seul des héritiers du débiteur, et elle peut être demandée, soit en totalité contre celui qui a fait la contravention, soit contre chacun des co-héritiers pour leur part et portion, et hypothécairement pour le tout, sauf leur recours contre celui qui a fait encourir la peine. »

Si telle est la disposition de la loi pour les débiteurs d'une obligation indivisible, *à fortiori* doit-elle être admise pour les débiteurs solidaires. En effet, si la clause pénale n'était pas stipulée, la perte de la chose par la faute de l'un des débiteurs d'une obligation indivisible, libérerait les autres débiteurs, sans que ceux-ci fussent tenus de payer la valeur de la chose; et nous savons, qu'au cas de perte de la chose par la faute de l'un des débiteurs solidaires, les autres doivent au créancier la valeur de cette chose. Les débiteurs solidaires sont donc plus énergiquement tenus envers le créancier que les débiteurs d'une chose indivisible, donc, la

(1) *Loco cit.*

décision de la loi pour les débiteurs d'une chose indivisible doit être à plus forte raison appliquée aux débiteurs solidaires (1).

Nous devons ajouter, que dans tous les cas où l'exécution de l'obligation est impossible par suite de la faute de l'un des débiteurs solidaires, faute qui engage la responsabilité des autres débiteurs, ces derniers peuvent recourir contre lui pour le préjudice, qui leur a été causé par cette impossibilité d'exécuter l'obligation.

Passons maintenant à la demande d'intérêts formée par le créancier contre l'un des débiteurs solidaires.

L'art. 1207 nous dit que « la demande d'intérêts formée contre l'un des débiteurs solidaires, fait courir les intérêts à l'égard de tous ». Quelle est la raison de cette disposition? M. Bigot-Préameneu, après avoir dit dans l'exposé des motifs, que la prescription interrompue à l'égard de l'un des débiteurs solidaires, est interrompue à l'égard de tous, « parce que le créancier en agissant contre l'un d'eux a usé de son droit contre tous » ajoute : « c'est par le même motif que quand le créancier forme une demande d'intérêts contre l'un des débiteurs solidaires, ces intérêts lui sont adjugés pour la totalité de la dette ; et dès lors, c'est comme si la demande avait été formée contre tous (2) ».

(1) MM. Aubry et Rau, t. III, p. 21, note 11. — Marcadé, sur l'art. 1205. — Duranton, t. XI, n° 371.

(2) Locré, t. XII, nos 91, 92.

Cette raison peut être critiquée ; l'assimilation qu'on veut établir entre l'interruption et la demande d'intérêts n'est pas exacte. En effet, l'interruption de la prescription n'est qu'un acte simplement conservatoire de la créance, tandis que la demande d'intérêts est un acte, qui aggrave l'obligation primitive des débiteurs, car il ajoute une obligation nouvelle. Or, nous savons que le Code a adopté la doctrine de Dumoulin et de Pothier, doctrine qui en somme consiste à dire, que les co-débiteurs solidaires sont mandataires réciproques *ad conservandam et perpetuendam sed non ad augendam obligationem*, selon les expressions de Pothier. Dès lors, si la décision, que l'interruption de la prescription à l'égard de l'un produit des effets à l'égard des autres débiteurs, est conforme à ce système, la disposition que la demande d'intérêts formée contre l'un fait courir les intérêts à l'égard de tous les débiteurs, lui est complètement contraire. — Cette assimilation entre l'interruption de la prescription et la demande d'intérêts, ne peut donc avoir lieu.

L'art. 1207 peut être expliqué par d'autres raisons. Lorsqu'il s'agit d'une obligation, ayant pour objet une somme d'argent, les dommages et intérêts, au cas d'inexécution de l'obligation, sont déterminées par la loi d'une manière fixe, 5 ou 6 p. °/₀. Ces dommages et intérêts étant ainsi renfermés dans des limites raisonnables, peuvent être considérés comme une clause pénale, à laquelle les débiteurs solidaires se sont soumis tacitement. Nous avons constaté, que, lorsque une clause pénale a été stipulée, si l'obligation ne peut pas être exécutée par la faute de l'un des débiteurs solidaires, tous sont tenus du montant de cette clause pénale. Les mêmes règles doivent être appliquées à la clause pénale tacite dans une obligation ayant pour objet une somme d'argent (1).

L'art. 1207 peut être encore justifié par une autre considération. Si la demande d'intérêts, formée contre l'un des débiteurs solidaires, ne les faisait pas courir à l'égard des autres, il y aurait alors utilité pour le créancier à faire autant de demandes qu'il y a de débiteurs, et cette mutiplicité de demandes n'aurait pour conséquence, que l'augmentation des frais, qui en définitive retomberaient à la charge des débiteurs eux-mêmes. Quoique l'art. 1207 ne parle que de la demande en justice, il nous paraît évident, que dans les cas, où la simple sommation suffit pour faire courir les intérêts, elle aurait le même effet à l'égard des débiteurs solidaires que la demande en justice; la loi a parlé *de eo quod plerumque fit.*

Puisque d'après la loi, la demande d'intérêts formée contre l'un des débiteurs est considérée comme ayant été formée contre tous, il faut en conclure, que si parmi les débiteurs, il y en a qui doivent à terme ou sous condition, cette demande sera néanmoins productive d'intérêts à leur égard; mais, bien entendu,

(1) M. Valette. — Mourlon, sur l'art. 1207.

les intérêts ne commenceront à courir qu'après l'expiration du terme ou l'accomplissement de la condition (1).

Examinons enfin quel est l'effet d'un acte interruptif de la prescription formée par le créancier contre l'un des débiteurs solidaires?

L'art 1206 dispose que « les poursuites faites contre l'un des débiteurs solidaires interrompent la prescription à l'égard de tous. » Pothier donnait la même décision et il la motivait de la manière suivante : « C'est encore une conséquence de ce que chacun des débiteurs est débiteur du total; car le créancier, en l'interpellant, l'a interpellé pour le total de la dette ; il a donc interrompu la prescription pour le total de la dette, même à l'égard des débiteurs qu'il n'a pas interpellés, lesquels ne pourraient opposer une prescription contre le créancier, que sur ce qu'il n'aurait pas usé de son droit pour la dette dont ils sont tenus : mais ils ne peuvent le prétendre, puisque la dette dont ils sont tenus, est la même que celle pour laquelle leur co-débiteur a été interpellé pour le total (2). » Cette raison de Pothier est-elle suffisante? La négative n'est pas douteuse. Nous verrons en effet plus tard, qu'une obligation *in solidum* peut exister à la charge de plusieurs personnes et cependant la prescription interrompue à l'égard de l'une d'elles, ne l'est pas à l'égard des autres. Donc la cir-

(1) MARCADÉ, sur l'art. 1207.
(2) *Obligations*, n° 272.

constance, que chacun des débiteurs est tenu pour le tout n'est pas suffisante pour l'explication de la loi. Il faut ajouter quelque chose de plus et notamment, que les débiteurs solidaires sont mandataires réciproques à l'effet de perpétuer l'obligation primitive (1).

Notre article parle seulement des poursuites dirigées par le créancier, mais l'art. 2249, met sur la même ligne la reconnaissance de la dette que ferait un des débiteurs solidaires. Cette reconnaissance interromprait donc la prescription à l'égard de tous les débiteurs.

Si la prescription a été accomplie au profit des débiteurs solidaires, chacun d'eux peut sans doute renoncer à cette prescription (art. 2220), mais le créancier ne peut pas se prévaloir de la renonciation de l'un à l'encontre des autres débiteurs. Chacun d'eux a prescrit pour son compte, il y a là pour eux un droit acquis, qui ne peut pas leur être enlevé, par le fait de leur co-débiteur (2).

Lorsque l'un des débiteurs solidaires est mort laissant plusieurs héritiers, quels seront les effets de l'acte interruptif de la prescription fait contre l'un d'eux tant à l'égard de ses cohéritiers qu'à l'égard des débiteurs survivants?

Les héritiers d'un débiteur solidaire n'étant unis par aucun lien de la solidarité et la dette solidaire se fractionnant à leur égard en autant

(1) Note de M. Bugnet.

(2) Pothier, *Obligations*, n° 699. — Marcadé, de la prescription, p. 37.

de dettes partielles qu'il y a de co-héritiers, il s'en suit, que l'interpellation faite à l'un d'eux ne peut avoir d'effet à l'égard des autres. Dans le rapport des débiteurs survivants avec les héritiers du débiteur décédé, la solidarité continue à exister, mais comme chacun des héritiers ne représente le débiteur défunt que pour une part, l'interpellation de l'un des héritiers n'interrompt la prescription à l'égard des débiteurs survivants, que pour la part de cet héritier. Pour qu'il y ait interruption de la prescription pour la totalité de la dette, il faut que le créancier agisse contre tous les héritiers. Enfin, chacun des débiteurs survivants étant tenu pour le tout, et la solidarité existant dans les rapports de ces débiteurs avec les héritiers du débiteur décédé, l'interpellation contre l'un des débiteurs survivants interrompt la prescription pour le tout, tant contre les autres débiteurs, que contre les héritiers. Toutes ces décisions sont prévues par la loi dans l'art. 2249.

On doit appliquer les mêmes règles à la reconnaissance de la dette faite par l'un des héritiers du débiteur défunt ou par l'un des débiteurs survivants.

Ce sont aussi les règles de l'art. 2249 qu'il faut appliquer, pour déterminer l'effet de la faute de l'un des héritiers du débiteur solidaire décédé ou de la demande d'intérêts formée contre lui. Ainsi, la chose qui faisait l'objet de l'obligation solidaire a-t-elle péri par la faute de l'un des héritiers, les autres héritiers seront libérés et les débiteurs survivants ne seront tenus que jusqu'à concurrence de la part de l'héritier auteur de la perte. Si le créancier forme une demande d'intérêts contre l'un des héritiers, cette demande ne fera pas courir les intérêts contre les autres héritiers, et quant aux débiteurs survivants, elle ne les fera courir que pour la part de l'héritier poursuivi. La demande dirigée contre l'un des débiteurs solidaires survivants, ferait courir les intérêts contre tous les héritiers, pour la part héréditaire de chacun d'eux (1).

Si la prescription est suspendue à l'égard de l'un des débiteurs solidaires, par exemple, si l'obligation de l'un d'eux est affectée d'un terme ou d'une condition, la prescription sera-t-elle suspendue à l'égard des autres qui sont débiteurs purs et simples?

La négative nous paraît devoir être admise. — Le créancier a pu parfaitement bien agir contre les débiteurs, qui étaient obligés purement et simplement; s'il ne l'a pas fait, c'est sa faute, et il n'y a pas de raison de le relever des conséquences de son inaction. On comprend que l'interruption de la prescription, à l'égard de l'un des débiteurs solidaires, produise ses effets à l'égard des autres; car, par suite du mandat qui existe entre les débiteurs, le créancier en agissant contre l'un d'eux est réputé avoir agi contre tous les débiteurs. De même, si l'un des débiteurs a reconnu la dette, par

(1) DURANTON, t. XI, n° 218. — DELVINCOURT, t. II, p. 50.

suite du même mandat, il est réputé avoir agi au nom de ses co-débiteurs.

Mais l'idée du mandat ne peut trouver aucune application lorsqu'il s'agit de la suspension de la prescription; dès lors, on ne peut pas mettre sur la même ligne l'interruption et la suspension de la prescription. Il faut donc reconnaître que la prescription suspendue à l'égard de l'un des débiteurs par suite du terme ou de la condition, dont son obligation est affectée, n'est pas suspendue à l'égard des autres débiteurs obligés purement et simplement.

La même décision doit être donnée, lorsque la prescription est suspendue non pas par suite des modalités, mais par une autre cause; si, par exemple, le créancier avait épousé une femme solidairement obligée envers lui avec d'autres débiteurs (art. 2253) (1).

SECTION III.

MOYENS DE DÉFENSE PAR LESQUELS LES DÉBITEURS SOLIDAIRES PEUVENT REPOUSSER L'ACTION DU CRÉANCIER.

Voici ce que nous dit à cet égard l'art. 1208: « Le co-débiteur solidaire poursuivi par le créancier peut opposer toutes les exceptions qui résultent de la nature de l'obligation, et toutes celles qui lui sont personnelles, ainsi

(1) MM. Aubry et Rau sur *Zachariæ*, t. II, p. 310. — Duvergier sur Toullier, t. III, 2e partie, no 728, note *b*.

que celles qui sont communes à tous les co-débiteurs. Il ne peut opposer les exceptions qui sont purement personnelles à quelques-uns des autres co-débiteurs. »

La loi qui donne le nom d'exceptions aux moyens quelconques, par lesquels les débiteurs peuvent repousser la demande du créancier, divise ces exceptions en trois catégories :

1° Celles qui résultent de la nature de l'obligation.

2° Celles qui sont personnelles à un débiteur.

3° Celles qui sont communes à tous.

Cette division tripartite a été critiquée (1). La loi, a-t-on dit avec raison, aurait mieux fait de diviser ces exceptions en deux catégories seulement, en exceptions personnelles à l'un des débiteurs et exceptions communes à tous. La troisième classe indiquée par la loi rentre nécessairement dans une de ces deux catégories. En effet, supposons que le moyen de défense soit un vice de consentement, par exemple la violence ; alors, ou bien le consentement de tous les débiteurs a été vicié et nous aurons une exception commune à tous, ou bien, c'est l'un d'eux seulement qui a été violenté, et alors l'exception lui sera personnelle.

Maintenant, quant aux exceptions, que la loi qualifie comme dérivant de la nature de l'obligation, par exemple, l'exception est-elle fondée sur le défaut d'objet de l'obligation, etc. Il est

(1) MARCADÉ, sur l'art. 1208.

évident, que cette exception rentre dans la classe des exceptions communes.

Quoi qu'il en soit de cette division tripartite de la loi, recherchons ce qu'elle a voulu exprimer par chacune de ces trois catégories.

Par les exceptions dérivant de la nature de l'obligation, la loi a entendu celles qui sont fondées sur l'inexistence ou la nullité de la dette. Ainsi, l'obligation solidaire porte-t-elle sur un objet qui n'est pas dans le commerce, manque-t-elle d'objet, y a-t-il erreur sur la cause ou la cause est-elle illicite, chacun des débiteurs pourra se défendre en alléguant des moyens de ce genre. Donc, ces exceptions logiquement devraient être classées par la loi dans la catégorie des exceptions communes.

Par les exceptions personnelles, la loi a entendu celles qui sont tirées d'une cause propre à l'un des débiteurs, comme sa minorité ou son interdiction, une condition ou un terme stipulé à son profit, le vice de violence, de dol ou d'erreur qui entachait son consentement.

Quant aux exceptions tirées de la minorité ou de l'interdiction de l'un des débiteurs solidaires, il est certain qu'elles ne peuvent être invoquées que par lui, les autres débiteurs seront obligés de payer la totalité de la dette; et il ne leur sera pas permis de prouver leur ignorance de la position particulière de leur codébiteur, car ils ont pu facilement apprendre cette position, au moyen des actes de l'état-civil, qui sont à la disposition de tout le monde.

Quant aux exceptions, qui résultent des modalités sous lesquelles chacun des débiteurs s'est obligé, elles sont purement personnelles à celui au profit duquel elles ont été stipulées. Ainsi, l'un des débiteurs s'est-il obligé à terme ou sous condition, les autres au contraire purement et simplement, ces derniers ne peuvent pas invoquer l'exception tirée du terme ou de condition, qui affecte l'obligation de leur co-débiteur, ils devront payer la totalité de la dette. Ils n'ont pas le droit de se plaindre, puisque le terme ou la condition sous laquelle l'obligation de leur co-débiteur a été contractée, ont été connus d'avance par eux. Mais si c'est après coup que le créancier a accordé un terme à l'un des débiteurs, à l'insu et sans consentement des autres, ceux-ci peuvent l'invoquer jusqu'à concurrence de la part de ce débiteur. Le créancier en effet est obligé de respecter le terme qu'il a accordé, or, s'il pouvait exiger des autres débiteurs la dette intégrale avant l'expiration du terme, ceux-ci pourraient recourir immédiatement contre leur co-débiteur, qui se trouverait ainsi privé indirectement du bénéfice du terme. Si le terme a été accordé à tous les débiteurs, la perte de ce terme par l'un d'eux parce qu'il a fait faillite ou bien diminué les sûretés spéciales qu'il avait promises par le contrat (art. 1188), ne nuit pas aux autres, qui conservent le bénéfice du terme (art. 444, *C. de Com.*).

Si le moyen de défense est tiré du vice de consentement tel que le dol, la violence, l'erreur de l'un des débiteurs solidaires, cette exception peut être opposée au créancier pour le tout par le débiteur dont le consentement a été vicié. Mais les autres co-débiteurs peuvent-ils l'invoquer? Il est évident qu'ils ne le peuvent que pour se dispenser de payer la totalité de la dette; mais peuvent-ils l'invoquer au moins jusqu'à concurrence de la part du débiteur dont le consentement a été vicié? Soit quatre débiteurs, dont l'un a été violenté ou a été victime de dol ou d'erreur, les autres peuvent-ils se prévaloir jusqu'à concurrence du quart, du moyen de défense qui compète à leur co-débiteur? La réponse négative doit être admise si en contractant, ils ont connu le vice dont était entaché le consentement de leur co-débiteur, car ils n'ont pas dû compter, que celui dont l'obligation est annulable, supporterait sa part de la dette et les déchargerait d'autant.

Mais s'ils ont ignoré le vice, qui affectait l'obligation de leur co-débiteur, ils peuvent opposer au débiteur l'exception qui en résulte, pour la part de ce débiteur dans la dette solidaire. Ils peuvent en effet dire au créancier : nous comptions que notre co-débiteur dont l'obligation est annulable viendrait partager avec nous le fardeau de la dette; sans cela, nous ne nous serions pas obligés, nous ne devons pas souffrir d'une erreur légitime; et alors ils n'invoquent pas l'exception personnelle à leur co-débiteur, mais bien l'erreur dans laquelle ils se sont trouvés eux-mêmes en contractant, c'est-à-dire une exception qui leur est propre.

Nous passons aux moyens de défense que la loi désigne sous le nom d'exceptions communes. Ce sont des exceptions, qui peuvent être invoquées par tous les débiteurs et qui sont fondées sur une cause légitime d'extinction de la dette, telles que la perte de la chose par cas fortuit ou la prescription, deux faits dont nous avons déjà parlé.

Toutefois, même parmi ces exceptions, il y en a qui sont personnelles à l'un des débiteurs, profitent aux autres seulement jusqu'à concurrence de la part de ce débiteur. Il y en a même qui sont purement personnelles à l'un des débiteurs et qui ne peuvent pas être invoquées par les autres même pour la part de ce débiteur; c'est ce que nous verrons en passant en revue les différentes causes d'extinction d'obligations et certains faits qui peuvent produire une influence sur l'existence de la dette solidaire.

§ 1. — *Paiement.*

Dans une obligation solidaire, comme nous avons eu l'occasion de dire à plusieurs reprises, bien que le créancier puisse exiger de chacun des débiteurs le paiement intégral de la dette, il n'y a qu'une seule chose due et qui n'est due qu'une seule fois, d'où la conséquence que le paiement fait par l'un des débiteurs libère tous les autres. Le paiement peut consister soit dans la prestation de la chose due, soit d'une autre chose que le créancier consent à recevoir, c'est-à-dire dans une *datio in solutum*. Il peut être effectué soit par l'un des débiteurs, soit par une personne étrangère à l'obligation (art. 1236), et dans tous les cas les débiteurs seront libérés.

Si le créancier ne veut pas accepter le paiement qui lui est offert par l'un des débiteurs ou bien par un tiers, la chose offerte pourra être consignée, et cette consignation précédée des offres réelles faites au créancier libère les débiteurs, lorsqu'elle a été acceptée par le créancier, ou bien lorsqu'elle a été déclarée bonne et valable par un jugement passé en force de chose jugée (art. 1261, 1262). Tant que le créancier n'a pas accepté, ou tant qu'il n'y a pas de jugement passé en force de chose jugée déclarant valable la consignation, le débiteur est maître de la retirer, et alors l'ancienne dette solidaire continue à exister (art. 1261). Après l'acceptation du créancier ou le jugement, le débiteur ne peut plus retirer la chose consignée. Sans doute, le créancier peut consentir à ce que le débiteur reprenne cette chose, mais alors c'est une nouvelle dette qui se forme et qui n'est garantie que par les sûretés spéciales qui ont été stipulées. Quant à l'ancienne dette solidaire, elle n'existe plus, tous les débiteurs solidaires ont été libérés par la consignation acceptée par le créancier ou déclaré valable par un jugement, et il est évident qu'une convention à laquelle ils restaient étrangers ne peut pas faire revivre l'ancienne dette solidaire (art. 1262, 1263).

§ 2. — *Remise de la dette.*

La remise de la dette est l'abandon que fait le créancier de sa créance. Cet abandon peut avoir lieu à titre onéreux ou à titre gratuit. Au premier cas il prend, selon les différentes hypothèses, le nom de paiement, de *datio in solutum* ou enfin de novation. S'il est à titre gratuit, il conserve le nom de la remise de la dette. C'est de ce dernier cas que nous voulons parler.

La remise de la dette peut être tacite ou expresse. La remise tacite résulte de l'abandon du titre constatif de la créance, que fait le créancier au profit du débiteur. La remise expresse résulte de la volonté du créancier formellement manifestée.

Quel sera l'effet de la remise tacite ou expresse que fait le créancier au profit de l'un des débiteurs solidaires?

Si la remise est tacite, elle profite à tous les débiteurs et c'est pour la totalité de la dette, car lorsque le créancier a abandonné la preuve de sa créance, il doit être considéré comme ayant complètement renoncé à cette créance : s'il avait voulu ne faire qu'une remise personnelle à l'un des débiteurs, il n'eût pas abandonné le titre qui constatait ses droits contre tous (art. 1284). Cette décision était déjà donnée par Pothier (1). Du reste, la présomption qui résulte de cet abandon du titre n'a pas la même force, selon que le titre remis au débiteur est original et sous seing privé, ou bien la grosse du titre authentique. Au premier cas, la preuve contre cette présomption n'est pas admise, elle l'est au contraire dans le second (art. 1282, 1283).

Par la remise expresse, que la loi appelle improprement conventionnelle, si elle est faite à l'un des débiteurs solidaires, tous ses co-débiteurs sont libérés. C'est la disposition de l'art. 1285 : « La remise ou décharge conventionnelle au profit de l'un des co-débiteurs solidaires, libère tous les autres. » L'opinion de Pothier était différente, ou plutôt moins absolue que la décision du Code. D'après lui, il fallait rechercher l'intention du créancier : a-t-il voulu faire la remise de toute la dette, ou bien ne voulait-il que décharger un des débiteurs ? (2). Le Code au contraire est absolu. Toutes les fois que le créancier fait remise sans réserve à l'un des débiteurs solidaires, il n'y a pas à rechercher quelle était son intention ; la loi présume qu'il a voulu complètement abandonner sa créance. La décision de Pothier était bien plus conforme aux principes que celle donnée par le Code. En effet, lorsque le créancier a fait la remise à l'un des débi-

(1) *Obligations*, n° 608.
(2) *Obligations*, n° 275.

teurs, il y a un doute, s'il a voulu faire l'abandon complet de sa créance, ou bien s'il a voulu seulement décharger ce débiteur auquel la remise a été faite, comme les libéralités ne se présument pas, ce doute devait être interprété en faveur de la libéralité la plus restreinte. La disposition du Code ne peut s'expliquer que par l'influence des idées romaines. On sait, avec quelle impitoyable logique les Romains déduisaient toutes les conséquences d'un principe posé. Là, la remise de la dette pouvait s'opérer au moyen d'une acceptilation qui était considérée comme un paiement fictif. — Or, lorsqu'un des débiteurs solidaires payait le créancier, tous les autres étaient libérés; donc, lorsque le créancier avait fait acceptilation à l'un des débiteurs, tous ses co-débiteurs devaient être libérés. — C'est donc la déduction logique du principe qui motivait cette décision. Mais en droit français, cet effet absolu de la remise de la dette n'avait pas sa raison d'être et ne devait pas être admis. Peut-être pourrait-on justifier la disposition du Code par l'idée du mandat réciproque entre les débiteurs solidaires; chacun d'eux est considéré comme représentant de ses co-débiteurs (1).

Le créancier peut prévenir cet effet absolu de la remise de la dette, en faisant une réserve expresse, qu'il a entendu décharger seulement celui des débiteurs à qui la remise a été faite. Mais dans ce cas, il ne peut agir contre les

(1) MARCADÉ, sur l'art. 1285, n° 2.

autres débiteurs que déduction de la part du débiteur déchargé (art. 1285, dern. alinéa). La raison de cette décision est facile à donner. Si le créancier avait le droit d'agir pour le tout contre les autres débiteurs, celui qui serait forcé de payer, aurait le recours contre le débiteur déchargé, de sorte, que la libéralité qui lui a été faite par le créancier, lui serait enlevée indirectement. C'est donc au créancier à supporter les conséquences de cette libéralité, et par conséquent, il ne doit pouvoir agir contre les autres débiteurs, que déduction de la part du débiteur auquel il a fait la remise.

Ici se présente une difficulté. Lorsque le créancier a fait la réserve qu'il a entendu décharger seulement le débiteur auquel il a fait la remise, nous savons, qu'il ne peut plus agir contre les autres débiteurs que déduction de la part du débiteur libéré. Mais quelle est cette part? Est-ce une part virile, c'est-à-dire celle qui est déterminée eu égard au nombre des débiteurs, est-ce une part réelle, c'est-à-dire celle qui doit rester en définitive à la charge du débiteur déchargé? Il nous semble que c'est une question d'intention, d'interprétation de la volonté du créancier. Est-il démontré, que le créancier, en connaissant les relations des débiteurs entre eux et la part que ces relations mettaient à la charge du débiteur qu'il libère, a entendu lui faire remise de cette part, c'est à la part réelle que la remise doit s'appliquer. Si au contraire le créancier ignorait les relations qui existent entre les débiteurs, ou que les connaissant, n'a pas entendu les prendre en considération, la remise doit s'appliquer à la part virile (1). Au reste, ce sont des présomptions qui devraient céder devant la manifestation expresse de la volonté du créancier : Si la part réelle était inférieure à la part virile, quelle décision faudra-t-il alors donner? Nous croyons que la remise doit s'entendre alors de la part réelle. En effet, lorsque le créancier a déclaré qu'il n'entend faire la remise qu'à l'un des débiteurs, s'il ne peut agir contre les autres que déduction de la part du débiteur déchargé, c'est afin que cette libéralité ne lui soit pas indirectement enlevée par le recours qu'aurait le droit d'exercer contre lui le débiteur, qui serait forcé de payer la totalité. Or, lorsque le créancier a fait la remise à un des débiteurs dont la part réelle a été inférieure à la part virile, s'il pouvait agir contre un autre débiteur pour le tout, celui-ci aurait le recours contre le débiteur déchargé seulement pour la part réelle de ce dernier, donc c'est à cette part que la remise doit s'appliquer, car le créancier, en la déduisant, met complètement à couvert l'intérêt du débiteur auquel la remise a été faite. D'où la conséquence, que lorsque parmi les débiteurs solidaires, l'un d'eux n'a pas profité de l'obligation et n'est intervenu que comme caution,

(1) M. Duvergier, sur *Toullier*, t. IV, 1re partie, n° 329, note 1; Marcadé, sur l'art. 1285, n° 3.

le créancier, en lui faisant remise, conserve néanmoins son droit d'agir pour le tout contre les autres débiteurs, car ceux-ci forcés de payer n'auront aucun recours contre le débiteur libéré. La remise ne vaudrait alors que comme décharge de cautionnement.

§ 3. — *Novation.*

La novation intervenue entre le créancier et l'un des débiteurs solidaires, libère-t-elle les autres débiteurs? L'art. 1281 répond affirmativement: « par la novation faite entre le créancier et l'un des débiteurs solidaires, les codébiteurs sont libérés. » Cette disposition est conforme à ce principe, que la novation étant un mode d'extinction d'obligations, fait disparaître l'obligation primitive pour lui en substituer une nouvelle. Toutefois, le créancier peut mettre comme condition de la novation l'accession des débiteurs solidaires à la nouvelle obligation et alors, si les débiteurs consentent à cette accession, la novation aura lieu et par conséquent l'obligation primitive sera éteinte, s'ils refussent au contraire, la condition mise par le créancier à la formation de la novation étant défaillie, l'obligation primitive continue à exister. (Art. 1281, dern. alinéa.)

La novation ayant pour effet d'éteindre l'obligation primitive, il s'ensuit, que toutes les garanties attachées à cette obligation disparaissent avec elle. Aussi l'art. 1278 nous dit-il: « Les privilèges et hypothèques de l'ancienne créance ne passent point à celle qui lui est substituée, à moins que le créancier ne les ait expressément réservés », et puis l'art. 1280 au cas de l'obligation solidaire: « Lorsque la novation s'opère entre le créancier et l'un des débiteurs solidaires, les priviléges et hypothèques de l'ancienne créance ne peuvent être réservés que sur les biens de celui qui contracte la nouvelle dette. »

D'après ce dernier article, il semble résulter, que les priviléges et les hypothèques ne peuvent être réservés que sur les biens du débiteur solidaire avec lequel la novation a lieu et non sur les biens des autres co-débiteurs solidaires. Mais ceci doit être entendu raisonnablement. La prohibition de l'article ne doit s'appliquer qu'au cas où le créancier aurait voulu, sans le consentement des autres co-débiteurs, affecter à la nouvelle dette les hypothèques qui grevaient leurs biens pour la garantie de l'ancienne. En effet, il est certain qu'on peut hypothéquer sa chose pour la garantie de la dette d'autrui, dès lors on ne voit pas pourquoi, lorsqu'un des débiteurs solidaires fait la novation avec le créancier, les autres ne pourraient pas hypothéquer leurs biens à la dette de leur ancien co-débiteur. L'art. 1280 doit donc être entendu en ce sens: que lorsque le créancier fait novation avec l'un des débiteurs solidaires, il ne peut pas réserver, pour la garantie de la nouvelle obligation, les priviléges et hypothèques qui grèvent les biens des autres débiteurs, sans le consentement de ceux-ci. Telle est certainement la théorie du Code, puisque toutes les dispositions de la loi relativement à l'extinction des hypothèques et des autres sûretés, qui étaient attachées à l'obligation primitive, sont à peu près copiées de Pothier; or, voici sa doctrine: Dabord, dit-il, comme la novation éteint la dette primitive, elle doit éteindre ses accessoires et les sûretés qui y étaient attachées. Néanmoins, le créancier peut réserver les hypothèques et les attacher à la nouvelle obligation, mais cette translation des hypothèques de l'ancienne créance à la nouvelle ne peut se faire qu'avec le consentement de la personne à qui appartiennent les choses hypothéquées, et puis il ajoute comme conséquence de ce principe: « Si l'un d'entre plusieurs débiteurs solidaires contracte envers le créancier une nouvelle obligation et qu'il soit porté par l'acte que les parties ont entendu faire novation de la première dette, sous la réserve des hypothèques, cette réserve ne peut avoir d'effet que pour l'hypothèque des biens de ce débiteur qui contracte la nouvelle dette, et non pour les hypothèques des biens de ses co-débiteurs; *leurs biens ne peuvent être hypothéqués à cette nouvelle dette sans leur consentement.* (1). »

Ainsi, on voit que Pothier permettait d'attacher à la nouvelle obligation les hypothèques, qui grevaient les biens des débiteurs solidaires avec lesquels la novation n'avait pas eu lieu, si

(1) *Obligations*, nº 599.

ces débiteurs y consentaient. Il est donc probable que le Code, en reproduisant les autres dispositions de Pothier, n'a pas entendu s'écarter dans l'art. 1280 de son opinion.

Nous avons vu que la décision de Pothier quant aux débiteurs solidaires n'était que l'application d'un autre principe posé par lui, à savoir, que lorsqu'un tiers a hypothéqué son immeuble à l'acquittement d'une dette qui lui était étrangère, si cette dette était éteinte par la novation, le créancier ne pouvait pas réserver cette hypothèque pour garantir l'exécution de la nouvelle obligation, sans le consentement du propriétaire de l'immeuble.

Pothier a pris ces idées dans le droit romain. Il cite à l'appui de cette opinion la loi 30, D. *de novationibus* (46-2), mais c'est à tort, comme le remarque M. Bugnet. (1) En effet, cette loi suppose la première obligation entièrement éteinte par la novation qui avait été complète et sans aucune réserve : « *ita ut a primâ obligatione in universum discederetur,* » les hypothèques n'existaient donc plus ; et le jurisconsulte Paul décide que le second débiteur ne peut pas de nouveau « *rursum* » hypothéquer ces mêmes choses sans le consentement du premier débiteur. La décision de cette loi ne peut donc pas servir d'argument pour soutenir que le créancier, en faisant la novation par la substitution d'un nouveau débiteur, ne peut pas attacher à la nouvelle obligation les hypo-

(1) Note sur le numéro 599.

thèques qui grevaient les biens de l'ancien débiteur, sans le consentement de celui-ci.

Mais si la loi 30 *de novat.* ne peut pas être invoquée pour trancher la question, la décision exprimée par Pothier était cependant celle du droit romain, comme le prouve la loi *unique C. etiam ob chirograph.* (8-27). Cette disposition du droit romain se justifiait par la considération suivante. La novation, mode d'extinction du droit civil, s'opérant par la stipulation, avait des effets absolus. On comprend donc, que lorsque par la novation l'obligation primitive était éteinte, tous ses accessoires devaient disparaître nécessairement. Tout ce qu'on accordait, c'est que l'ancien débiteur pouvait constituer une hypothèque pour la garantie de la nouvelle obligation et même qu'il pouvait empêcher l'extinction de l'ancienne hypothèque, mais s'il ne consentait pas à cette conservation, l'hypothèque s'éteignait en même temps que la dette elle-même. « Si pour nover l'obligation, dit M. Demangeat, il était possible d'employer, au lieu d'une stipulation, un simple pacte, rien ne s'opposerait à ce que l'hypothèque pût être réservée même sans le consentement de l'ancien débiteur (1). » On voit donc, qu'en droit romain l'impossibilité d'attacher les hypothèques qui grevaient les biens de l'ancien débiteur à la nouvelle obligation, sans le consentement de ce débiteur, avait son principe dans le mode employé pour faire la novation. Cette

(1) *Des oblig. solid. en dr. rom.* p. 50.

théorie ne devait donc pas survivre au droit romain et il est difficile d'expliquer rationnellement la doctrine de Pothier et de l'art. 1280 du Code civil. Le créancier, dans notre art. 1280, aurait pu ne pas consentir à faire la novation et par conséquent maintenir le co-débiteur solidaire avec lequel la novation n'a pas eu lieu, dans le lien de l'obligation personnelle, pourquoi ne pas lui permettre de libérer ce co-débiteur, tout en réservant, même sans son consentement, les hypothèques qui garantissaient l'obligation primitive, pour les attacher à la nouvelle obligation. Ce co-débiteur aurait toujours cet avantage, qu'au lieu d'être obligé personnellement, il ne serait désormais tenu que hypothécairement, comme un tiers détenteur d'un immeuble hypothéqué.

Voilà un autre reproche qu'on adresse à l'art. 1280. Toullier prétend, qu'il est en contradiction avec l'art. 1251-3° qui admet la subrogation légale « au profit de celui qui, étant tenu avec d'autres ou pour d'autres au paiement de la dette, avait intérêt de l'acquitter. » Supposons deux débiteurs solidaires Primus et Secundus. Le créancier fait novation avec Primus, Secundus est libéré. Mais Primus, qui a éteint l'obligation primitive par la novation, se trouve subrogé aux droits du créancier contre Secundus, par conséquent, si l'ancienne dette a été garantie par une hypothèque, Primus peut la faire valoir contre Secundus. Si Primus n'exécute pas son obligation, le créancier pourra, sans qu'il y ait eu de réserves de sa part, intenter au nom de son débiteur (art. 1166) l'action hypothécaire contre Secundus. Dès lors, dit Toullier, avec l'art. 1251-3o, on arrive à une conséquence qui est en contradiction avec l'art. 1280 (1).

Nous croyons, que sous ce rapport, le reproche de Toullier fait à l'art. 1280 n'est pas fondé. On ne peut pas dire que le créancier, par suite de la subrogation de Primus, se trouve dans la même position, que si son hypothèque sur les biens de Secundus avait été réservée.

En effet, si le créancier conservait, par suite de la réserve faite avec le consentement de Secundus, l'hypothèque qui grevait ses biens, il pourrait agir contre lui pour la totalité de l'ancienne dette, lorsqu'il exerce au contraire l'action hypothécaire du chef de Primus en vertu de l'art. 1166, son droit a-t-il la même étendue? Il est évident que non, car un créancier ne peut exercer un droit de son débiteur, que dans la limite dans laquelle il lui appartient; or, Primus ne pourrait agir contre Secundus que jusqu'à concurrence de la part que ce dernier devrait supporter dans la dette, c'est donc seulement dans cette mesure que le créancier exerçant le droit de Primus, pourra faire valoir l'action hypothécaire contre Secundus.

Si le créancier pouvait agir directement contre Secundus, c'est lui seul qui profiterait de tout ce qui serait obtenu de Secundus.

(1) T. IV, 1re partie, numéro 313.

Agissant au contraire en vertu de l'art. 1166, le bénéfice obtenu de Secundus, doit être partagé entre lui et tous les créanciers de Primus.

Lorsque le créancier aurait le droit d'agir de son chef contre Secundus, il ne pourrait en être privé sans sa volonté. Tandis qu'en exerçant le droit de Primus, il peut en être privé par le fait de celui-ci, qui peut y renoncer, par suite d'arrangements faits sans fraude avec Secundus.

Il y a donc des différences capitales entre le cas où le créancier aurait conservé l'hypothèque par une réserve faite avec le consentement de Secundus, et le cas où il ne peut l'exercer que du chef de Primus. Ces différences essentielles font disparaître toute contradiction apparente entre l'art. 1280 et l'art. 1251-3° (1).

§ 4. — *Compensation.*

Lorsque l'un des débiteurs solidaires devient créancier du créancier commun, cette créance peut-elle être opposée en compensation?

La question ne présente pas de doute, si le créancier s'adresse au débiteur devenu son créancier, celui-ci peut lui opposer la compensation et tous les autres débiteurs seront libérés. Mais si le créancier s'adresse à un autre des débiteurs, celui-ci peut-il invoquer en compensation la créance de son co-débiteur? La réponse doit être affirmative, si le créancier

(1) Delvincourt, t. II, p. 173, note 7.

a déjà agi contre le débiteur devenu son créancier et ce dernier lui ayant opposé la compensation, le créancier se retourne contre un autre débiteur. En effet, une fois que la compensation a été opposée, la dette a été complètement éteinte et tous les débiteurs se trouvent libérés. Le créancier a obtenu une satisfaction, il a obtenu en paiement de sa créance la libération de la dette dont il était tenu, dès lors, de même que s'il avait reçu un paiement de l'un des débiteurs, il ne pourrait plus agir contre les autres, de même, si la compensation lui a été opposée, les autres co-débiteurs peuvent s'en prévaloir et repousser l'action du créancier.

Si au contraire le créancier s'adresse directement à un des débiteurs, autre que celui qui est devenu son créancier, la question de savoir, si ce débiteur peut invoquer en compensation la créance de son co-débiteur est résolue par l'art. 1274 : « Le débiteur solidaire ne peut pas opposer la compensation de ce que le créancier doit à son co-débiteur ». Cette disposition de la loi est contraire aux principes qu'elle a posés en matière de compensation. L'art. 1290 nous dit en effet : « La compensation s'opère de plein droit par la seule force de la loi, même à l'insu des débiteurs ». En suivant ce principe, il faudrait décider que dès l'instant où l'un des débiteurs solidaires devient créancier du créancier commun, la compensation ayant lieu par la force même de la loi, la dette est complètement éteinte, par conséquent la poursuite du créancier viendrait trop tard, chacun des débiteurs pourrait lui dire : vous avez déjà reçu une satisfaction, vous n'avez plus droit de nous poursuivre. Donc, d'après ce raisonnement, chaque débiteur devrait avoir droit d'invoquer en compensation la créance de son co-débiteur. Cependant la loi décide le contraire. Quelle en est la raison? Nous en avons déjà dit quelques mots, en parlant de la solidarité active. Chacun des débiteurs solidaires est obligé de payer la totalité de la dette, lorsque le créancier s'adresse à lui; sans doute, après avoir payé, il pourra recourir contre ses co-débiteurs, mais son recours peut devenir inefficace par suite de leur insolvabilité; chaque débiteur en faisant l'avance, court donc les risques de l'insolvabilité de ses co-débiteurs. C'est le créancier qui, par sa poursuite, détermine le débiteur qui doit courir ces risques, et si celui-ci pouvait opposer en compensation la créance de son co-débiteur, il rejeterait sur ce débiteur les risques de sa propre insolvabilité et celle de ses co-débiteurs, ce qui ne doit pas avoir lieu. De plus, le débiteur qui est devenu créancier « se verrait, contre son gré, et sans le fait du créancier, obligé d'accepter ses co-débiteurs pour débiteurs, jusqu'à concurrence de la part pour laquelle il aurait un recours à exercer contre chacun d'eux, et se trouverait ainsi dans la fâcheuse nécessité de poursuivre. Or, il ne doit pas dépendre de l'un des débiteurs de placer son co-débiteur dans une pareille situation ». Si l'art. 1294 permet à la caution d'opposer la compensation du chef du débiteur principal, c'est que ce dernier ne pouvant avoir aucun recours contre la caution, l'inconvénient ci-dessus signalé ne peut pas se présenter, donc, dans ce cas le législateur a pu laisser l'application générale de l'art. 1290 (1).

Du reste, nous verrons dans un instant, qu'il y a encore une autre raison, pour laquelle cette compensation n'a pas été admise.

Ainsi, il résulte de l'art. 1299, qu'un débiteur solidaire ne peut pas opposer en compensation la créance totale de son co-débiteur; mais le débiteur poursuivi ne peut-il pas opposer la compensation au moins jusqu'à concurrence de la part que doit supporter dans la dette son co-débiteur devenu créancier du créancier commun? L'art. 1294 lui refuse-t-il aussi ce droit?

Domat et Pothier résolvaient la question en faveur du débiteur poursuivi, mais leurs décisions n'étaient pas motivées par les mêmes raisons.

Voici d'abord ce que disait Domat : « Si un des débiteurs se trouvait de son chef créancier du créancier commun, ses co-obligés pourraient demander la compensation jusqu'à la concurrence de cette portion, et pour le surplus de ce qui serait dû par le créancier à ce co-obligé, ils ne pourraient en demander la compensation à moins qu'ils n'eussent d'ailleurs le droit de ce co-obligé, car il ne serait

(1) MM. Aubry et Rau sur *Zachariæ*, t. III, § 298, note 30. — *Cons.* Marcadé, sur l'art. 1294, n° 838.

pas juste de contraindre un des obligés à payer la portion de celui qui aurait à faire une compensation avec le créancier : puisque si cette compensation ne se faisait point, et que ce débiteur qui pourrait la faire de son chef, se trouvât insolvable, ceux qui auraient payé pour lui seraient sans ressources, pour avoir payé ce qu'il ne devait point, ou qu'il aurait pu justement compenser (1). »

On voit de ce passage que le raisonnement de Domat consistait à considérer chacun des débiteurs solidaires, comme payant la part de ses co-débiteurs. Donc, lorsque l'un d'eux est devenu créancier du créancier commun, sa part étant éteinte par la compensation, les autres co-débiteurs ne doivent pas être obligés de la payer au créancier, par conséquent ils doivent pouvoir invoquer la compensation jusqu'à concurrence de la part de ce débiteur. Pothier critique le raisonnement de Domat : « Cette raison, dit-il, n'est pas tout-à-fait concluante : car, lorsqu'un débiteur solidaire paie le total de la dette, ce n'est que vis-à-vis de ses co-débiteurs qu'il est censé payer pour eux les parts dont ils sont chacun tenus de la dette, les co-débiteurs solidaires n'étant entre eux tenus de la dette que pour leur part ; mais un débiteur solidaire étant vis-à-vis du créancier débiteur du total ; lorsqu'il paie le total, ce n'est point vis-à-vis du créancier qu'il paie les parts de ses co-débiteurs ; il paie ce qu'il doit lui-même

(1) Domat, *Lois civiles*, L. 3. t. III, § 1, art. 8.

et par conséquent il ne peut opposer en compensation que ce qui lui est dû à lui-même et non ce qui est dû à ses co-débiteurs (1). » Pothier cependant était de la même opinion que Domat, mais il la justifiait par un autre motif. C'est pour éviter un circuit d'actions, que cette décision devait être admise, car, disait-il, si par exemple, Primus était obligé de payer la totalité, sans pouvoir opposer la compensation du chef de Secundus, jusqu'à concurrence de ce que ce dernier devrait supporter dans la dette, Primus aurait pour cette part, recours contre Secundus et par conséquent il pourrait saisir, arrêter entre les mains du créancier, la somme que celui-ci doit à Secundus, en sorte, que jusqu'à concurrence de cette part, il lui ferait rendre immédiatement ce qu'il a obtenu.

Ce raisonnement de Pothier a été à son tour l'objet d'une critique. De ce que Primus, en payant la totalité au créancier, aurait recours contre Secundus, et par conséquent aurait le droit de faire une saisie-arrêt entre les mains du créancier jusqu'à concurrence du montant de ce recours, on ne doit pas conclure, qu'il puisse opposer en compensation la créance de Secundus, jusqu'à concurrence de ce que ce dernier doit supporter dans la dette. En effet, lorsque Primus paie intégralement la dette, il aura sans doute le recours contre Secundus ; mais si ce dernier est insolvable, son patrimoine sera divisé entre tous ses créanciers, et

(1) POTHIER, *Obligations*, n° 274.

Primus n'obtiendra peut-être qu'une portion de ce qui lui est dû. C'est le résultat qui précisément aurait lieu au cas de saisie-arrêt formée par Primus entre les mains du créancier. Si au contraire Primus, au lieu de faire une saisie-arrêt, avait le droit d'invoquer la compensation pour la part, pour laquelle il pourrait recourir contre Secundus, il serait complètement remboursé. — Il créerait ainsi à son profit un véritable privilége à l'encontre des autres créanciers de Secundus.

Donc, la saisie-arrêt que Primus aurait le droit de pratiquer entre les mains du créancier jusqu'à concurrence du montant de son recours contre Secundus, n'aurait pas les mêmes effets que la compensation qu'il pourrait opposer dans les mêmes limites. Dès lors, on ne peut pas conclure de la possibilité de faire la première à l'admission de la seconde (1).

Sous le Code, la question dont nous nous occupons est vivement controversée.

Les auteurs, qui soutiennent que le débiteur solidaire peut opposer la compensation du chef de son co-débiteur jusqu'à concurrence de sa part dans la dette, disent que s'il en était autrement, la compensation ne profiterait pas même au débiteur devenu créancier du créancier commun, puisque le débiteur poursuivi étant obligé de payer la totalité, aurait immédiatement le recours contre son co-débiteur. L'inconvénient qui aurait lieu, si le débiteur

(1) M. Demangeat, *des Oblig. solid.* p. 280, note.

solidaire pouvait opposer pour le tout la compensation du chef de son co-débiteur, ne se rencontre plus, lorsqu'il s'agit d'opposer la compensation jusqu'à concurrence de la part contributoire du débiteur devenu créancier, parce que cette compensation partielle ne soumet pas celui du chef duquel elle a été opposée à la nécessité d'un recours (1).

On invoque aussi cette considération, que la possibilité d'opposer la compensation partielle est très-utile en pratique, parce qu'elle évite un circuit d'actions (2). C'est l'argument de Pothier, mais nous avons vu qu'il peut être critiqué.

On ajoute encore, que chacun des débiteurs solidaires est considéré comme caution des autres pour la part qu'ils doivent supporter en définitive. La loi permet à la caution d'invoquer la compensation du chef du débiteur principal (art. 1294, 1er alinéa); donc, chacun des débiteurs solidaires doit pouvoir opposer la compensation pour la part contributoire de son co-débiteur, car pour cette part, il n'est qu'une simple caution (3).

Enfin on dit: le débiteur solidaire peut opposer la compensation jusqu'à concurrence de la part et portion du co-débiteur devenu créancier, car comme la compensation se fait de

(1) MM. AUBRY et RAU, sur *Zachariæ*, t. III, § 298, note 37.

(2) MARCADÉ, sur l'art. 1294, n° 3.

(3) RODIÈRE, *de la Solidarité* n° 81.

plein droit (art. 1290), cette portion de la dette se trouve éteinte de plein droit du moment où l'un des débiteurs solidaires est devenu créancier du créancier commun; cette portion éteinte ne peut donc pas être demandée une seconde fois (1).

Malgré l'autorité des noms attachés à cette opinion; nous croyons cependant, que c'est l'opinion contraire qui a été consacrée par le Code.

L'argument, qui consiste à dire qu'il n'y a pas d'inconvénient à ce que le débiteur solidaire puisse opposer la compensation partielle, car elle ne donne aucun recours au débiteur du chef duquel elle a été opposée, cet argument, disons-nous, est vrai, mais il n'est pas concluant, car, comme nous le verrons, il y avait encore un autre motif, qui a été donné au moment de la discussion de notre article, et par suite duquel la loi n'a pas permis à un des débiteurs solidaires d'opposer la compensation du chef de son co-débiteur.

Nous savons déjà, pourquoi on ne peut pas admettre l'argument de circuit d'actions.

Quant au troisième argument, on peut répondre que si chaque débiteur solidaire peut être considéré comme caution pour les parts contributoires de ses co-débiteurs, c'est seulement dans les rapports entre les débiteurs, mais non pas dans les rapports du créancier avec ces débiteurs, dès lors l'art. 1294-1er ali-

(1) Toullier, t. III, 2e partie, no 733.

nea : « La caution peut opposer la compensation de ce que le créancier doit au débiteur principal, » ne peut pas avoir d'application, lorsqu'il s'agit de débiteurs solidaires.

Enfin, fonder cette opinion sur ce que la compensation a lieu de plein droit, comme le fait Toullier, c'est résoudre la question par la question. Est-ce qu'on ne pourrait pas dire : la compensation a lieu de plein droit, donc chacun des débiteurs solidaires peut opposer pour le tout la compensation du chef de son co-débiteur, et relativement à la question s'il peut opposer pour le tout, la réponse négative n'est pas douteuse, elle se trouve en toutes lettres écrites dans la loi. Donc, puisque la loi s'écarte ici du principe posé en matière de compensation, on ne peut pas dire qu'elle l'a maintenu, lorsqu'il s'agit d'une compensation partielle, car ceci n'est nullement énoncé, au contraire l'art. 1294 est bien général.

Quant à notre opinion, nous la fondons sur les travaux préparatoires du Code. En effet, le troisième alinea de l'art. 1294 y fut ajouté sur les observations suivantes, présentées par le tribunat : « Si l'on pouvait opposer la compensation de ce qui serait dû à un autre qu'à soi-même, quoique cet autre fût un co-débiteur solidaire, ce serait donner lieu à des difficultés sans nombre ; ce tiers se trouverait engagé malgré lui dans des procès désagréables ; il faudrait examiner, contradictoirement avec lui, si la dette existe, jusqu'à quel point elle existe, si elle est susceptible de compensation, etc., etc.

Il est naturel que la compensation n'ait lieu entre deux personnes que pour ce qu'elles se doivent directement l'une à l'autre. Tels sont les motifs de l'addition proposée. » Or, n'est-il pas évident, que ces raisons se rencontrent, lorsqu'il s'agit d'opposer une compensation partielle, aussi bien, que lorsqu'il s'agit de l'opposer pour le tout.

Mais voilà ce qui est plus concluant et qui ne devrait laisser aucun doute sur les dispositions de l'art. 1294-3°, c'est le passage suivant du discours du tribun Mouricault au Corps législatif : « Il n'y a, disait-il, que les exceptions personnelles à chacun ou à quelques-uns des autres co-débiteurs que le co-débiteur solidaire ne puisse opposer. Il en faut conclure qu'il ne peut opposer la compensation des créances qui lui sont étrangères. Domat cependant embrasse et défend l'opinion contraire ; mais Pothier, tout en l'adoptant, observe et prouve que les motifs n'en sont pas concluants. *C'est donc avec raison que le projet a rejeté cette opinion* (1). » Ainsi, on voit bien, que l'opinion de Domat et de Pothier a été rejetée et c'est cette opinion précisément qui permettait à l'un des débiteurs solidaires d'opposer la compensation pour partie du chef de son co-débiteur.

Il résulte donc de ce que nous venons de dire, qu'un débiteur solidaire ne peut pas op-

(1) Locré, t. XII. p. 560.

poser la compensation même jusqu'à concurrence de la part contributoire du co-débiteur devenu créancier du créancier commun (1).

Tout en admettant qu'un débiteur solidaire ne peut pas opposer la compensation de ce que le créancier commun doit à son co-débiteur jusqu'à concurrence de la part contributoire de ce dernier, nous croyons au contraire, que lorsqu'il s'agit d'une caution solidaire, elle aura toujours le droit d'opposer la compensation du chef du débiteur principal. Il nous semble, que la caution solidaire doit être régie par la règle posée dans le premier alinea de l'art. 1294, qui permet à la caution d'opposer la compensation de ce que le créancier doit au débiteur principal et non par la règle dictée pour les débiteurs solidaires. En effet, la compensation de plein droit, c'est la règle. La loi a apporté une exception à cette règle, mais comme toute exception, celle-ci doit être appliquée au cas expressément prévu par la loi ; or, la loi s'écarte de la règle, lorsqu'il s'agit des débiteurs elle n'a rien dit des cautions solidaires, donc elles sont régies par la règle, c'est-à-dire par la compensation de plein droit. S'il en est ainsi, il est clair, que la caution solidaire pourra opposer la compensation du chef du débiteur principal, car dès l'instant que ce dernier a acquis une créance contre son créancier, sa dette a été éteinte, et comme l'accessoire

(1) MM. Vazeille, Duranton, Duvergier sur *Toullier*, t. IV, 1re partie, p. 285, note A.

ne peut pas exister sans le principal, cette compensation a entraîné la libération de la caution.

Voyons les objections qui sont faites à cette théorie.

D'abord, dit-on, lorsqu'une personne s'oblige en qualité de caution solidaire, elle conserve sans doute sa qualité de caution, mais c'est seulement par rapport à son co-obligé, quant au créancier, elle est considérée comme un véritable débiteur solidaire et on invoque à l'appui l'art. 1216, qui déclare que « si la dette solidaire ne concerne que l'un des co-obligés solidaires, celui-ci est tenu de toute la dette vis-à-vis des co-débiteurs, qui ne seront considérés par rapport à lui que comme ses cautions. » (1).

Cette objection n'est pas exacte. Sans doute, lorsqu'une personne s'est obligée en qualité de débiteur solidaire, et elle n'a profité aucunement de l'obligation, la loi dit qu'elle est considérée, mais seulement dans ses rapports avec ses co-obligés, comme caution. Si au contraire une personne s'est obligée comme caution solidaire, elle doit conserver ce caractère tant dans ses rapports avec ses co-obligés que dans ses rapports avec le créancier. Mettre une caution solidaire sur la même ligne qu'un débiteur solidaire, c'est, ce nous semble, aller trop loin. Le cautionnement est un engagement accessoire et il conserve ce caractère, quelles que soient les modalités ou les clauses

(1) Marcadé, sur l'art. 1204, n° iv.

plus ou moins rigoureuses, sous lesquelles il a été contracté. Précisément ce caractère accessoire ne permet pas d'assimiler à tous les points de vue une caution solidaire à un débiteur solidaire, il y a des différences importantes entre ces deux situations. Ainsi, la caution solidaire ne peut pas s'engager sous des modalités plus onéreuses que le débiteur principal. Au contraire, chacun des débiteurs solidaires peut s'obliger d'une manière plus rigoureuse que son co-débiteur. L'art. 2037, nous le verrons, ne peut pas être invoqué par un débiteur solidaire, tandis que la caution solidaire peut s'en prévaloir à l'encontre du créancier : la dette solidaire est présumée être contractée dans l'intérêt commun, de sorte que le débiteur solidaire qui a payé, ne peut recourir contre ses co-débiteurs que pour la part virile de chacun, et s'il veut exercer son recours pour plus, c'est à lui à prouver, que d'après les relations d'intérêt existant entre ses co-débiteurs et lui, la charge de la dette doit se répartir inégalement, ou bien qu'elle doit être supportée pour le tout par un de ses co-débiteurs. Au contraire, lorsqu'une caution solidaire accède à une obligation principale, la dette est présumée être contractée uniquement dans l'intérêt du débiteur principal, et si elle paie, elle aura le recours pour le tout contre ce débiteur, à moins que ce dernier ne prouve que la présomption de la loi n'est pas conforme à la vérité.

On voit donc, qu'il y a des différences importantes entre l'engagement d'une caution solidaire et celui d'un débiteur solidaire, soit qu'on les envisage dans leurs rapports avec le créancier, soit dans leurs rapports avec leurs co-obligés.

Si donc, le cautionnement malgré la modalité qui le rend plus onéreux, conserve néanmoins son caractère d'engagement accessoire; s'il y a des différences importantes entre la situation d'un débiteur solidaire et d'une caution solidaire, on ne peut pas appliquer à cette dernière la règle que la loi a posée pour le premier, et par conséquent, on doit laisser la caution solidaire sous l'empire de cette règle générale indiquée par l'art. 2036: « La caution peut opposer au créancier toutes les exceptions qui appartiennent au débiteur principal et qui sont inhérentes à la dette ».

On nous oppose encore l'art. 2021, duquel il résulte, que lorsque la caution s'est obligée solidairement avec le débiteur « l'effet de son engagement se règle par les principes qui ont été établis pour les dettes solidaires ». C'est donc, dit-on, la règle que la loi a posée pour les débiteurs solidaires, qu'on doit appliquer à la caution solidaire, relativement à la compensation (1).

Cet argument, tiré de l'art. 2021, ne peut se soutenir qu'autant qu'on isole la phrase de laquelle il est tiré des autres dispositions de cet

(1) Marcadé, *loco, cita.*

article, et il suffit de le lire dans son ensemble, pour se convaincre qu'il n'a pas le sens qu'on veut lui donner. La loi n'a pas en effet posé une règle générale dans le but d'assimiler la caution solidaire au débiteur solidaire, elle parlait du bénéfice de discussion et voulant établir une exception au principe que les cautions peuvent invoquer ce bénéfice, elle a dit qu'à cet égard, les effets du cautionnement solidaire sont réglés par les principes posés pour les dettes solidaires, c'est-à-dire, que de même qu'un débiteur solidaire, une caution solidaire ne peut pas invoquer le bénéfice de discussion.

L'art. 2021 n'est donc pas contraire à notre doctrine, il doit être entendu *secundum subjectam materiam* (1).

§ 5. — *Confusion.*

Quand l'un des débiteurs solidaires devient l'héritier du créancier, ou bien celui-ci devient l'héritier de l'un des débiteurs solidaires, il s'opère une confusion, qui a pour effet d'éteindre l'obligation solidaire jusqu'à concurrence de la part du débiteur qui a succédé, ou à qui le créancier a succédé. C'est ce que nous dit l'art. 1209 : « Lorsque l'un des débiteurs devient l'héritier unique du créancier, ou lorsque le créancier devient l'unique héritier de

(1) En ce sens MM. Aubry et Rau, t. III, § 423, note 7. — Duvergier sur *Toullier*, t. IV, n° 370, note 1. — Demandat, *oblig. solid.* p. 335 note.

l'un des débiteurs, la confusion n'éteint la créance solidaire que pour la part et portion du débiteur ou du créancier. »

La rédaction de cet article peut être critiquée à plusieurs points de vue. D'abord, il ne prévoit que l'hypothèse d'un débiteur ou d'un créancier devenant l'héritier unique l'un de l'autre ; or, il est évident, que les mêmes principes doivent être appliqués lorsqu'ils se succèdent seulement pour partie. La confusion n'a pas lieu, comme semble le dire l'article, seulement dans le cas où l'un des débiteurs solidaires succède au créancier ou réciproquement elle a toujours lieu comme l'énonce l'art. 1300 : « Lorsque les qualités de créancier et de débiteur se réunissent dans la même personne, » et peu importe la cause de cette réunion de qualités de créancier et de débiteur sur la même tête. Enfin l'art. 1209 nous dit, que la confusion « n'éteint la créance solidaire que pour la part et portion du débiteur ou du créancier. » Il est clair, que ce dernier mot est inutile, car, puisqu'il s'agit d'une obligation dans laquelle figurent plusieurs débiteurs et un seul créancier, comment peut-on parler de la part du créancier.

Du reste, la rédaction de l'art. 1301-3°, qui reproduit la même disposition, n'est pas non plus irréprochable : « La confusion, dit-il, qui s'opère dans la personne du créancier, ne profite à ses co-débiteurs solidaires que pour la portion dont il était débiteur. » Il eût fallu dire, comme le remarque M. Bugnet (1) : « La confusion qui s'opère dans la personne du créancier, ne profite aux autres débiteurs solidaires que pour la portion dont le créancier est tenu comme représentant l'un des co-débiteurs.

Revenons à la disposition de l'art. 1209. Lorsque l'un des débiteurs solidaires succède au créancier ou réciproquement, la confusion s'opère jusqu'à concurrence de la part dont était tenu le débiteur qui a succédé, ou à qui le créancier a succédé; par conséquent, le créancier ne pourra agir contre les autres débiteurs qu'en déduisant cette part. La raison est facile à donner. Si le créancier avait le droit d'agir pour le tout contre les autres débiteurs solidaires, celui qui serait forcé de payer, aurait immédiatement recours contre lui pour la portion de la dette qu'il doit supporter, il est plus logique qu'il la déduise.

Nous avons déjà vu, que la confusion est moins un mode d'extinction d'obligations, que l'impossibilité matérielle de l'exécuter, car lorsqu'une personne devient à la fois créancière et débitrice, il est évident, que ne pouvant se devoir à elle-même, l'exécution de l'obligation devient impossible. Comme dans le cas où l'un des débiteurs solidaires succède au créancier ou réciproquement, cette impossibilité matérielle d'exécuter l'obligation ne se rencontre que pour une part seulement, il en

(1) Note sur le nº 615 de Pothier.

résulte, que la dette solidaire subsiste à l'égard des autres débiteurs, seulement elle est diminuée de la part que devait supporter celui d'entre eux, vis-à-vis duquel la dette se trouve éteinte par la confusion. Chacun des autres débiteurs solidaires peut donc être poursuivi pour tout ce qui reste dû, déduction de la part éteinte par la confusion. Prenons une hypothèse. Primus, Secundus et Tertius sont débiteurs solidaires d'une somme de 9000 fr. Primus meurt, laissant pour héritier le créancier commun Quartus, ce dernier ne peut agir contre les autres débiteurs survivants, qu'en déduisant la part dont Primus son auteur était tenu, c'est-à-dire 3000 fr; mais pour les 6000 fr. restants, il peut s'adresser soit à Secundus, soit à Tertius.

L'art. 1209 ne prévoit que l'hypothèse où le créancier est devenu l'héritier unique de l'un des débiteurs solidaires, ou bien l'un d'eux est devenu l'héritier unique du créancier.

Il nous faut maintenant examiner le cas, dans lequel le créancier ou l'un des débiteurs solidaires succède seulement pour partie, étant appelé à la succession en concours avec d'autres héritiers.

Supposons d'abord que c'est le créancier qui a succédé pour partie à l'un des débiteurs solidaires. Ainsi, Primus, Secundus et Tertius sont débiteurs solidaires pour 9000 fr. Le créancier Quartus succède à Primus avec deux autres héritiers, Paul et Jacques. Quelle est la part qu'il pourra demander tant aux débiteurs solidaires survivants, qu'à ses co-héritiers ?

Il peut d'abord demander à Secundus ou à Tertius 8,000 fr. En effet, si Quartus était l'héritier unique de Primus, il devrait déduire la part, pour laquelle le débiteur obligé de payer aurait le droit de recourir contre lui ; cette part (en supposant que les débiteurs aient un intérêt égal dans la dette), dans l'espèce serait de 3,000 fr.; il pourrait donc agir contre chacun des débiteurs survivants pour 6,000 fr.; mais comme dans notre hypothèse le créancier n'est pas l'héritier unique, car il y a deux autres co-héritiers, il ne supportera que 1/3 dans la part de la dette de Primus, et les débiteurs solidaires survivants ne pourraient recourir contre lui que pour 1,000 fr. (1/3 de la part que devrait supporter Primus). Donc, le créancier sera obligé de déduire ces 1,000 fr. des 9,000 fr., et il pourra poursuivre Secundus ou Tertius pour les 8,000 fr. restants. Supposons-nous, que c'est Secundus qui paie ces 8,000 fr., il aura le recours contre Tertius pour 3,000 fr. et contre les deux co-héritiers de Quartus, pour 1,000 fr. contre chacun. De sorte, qu'après ces recours, Secundus supporte 3,000 fr., Tertius 3,000 fr., et chacun des trois héritiers de Primus 1,000 fr., ce qui fait la part de Primus, 3,000 fr.

Maintenant, si Quartus veut s'adresser à un de ses co-héritiers, pour combien peut-il former sa demande ?

Nous savons, que la solidarité n'empêche

pas la division de la dette entre les héritiers de l'un des débiteurs, donc, puisque dans notre espèce il y a trois héritiers et une dette de 9,000 fr., chacun d'eux ne sera tenu que pour 3,000 fr. Par conséquent, Quartus peut demander à Paul ou à Jacques, à chacun d'eux 3,000 fr., ce qui fait 6,000 fr. Mais nous avons vu qu'il a droit à 8,000 fr.; il pourra donc agir pour les 2,000 fr. restants contre Secundus ou Tertius, et celui qui sera obligé de payer, aura contre son co-débiteur le recours pour 1,000 fr. La part que Primus devait supporter définitivement dans la dette, est de 3,000 fr.; puisqu'il a laissé trois héritiers, la part définitive de chacun d'eux n'est que de 1,000 fr. et comme chacun de ces héritiers pouvait être poursuivi par Quartus pour 3,000 fr., chacun d'eux, aura le recours pour 2,000 fr. contre Secundus ou Tertius. En somme, après tous ces recours multipliés, Secundus supporte 3,000 fr., Tertius 3,000 fr. et chacun des trois héritiers de Primus 1,000 fr., ce qui fait 3,000 fr., la part de Primus.

Supposons maintenant que c'est l'un des débiteurs solidaires qui succède pour partie au créancier commun. Ainsi, trois débiteurs, Primus, Secundus et Tertius, d'une dette solidaire de 6,000 fr. Le débiteur Primus succède pour moitié au créancier Quartus. Primus pourra agir contre Secundus ou Tertius pour moitié, moins sa part contributoire dans cette moitié, c'est-à-dire, qu'il pourra agir contre Secundus ou Tertius pour 2,000 fr., sauf à celui qui a payé le recours contre son co-débiteur. Le cohéritier de Primus pourra demander les 3,000 fr. qui lui reviennent, soit à Primus, soit à Secundus ou Tertius. Si c'est Tertius qui paye, il aura le recours contre Primus et Secundus pour 1,000 fr. contre chacun. Primus en définitive ne supporte que 1,000 fr., au lieu de 2,000 fr. qu'il devrait supporter dans la dette, en sorte qu'il retire un bénéfice de 1,000 fr.

Si parmi les débiteurs solidaires, il se trouve un insolvable, la part contributoire, pour laquelle le débiteur qui a succédé au créancier, ou le créancier qui a succédé au débiteur, est soumis au recours des autres débiteurs solidaires, s'augmente, car il doit supporter sa portion de la part de l'insolvable (1).

Lorsque l'un des débiteurs solidaires a succédé à son co-débiteur, il n'y aurait pas de confusion, mais l'adjonction de deux obligations, qui existeraient concurremment. Le débiteur, qui a succédé, devrait payer outre sa part dans la dette, la part de son co-débiteur, dont il est le représentant juridique.

Nous devons observer en terminant, que pour qu'il y ait confusion, quand l'un des débiteurs solidaires succède au créancier ou réciproquement, il faut supposer, que la succession a été acceptée purement et simplement. Si elle a été acceptée sous bénéfice d'inventaire, les effets dont nous avons parlé ne pourraient pas se produire, car ce bénéfice empêche pré-

(1) POTHIER, *Obligations*, n° 276.

cisément la confusion des patrimoines et des personnalités juridiques du défunt avec celle de l'héritier.

§ 6. — *Serment.*

Le serment prêté par l'un des débiteurs solidaires, profite-t-il aux autres débiteurs? La réponse affirmative se trouve dans l'art. 1365, ainsi conçu : « Le serment déféré à l'un des débiteurs solidaires profite aux co-débiteurs. » Cette décision est la conséquence de ce que les débiteurs solidaires sont mandataires réciproques à l'effet d'améliorer leur position commune.

La disposition de l'art. 1365 doit aussi s'appliquer au cas, où c'est l'un des débiteurs solidaires qui a déféré le serment et le créancier a refusé de le prêter, car d'après l'art. 1361 le refus d'un serment par l'une des parties, produit le même effet que la prestation de ce serment par son adversaire.

Que décider si le serment a été déféré par l'un des débiteurs solidaires et que le créancier l'ait prêté, ce serment est-il opposable aux autres débiteurs? Nous ne le croyons pas, car les débiteurs solidaires sont bien mandataires les uns des autres, mais c'est seulement pour améliorer leur position et non pour l'empirer. La prestation du serment est un acte dangereux, qui peut compromettre gravement les droits des débiteurs solidaires, il est donc difficile d'admettre que ceux-ci se soient donné mandat à l'effet de faire un tel acte. D'ailleurs, le serment décisoire renferme une transaction et nous verrons que la transaction faite par l'un des débiteurs solidaires ne peut pas être opposée à ses co-débiteurs.

Du reste, pour que le serment prêté par l'un des débiteurs solidaires profite aux autres, il faut, comme le dit la fin de l'art. 1365, que ce serment porte sur l'existence de la dette, car s'il portait uniquement sur la question de savoir si un tel est débiteur solidaire, le serment ne profiterait qu'à celui qui l'a prêté.

§ 7. — *Chose jugée.*

Le jugement intervenu entre le créancier et l'un des débiteurs solidaires, a-t-il la force de chose jugée à l'égard des autres ?

Pour répondre à cette question, il faut d'abord distinguer si le jugement intervenu a été rendu sur les moyens de défense personnels à chacun des débiteurs, ou bien sur les moyens communs.

Le jugement a-t-il été rendu en faveur de l'un des débiteurs solidaires, sur les moyens de défense propres à ce débiteur, ce jugement ne peut pas profiter aux autres débiteurs, sinon jusqu'à concurrence de la part du débiteur qui a obtenu le jugement, en raison du recours qu'aurait pu exercer contre lui le co-débiteur, qui serait obligé de payer la totalité. Les autres co-débiteurs solidaires pourraient même être poursuivis pour le tout, si au moment où le contrat a été fait, ils avaient connu ou dû connaître les faits sur lesquels était fondée l'exception, qui a permis à leur co-débiteur de repousser la demande du créancier, — si, par exemple, ce co-débiteur était mineur, ou bien, si son consentement a été entaché d'un vice qui a été, lors du contrat, connu par les autres débiteurs solidaires.

Si c'est contre le débiteur solidaire que le jugement a été rendu, alors que ce débiteur avait invoqué une exception à lui personnelle, il est évident que ce jugement ne peut pas être opposé aux autres débiteurs, car chacun d'eux peut faire valoir les moyens de défense qui lui sont propres.

Mais que faut-il dire, si le jugement rendu au profit ou contre l'un des débiteurs solidaires a été basé sur un moyen de défense commun à tous les débiteurs? Ce jugement profite-t-il, est-il opposable aux autres débiteurs?

La question est vivement controversée. Trois opinions différentes sont en présence.

L'une, qui décide, que le jugement rendu, soit au profit, soit contre l'un des débiteurs solidaires, ne peut avoir aucun effet à l'égard des autres débiteurs.

L'autre, qui distingue : le jugement rendu en faveur de l'un des débiteurs solidaires, peut être invoqué par les autres, mais le jugement rendu contre ce débiteur, ne peut pas être opposé à ses co-débiteurs.

Enfin une troisième opinion, qui est aussi absolue que la première, mais en sens inverse.

Tout jugement rendu en faveur ou contre l'un des débiteurs solidaires, produit ses effets à l'encontre des autres.

Reprenons chacun de ces trois systèmes.

Le premier système, dans lequel on décide que le jugement intervenu entre le créancier et l'un des débiteurs solidaires est *res inter alios acta* quant aux autres débiteurs, se fonde sur les idées romaines. Là il fallait distinguer entre les *correi promittendi* et les débiteurs simplement solidaires. Quant aux premiers, le jugement rendu au profit de l'un d'eux, pouvait être invoqué par les autres (1). Tandis que s'il s'agissait de débiteurs simplement solidaires, le jugement rendu au profit de l'un d'eux, n'enlevait pas au créancier le droit d'agir contre les autres (2). Il faut, dit-on, appliquer en droit français, ce que les romains décidaient pour les débiteurs tenus *in solidum*, car l'idée d'obligation, idée qui était la cause des effets du jugement en matière de corréalité, ne se rencontre pas en droit français. Toutefois, ce jugement rendu en faveur de l'un des débiteurs solidaires, doit profiter aux autres jusqu'à concurrence de la part, que le débiteur déchargé par le jugement devait supporter dans la dette, car, si le créancier pouvait agir contre les autres débiteurs pour la totalité de la dette, le recours qu'aurait droit d'exercer le débiteur qui aurait payé contre

(1) L. 42. § 3. *D. de jurejur.* 12-2.
(2) L. 52. § 3, *D. de fidejus.*. 48-1.

le débiteur libéré, enlèverait à celui-ci le bénéfice du jugement (1).

Nous ne pouvons pas accepter ce système. Il est certain en effet, que le législateur français admet l'idée de mandat réciproque entre les débiteurs solidaires à l'effet de faire tous les actes qui peuvent améliorer leur position commune, le jugement rendu en faveur de l'un des débiteurs solidaires devait donc profiter aux autres, puisque ce débiteur a été mandataire de ses co-débiteurs. Ce système d'ailleurs, serait difficilement conciliable avec l'art 1365 du C. civ. qui déclare, que le serment prêté par l'un des débiteurs solidaires profite à ses co-débiteurs, or, précisément, c'est souvent la prestation du serment par l'un des débiteurs solidaires, qui déterminera le jugement en sa faveur.

Le second système fait une distinction : le jugement rendu en faveur de l'un des débiteurs solidaires, profite aux autres, mais le jugement rendu contre lui, ne peut pas leur être opposé. En effet, dit-on, une obligation solidaire peut être envisagée à deux points de vue relativement à son objet et quant à ses sujets passifs. Quant à son objet, l'obligation solidaire est une, mais elle est au contraire multiple, quant au lien juridique en vertu duquel les débiteurs sont obligés. Si donc, l'obligation de chacun des débiteurs est distincte de celle des autres, chacun d'eux, en invoquant les moyens

(1) M. Demangeat, *des Oblig. solid.*, p. 99, note.

de défense commune, ne s'en sert, que pour dégager son obligation personnelle, d'où il faut conclure, que s'il succombe, les autres débiteurs n'en doivent pas souffrir. Si on objecte, que l'existence du mandat réciproque entre les débiteurs solidaires, s'oppose à la distinction de ce système, on fait, dit-on, pétition de principe, car il s'agit précisément de savoir quelle est l'étendue de ce mandat. Il est vrai, qu'il résulte de différents articles, comme 1285, 1365, que les co-débiteurs solidaires sont mandataires les uns des autres, mais il en résulte aussi, que c'est seulement pour améliorer leur condition commune et il n'y a au contraire aucun texte, d'où l'on pourrait conclure, que les débiteurs solidaires sont mandataires réciproques avec le pouvoir pour chacun de compromettre, soit par des actes extra-judiciaires, soit en procédant en justice, les droits de ses co-débiteurs. Les articles 1206, 2249, 1207, ne peuvent être invoqués comme preuve de ce mandat. Si d'après les deux premiers articles la prescription est interrompue contre tous les débiteurs par les poursuites du créancier contre l'un d'eux, ou par la reconnaissance de la dette de l'un d'eux, c'est que l'obligation solidaire étant unique quant à son objet, et que chacun des débiteurs pouvant être poursuivi pour le tout, le créancier en s'adressant à l'un des débiteurs a agi nécessairement pour le tout.

D'ailleurs, il s'agit là des actes conservatoires du droit du créancier et on ne peut pas en tirer la conséquence, que le même effet devrait être attaché aux actes, par lesquels le créancier améliore ou consolide son droit, ce qui cependant aurait lieu, si le jugement rendu contre l'un des débiteurs solidaires, pouvait être opposé aux autres co-débiteurs. Un tel jugement ne doit pas lier les débiteurs qui n'y ont pas figuré, comme la renonciation par l'un des codébiteurs solidaires à une exception commune, par exemple à la prescription, ne peut pas enlever aux autres le droit de se prévaloir de cette exception. Quant à l'art. 1207, on ne peut en tirer aucune conclusion, car il contient une disposition exceptionnelle (1).

Voilà enfin le troisième système, que nous adoptons. Tout jugement, quel qu'il soit, favorable ou défavorable au débiteur solidaire avec lequel il est intervenu, doit avoir la force de chose jugée à l'égard des autres débiteurs.

Il est évident, que c'est avant l'issue du procès, qu'on doit pouvoir dire, qu'une telle personne est ou non représentée dans ce procès. La question est donc de savoir, si les débiteurs solidaires sont ou non représentés par celui d'entre eux qui figure au procès ? L'affirmative doit être admise, car autrement, sur quoi s'appuierait-on pour étendre à tous les débiteurs solidaires le bénéfice du jugement rendu en faveur de l'un d'eux, et nier ce dernier effet, c'est se mettre en opposition avec l'art. 1365.

(1) MM. Aubry et Rau, t. VI, § 769, note 41. — Marcadé, sur l'art. 1351, n° 13.

Si donc, celui qui figure au procès représente les autres débiteurs, il doit les représenter absolument. Comment en effet pourrait-on comprendre, qu'un mandataire dans un procès, puisse n'avoir cette qualité que s'il obtient gain de cause, tandis que s'il succombe, il n'aura point été mandataire de celui qu'il aurait représenté s'il avait triomphé. La qualité de mandataire doit être connue *à priori*, quel que soit le résultat ultérieur du procès. De deux choses l'une : ou bien il faut admettre, que le débiteur solidaire qui figure au procès est mandataire de ses co-débiteurs, et alors, tout jugement, quel qu'il soit, en faveur ou contre ce débiteur doit produire effet à l'encontre des autres débiteurs, qui sont ses mandants, ou bien, que ce débiteur n'est pas mandataire de ses co-obligés, et alors, ne les ayant pas représentés au procès, le jugement qui est obtenu contre lui ne peut pas leur être opposé, mais de même le jugement, qui lui est favorable ne pourra pas être invoqué par ses co-débiteurs. Il n'y a pas de milieu ; par conséquent la distinction du second système est inadmissible.

Objecte-t-on à notre système, que l'un des débiteurs solidaires n'a pas le pouvoir de compromettre par ses actes les droits des autres débiteurs, on peut répondre, que cette règle s'applique seulement aux actes volontaires de l'un des co-débiteurs solidaires, tels par exemple, que la délation du serment ou bien la renonciation à la prescription acquise. Mais il est clair, que le jugement défavorable, qui aggraverait la position commune, ne peut pas être considéré comme un acte émanant de la volonté du débiteur qui a figuré au procès. L'acte qui émane de la volonté directe de ce débiteur, c'est la défense qu'il a opposée à la demande du créancier, et cette défense par elle-même, n'aggrave en rien la condition des autres co-débiteurs. Au contraire, chaque débiteur doit avoir le droit de défendre à l'action du créancier, car en le faisant, il agit non-seulement dans son propre intérêt, mais aussi dans l'intérêt de ses co-débiteurs; la défense à l'action du créancier entre donc dans la catégorie des actes, pour lesquels les débiteurs sont censés s'être donné mandat réciproque. Par conséquent, si ce débiteur, au commencement du procès, était mandataire de ses co-débiteurs, il doit conserver ce pouvoir sans examiner le résultat du procès (1).

Du reste, le jugement obtenu contre l'un des débiteurs solidaires, ne peut être opposé aux autres, que si le débiteur qui a figuré au procès, a loyalement accompli le mandat à lui tacitement confié par ses co-débiteurs, car si c'est par suite d'une collusion avec le créancier qu'il s'est laissé condamner, les autres co-débiteurs pourraient attaquer ce jugement par la voie de tierce-opposition.

Nous devons observer, que lorsqu'on dit,

(1) Toullier, t. V, 2e partie, n° 202. — Proudhon, de l'usufruit, t. III, n° 1321. — Merlin, quest. : chose jugée, § 18.

que le jugement rendu contre l'un des débiteurs solidaires peut être opposé à ses co-débiteurs, on suppose, que leur qualité de débiteurs solidaires n'est pas contestée, car si l'un d'eux nie cette qualité de débiteur solidaire, ce serait tomber dans un cercle vicieux, que de lui opposer le jugement rendu contre son prétendu co-débiteur (1).

§ 8. — *Transaction. — Compromis*

Quel est l'effet d'une transaction ou d'un compromis émanant de la part de l'un des débiteurs solidaires ?

Si la transaction est profitable aux co-débiteurs solidaires, ils peuvent s'en prévaloir à l'encontre du créancier, car dans ce cas, le débiteur qui a transigé, l'a fait tant en son nom qu'au nom de ses co-débiteurs, par suite du mandat réciproque, qui existe entre les débiteurs solidaires à l'effet de faire tous les actes qui peuvent améliorer leur position commune. Mais la transaction, faite par l'un des débiteurs solidaires, peut-elle être opposée aux autres ? La négative n'est pas douteuse. En effet, l'art. 2045 nous dit que « pour transiger il faut avoir la capacité de disposer des objets compris dans la transaction. » Or, il est certain, que les co-débiteurs solidaires ne peuvent pas disposer des droits des uns des autres (article 1198-2°), donc, aucun d'eux ne peut pas faire

(1) M. Bonnier, *Traité des preuves*, t. II, n° 887.

une transaction, qui serait opposable aux autres. D'ailleurs, il est clair, qu'un débiteur solidaire ne pourrait pas enlever par une transaction, les exceptions que les autres débiteurs pourraient opposer au créancier. De plus, il résulte des art. 1988 et 1989, qu'un mandataire ne peut pas transiger sans un mandat exprès, par conséquent le mandat tacite qui existe entre les co-débiteurs solidaires, ne donne à aucun d'eux le droit de faire une transaction opposable aux autres. Bien entendu, cette transaction pourrait être opposée aux autres co-débiteurs solidaires, pour la part du débiteur qui a transigé.

Les mêmes décisions doivent s'appliquer aussi à un compromis, fait par l'un des débiteurs solidaires. (Art. 1003, C. de procéd. — Art. 1988-1989, C. civ.).

§ 9. — *Remise de la solidarité.*

Il s'agit ici non pas de l'abandon de la créance elle-même que ferait le créancier, mais de la remise de la modalité qui pesait sur les débiteurs.

La remise de la solidarité peut être absolue ou seulement relative.

Dans le premier cas, c'est-à-dire lorsque le créancier a fait la remise de la solidarité à tous les débiteurs, l'obligation solidaire se transforme en une obligation simplement conjointe ; il y aura alors autant d'obligations distinctes qu'il y a de débiteurs. Le mandat réciproque, qui existait entre les débiteurs solidaires s'évanouit; par conséquent, les effets de ce mandat ne peuvent plus se produire. Ainsi, l'interruption de la prescription à l'égard de l'un des débiteurs, n'aura aucun effet à l'égard de ses co-débiteurs; la demande d'intérêts formée contre l'un d'eux, ne fera pas courir les intérêts contre les autres; la perte de la chose due, par la faute ou pendant la demeure de l'un d'eux, aura pour conséquence la libération des autres débiteurs.

Dans le second cas, c'est-à-dire, lorsque le créancier a fait la remise seulement à l'un des débiteurs solidaires, le lien de la solidarité continue à exister entre les autres débiteurs, mais il est rompu entre le débiteur à qui la remise a été faite et ses co-débiteurs. Ainsi, par exemple, l'interruption de la prescription à l'égard de ces derniers, ne produirait aucun effet à l'égard du débiteur déchargé de la solidarité, et réciproquement, les poursuites du créancier, dirigées contre lui, n'interromperaient pas la prescription contre ses co-débiteurs. En un mot, le débiteur auquel la remise de la solidarité a été faite, est considéré par rapport à ses autres co-débiteurs, comme un débiteur simplement conjoint; il n'est plus tenu envers le créancier que pour sa part.

Nous avons vu, que la remise de la dette elle-même faite à l'un des débiteurs solidaires, à moins d'une réserve expresse de la part du créancier, est absolue et procure la libération aux autres co-débiteurs; tandis que la remise de la solidarité faite à l'un des débiteurs, ne profite qu'à lui, ses co-débiteurs restent tenus solidairement (art. 1210). La disposition de la loi, quant à la remise de la solidarité, est plus conforme au principe que les libéralités doivent êtres interprétées restrictement. Nous savons, sous l'influence de quelles idées l'art. 1285 a été rédigé.

Lorsque le créancier fait une remise de la solidarité à l'un des débiteurs solidaires, la solidarité, comme nous venons de le dire, continue à exister entre les autres débiteurs, cependant ceux-ci en profitent jusqu'à concurrence de la part de leur co-débiteur. C'est ce qui résulte de l'art. 1210 : « Le créancier qui consent à la division de la dette à l'égard de l'un des co-débiteurs, conserve son action solidaire contre les autres, mais sous la déduction de la part du débiteur qu'il a déchargé de la solidarité. » Prenons quatre débiteurs solidaires d'une somme de 40,000 fr.: le créancier fait-il la remise de la solidarité à l'un d'eux, il ne pourra plus agir contre chacun des autres débiteurs, qu'en déduisant la part du co-débiteur déchargé, c'est-à-dire, 10,000fr.

Pothier était d'une opinion différente. « Le créancier, dit-il, peut renoncer à la solidarité, soit en faveur de tous les débiteurs, en consentant que la dette soit divisée entre eux; soit en faveur de l'un des débiteurs qu'il déchargera de la solidarité, en conservant son droit de la solidarité contre les autres, de manière néanmoins que la décharge qu'il a donnée à l'un d'entre eux, ne puisse préjudicier aux autres (1). » Donc, d'après Pothier, lorsque le créancier fait la remise de la solidarité à l'un des débiteurs solidaires, il conserve néanmoins l'action solidaire pour le tout contre les autres débiteurs. Pothier met seulement cette restriction : la décharge ne pourra pas préjudicier aux autres débiteurs, c'est-à-dire, comme le remarque M. Bugnet, que celui, qui a été déchargé, sera compris dans la répartition de la part des insolvables.

Aussi, la disposition finale de l'art. 1210 a-t-elle été critiquée. On a dit, que puisque le débiteur déchargé de la solidarité reste toujours tenu de sa part dans la dette, et que, si le créancier agissait pour le tout contre l'un des autres débiteurs, celui-ci aurait un recours efficace contre le débiteur déchargé, par conséquent il n'y avait aucun motif de restreindre ici le droit de poursuite du créancier contre les autres débiteurs (2).

Toutefois, on pourrait peut-être justifier la disposition de la loi, en observant, que lorsque le créancier a fait la remise de la solidarité à l'un des débiteurs, il a par cela modifié la position de tous ses co-débiteurs, car il leur a enlevé la chance de le voir faire l'avance de toute la dette. Si donc, la position des autres débiteurs a été aggravée par la remise de la solidarité faite à leur co-débiteur, il était équitable de leur accorder comme compensation, l'avan-

(1) *Obligations*, nº 277.
(2) MARCADÉ, sur l'art. 1210.

tage de ne pas être obligé d'avancer la part de ce co-débiteur (1).

Non-seulement on a critiqué la disposition de l'art. 1210, mais même on a nié son application Certains auteurs prétendent, que quand le créancier a fait la remise de la solidarité à l'un des débiteurs, il peut néanmoins agir pour le tout contre les autres débiteurs, sans être obligé de déduire la part du co-débiteur déchargé. Nous avons vu, que telle était la doctrine de Pothier, et on soutient, qu'elle est aussi celle du Code. Il semble que l'art. 1210 est bien explicite, et qu'il énonce précisément le contraire. Mais voici comment on l'interprète. On dit, que l'art. 1210 prévoit l'hypothèse, dans laquelle le créancier, en déchargeant de la solidarité l'un des débiteurs, a reçu de lui le paiement de sa part dans la dette. Dans ce cas, il est certain, qu'il ne pourra agir contre les autres débiteurs, que déduction de cette part qu'il a reçue. Mais si le créancier a déchargé de la solidarité l'un des débiteurs sans avoir rien reçu, il pourra agir contre les autres pour le tout, car le débiteur déchargé restant toujours tenu pour sa part, peut efficacement répondre au recours exercé par le débiteur qui aurait payé. (2)

Nous croyons que cette interprétation de la loi est erronée.

(1) M. VALETTE.

(2) MM. AUBRY et RAU sur *Zachariæ*. t. III, § 298, note 52.

L'art. 1210 serait complètement inutile, si le sens de sa disposition était tel que l'on veut lui donner, car, il eût été superflu de dire, que le créancier ne peut pas se faire payer deux fois une portion de la dette. Les travaux préparatoires, nous montrent-ils, que telle n'est pas la signification de l'art. 1210, et qu'il s'applique précisément au cas, où le créancier a déchargé de la solidarité l'un des débiteurs solidaires, sans avoir reçu la part de ce débiteur. En effet, la rédaction primitive de l'art 1210 était celle-ci : « Le créancier perd toute action solidaire lorsqu'il consent à la division de la dette vis-à-vis de l'un des débiteurs; il en est de même lorsqu'il reçoit divisément la part de l'un des débiteurs, à moins que la quittance ne porte la réserve de la solidarité (1). » L'article prévoyait donc deux cas : celui, où le créancier consentait à la division de la dette, et celui, où il recevait divisément la part de l'un des débiteurs. Il est évident, que le premier cas ne s'entendait pas de la division consentie moyennant le paiement effectif d'une part du débiteur, puisque la seconde disposition prévoyait précisément cette hypothèse. Lors de la communication officieuse au Tribunat, cette distinction entre les deux cas devint encore plus manifeste. La section demanda, que les deux cas dans lesquels le créancier perd son action solidaire, fussent visés par deux articles. « La section est d'avis, lisons-nous dans les

(1) Locré. t. XII, p. 168 et 233.

travaux préparatoires, que pour mieux coordonner les articles, la disposition de l'art. 112 (notre art. 1210) parlera d'un seul cas, celui où le créancier consent à la division de la dette Quant à celui où le créancier reçoit divisément la part de l'un des débiteurs, la disposition y relative sera placée dans l'art. 113 (art. 1211 du Code). » On le voit bien, les deux dispositions de l'art. 1210 primitif ont été séparées, et si l'art. 1211 prévoit le cas, où le créancier décharge de la solidarité l'un des débiteurs solidaires en recevant sa part dans la dette, l'art. 1210 doit nécessairement prévoir un autre cas, et quel peut-il être, si ce n'est celui, où le créancier accorde la décharge de la solidarité sans avoir rien reçu du débiteur.

Il est donc établi, que si le créancier a déchargé de la solidarité l'un des débiteurs solidaires, même sans avoir reçu sa part dans la dette, il ne pourra agir contre les autres débiteurs que déduction de la part du débiteur déchargé.

La remise de la solidarité peut être expresse ou tacite. Elle est tacite lorsqu'elle résulte de certains faits, qui nous sont indiqués par les articles 1211 et 1212.

D'abord, la loi présume que le créancier a voulu remettre la solidarité au débiteur duquel il reçoit une somme égale à sa portion dans la dette, lorsqu'il lui donne quittance portant que c'est *pour sa part*.

Si la quittance ne contenait pas cette dernière mention, il n'y aurait pas remise de solidarité. Le créancier serait alors considéré comme ayant reçu un à-compte sur la dette, et il pourrait agir pour le surplus, tant contre les autres débiteurs, que contre celui qui lui a payé cette portion de la dette.

Il n'y aurait pas non plus remise de la solidarité, lorsque la quittance, tout en portant que c'est pour la part du débiteur qui a payé qu'elle lui a été délivrée, contient une réserve expresse de la solidarité faite par le créancier, car la renonciation à la solidarité étant fondée sur l'interprétation de la volonté du créancier, cette remise ne peut pas être présumée, si la volonté contraire du créancier est clairement manifestée. Dans cette hypothèse, nous dit Pothier, « on concilie d'une façon plus naturelle ces termes, *pour sa part,* avec la réserve de solidarité, en disant le créancier qui a réservé son droit de solidarité, a entendu par ces termes, *pour sa part,* non une part pour laquelle ce débiteur serait te[illegible] vis-à-vis de lui créancier, mais la part pour laquelle ce débiteur est effectivement tenu de la dette vis-à-vis de ses codébiteurs; laquelle part le créancier a bien voulu recevoir de lui dans ce moment; sauf à exiger de lui le surplus, en vertu du droit de solidarité qu'il a contre lui, et qu'il se réserve (1). »

Un second cas de remise tacite de la solidarité se présente, lorsque le créancier a poursuivi un des débiteurs solidaires *pour sa part,* et que celui-ci a acquiescé à cette demande, ou

(1) *Obligations*, n° 277.

bien s'il est intervenu un jugement qui le condamne pour cette part. Tant qu'il n'y a pas eu d'acquiescement ou de jugement, le créancier est libre de retirer l'offre qu'il a faite au débiteur, et par conséquent empêcher cette remise de la solidarité. Du reste, il y a une différence entre ces deux cas. Lorsque le débiteur a acquiescé à la demande du créancier, la remise de la solidarité est devenue irrévocable, car l'offre de libéralité du créancier a été acceptée. Si au contraire, il s'agit d'un jugement qui condamne le débiteur *pour sa part*, la remise de la solidarité qui en résulte, ne sera pas plus irrévocable que ce jugement, et s'il tombe sur appel, opposition, cassation ou requête civile, la remise de la solidarité tombe avec lui, car le quasi-contrat judiciaire se trouve complètement anéanti.

Enfin un troisième cas de remise tacite de la solidarité se trouve dans l'art. 1212, ainsi conçu : « Le créancier qui reçoit divisément et sans réserve la portion de l'un des co-débiteurs dans les arrérages ou intérêts de la dette, ne perd la solidarité que pour les arrérages ou intérêts échus et non pour ceux à échoir, ni pour le capital, à moins que le paiement divisé n'ait été continué pendant dix ans consécutifs. » Ainsi, lorsque le créancier reçoit d'un débiteur solidaire sa part dans les intérêts ou arrérages et sans se réserver la solidarité, il y a remise tacite de la solidarité quant aux intérêts ou arrérages échus et non à échoir. Cette règle doit être bien comprise. Supposons par exemple, que trois annuités des arrérages soient dues, si le débiteur solidaire paie pour sa part deux annuités seulement, la remise de la solidarité ne s'appliquera qu'aux arrérages qui ont été l'objet du paiement, et non, quant à la troisième annuité, qui reste due solidairement. Par arrérages échus de l'art. 1212, il faut donc entendre ceux que le débiteur a été admis à payer pour sa part (1).

Si le créancier reçoit d'un débiteur solidaire le paiement des arrérages et intérêts pour sa part pendant dix années consécutives, il y aura remise de la solidarité non-seulement quant aux intérêts à échoir, mais même pour le capital, au profit du débiteur, qui a été admis à faire ces paiements divisés.

Il faut observer, qu'il ne suffit pas pour faire présumer cette remise de la solidarité dont s'occupe l'art. 1212, que le créancier ait reçu la part du débiteur dans les arrérages ou intérêts, il faut de plus qu'il indique dans la quittance, que c'est pour la part de celui-ci. L'art. 1212, il est vrai, n'exige pas cette condition, mais elle nous semble résulter du rapprochement de l'art. 1211 avec l'art. 1212. C'était aussi l'opinion de Pothier (2).

La remise expresse de la solidarité, faite à l'un des débiteurs solidaires, n'enlève pas au créancier, comme nous le savons, le droit d'agir solidairement contre les autres débiteurs, sauf

(1) MM. Aubry et Rau, t. III, § 298, note 54.
(2) *Obligations*, numéro 279.

qu'il est obligé de déduire la part du débiteur déchargé. La même décision doit s'appliquer aussi aux cas de remise tacite de la solidarité, indiqués par les articles 1211, 1212.

SECTION IV.

RECOURS ENTRE CO-DÉBITEURS.

En parlant du droit romain, nous avons vu, quelle était la base du recours entre co-débiteurs, et par quelle action le débiteur solidaire qui a satisfait le créancier, pouvait forcer ses co-débiteurs à supporter avec lui le fardeau de la dette. A part certaines relations entre les débiteurs, qui pouvaient donner naissance aux actions *pro socio, mandati, communi dividundo* ou *familiæ erciscundæ* on a accordé aux débiteurs solidaires le bénéfice *cedendarum actionum*, au moyen duquel celui qui a payé, pouvait recourir contre ses co-débiteurs. Nous savons, que cette cession d'actions était même sous-entendue au profit des débiteurs simplement solidaires, et que ceci fut étendu plus tard même aux *correi promittendi*.

Dans l'ancien droit français le recours entre les débiteurs solidaires était consacré. Le bénéfice de cession d'actions ou la subrogation, dont nous nous occuperons ultérieurement avec plus de détails, était en vigueur. A coté de cette subrogation, le débiteur solidaire qui a payé, avait un recours contre ses co-débiteurs au moyen d'une action qui lui compétait de son chef. Arrêtons-nous un moment sur les renseignements que nous donne Pothier à cet égard. D'après lui, l'action qui appartenait au débiteur solidaire qui a payé le créancier, pouvait être tantôt l'action *pro socio*, tantôt l'action *mandati*, enfin tantôt une espèce d'action *utilis negotiorum gestorum*.

Si plusieurs personnes ont contracté pour une affaire commune une dette solidaire, par exemple, en faisant l'acquisition d'un héritage dont elles se sont obligées à payer le prix solidairement, ou bien ont-elles emprunté une somme qu'elle sont employée à des affaires communes et se sont-elles obligées solidairement à la restituer, dans ces cas et autres semblables, le débiteur qui a payé le tout, aura contre chacun de ses co-débiteurs l'action *pro socio*.

Lorsque la dette solidaire a pour cause une donation, comme par exemple, si Primus et Secundus se sont engagés solidairement à payer à titre de donation une certaine somme à Tertius; Primus a-t-il payé le total, il n'aura pas l'action *pro socio* contre Secundus, « car on peut bien contracter société en achetant ensemble, en vendant ensemble, mais non pas en donnant ensemble; la société étant par sa nature un contrat qui se fait *lucri in commune quærendi causâ*. L'action qu'a, en ce cas, contre ses co-débiteurs celui qui a payé le total, est l'action *mandati*. »

Enfin si la dette solidaire a sa cause dans un délit commis par plusieurs, celui qui a payé le tout ne peut avoir contre ses co-débiteurs ni l'action *pro socio*, ni l'action *mandati*. *Nec enim ulla societas maleficiorum* (l. 1, § 14, *de tut. et ration.*). *Nec societas, aut mandatum flagitiosæ rei ullas vires habet* (l. 35, § 2, *de contrah. empt.*). Dans ce cas, celui qui a payé le tout aura contre ses co-débiteurs une action « qui ne naît point du délit qu'ils ont commis ensemble: *nemo enim ex delicto consequi potest actionem*: elle naît du paiement qu'il a fait d'une dette qui lui était commune avec ses co-débiteurs, de l'équité, qui ne permet pas que ses co-débiteurs profitent à ses dépens de la libération d'une dette dont ils étaient tenus comme lui. C'est une espèce d'action *utilis negotiorum gestorum* (1). »

Voilà les différentes bases, qui nous sont indiquées par Pothier, pour fonder le recours au profit du débiteur solidaire qui a payé la dette, contre ses co-débiteurs.

Passons maintenant à la législation du Code.

Le recours entre les co-débiteurs ne pouvait pas être répudié par le législateur moderne, l'équité en serait trop gravement blessée. Aussi le Code a-t-il consacré le principe que la dette doit être supportée en commun, et que le débiteur solidaire qui paie le créancier, a droit de recourir contre ses co-débiteurs. C'est ce qui résulte de l'art. 1213, qui nous dit: « L'obligation contractée solidairement envers le créancier se divise de plein droit entre les co-dé-

(1) POTHIER, *Obligations*, n° 282.

biteurs, qui n'en sont tenus entre eux que chacun pour sa part et portion. »

Une obligation solidaire peut donc être envisagée à deux points de vue; dans les rapports du créancier avec les débiteurs, chacun de ces derniers peut être forcé à payer la totalité; mais dans les rapports entre les co-débiteurs, chacun n'est tenu que d'une part, et si l'un d'eux a payé le tout, il a payé tant sa propre part que la part de ses co-débiteurs, il doit donc avoir un recours pour les parts dont étaient tenus ses co-obligés.

Mais quelle est cette part, pour laquelle chaque débiteur solidaire est tenu dans les rapports avec ses co-débiteurs? Cette part se détermine eu égard à l'intérêt de chacun dans la dette. Si, par exemple, une somme d'argent a été empruntée solidairement, les débiteurs l'ont-ils partagée d'une manière égale, chacun d'eux n'est tenu que d'une part virile. L'ont-ils au contraire partagée d'une manière inégale, de sorte que l'un d'eux a pris plus, l'autre moins, la part dont chacun sera tenu vis-à-vis des autres, sera égale à la part que chacun a pris dans la somme empruntée. La présomption, c'est l'égalité de l'intérêt des débiteurs; chaque débiteur est présumé avoir pris dans la somme empruntée une portion égale, et si l'un d'eux, après avoir payé et voulant recourir contre les autres, prétend que cette présomption est contraire à la vérité, c'est à lui qu'incombe la preuve.

Il peut arriver, que la dette solidaire soit

contractée uniquement dans l'intérêt de l'un des débiteurs. Dans ce cas, le débiteur qui a profité de la totalité de la dette est tenu pour le tout, et si c'est lui qui paie, il n'a aucun recours contre ses co-débiteurs; si, au contraire, c'est un autre débiteur qui satisfait le créancier, il a un recours pour la totalité contre celui dans l'intérêt duquel la dette a été contractée,—mais bien entendu, il doit prouver que le profit de la dette a été uniquement retiré par le débiteur qu'il actionne. « Si l'affaire, nous dit l'art. 1216, pour laquelle la dette a été contractée solidairement, ne concernait que l'un des co-obligés solidaires, celui-ci serait tenu de toute la dette vis-à-vis des autres co-débiteurs, qui ne seraient considérés par rapport à lui que comme ses cautions. »

Il faut observer, que ceux des débiteurs solidaires qui n'avaient pris aucune part à la dette, sont regardés comme cautions, mais c'est seulement par rapport à leur co-débiteur, dans l'intérêt duquel la dette a été contractée. Quant au créancier, tous les co-obligés sont considérés comme débiteurs principaux. Cela ressort de ces mots : « par rapport à lui » de notre article 1216, et ces mots ont été ajoutés sur une observation du Tribunat, afin de prévenir toute espèce de doute sur le véritable sens de notre article. « Ce n'est, fut-il dit au Tribunat, que par rapport à celui pour lequel la dette a été contractée solidairement que les autres co-débiteurs solidaires sont considérés comme cautions. Par rapport au créancier, tous sans aucune distinction sont débiteurs principaux et obligés comme tels (1).»

Cette remarque est importante, car elle nous montre, que la situation de ces débiteurs solidaires qui n'étaient aucunement intéressés dans l'affaire par suite de laquelle la dette a été contractée, et la situation de la caution solidaire ne sont pas identiques. Cette dernière, tant par rapport au débiteur principal, que par rapport au créancier, reste toujours une véritable caution et conserve le caractère d'un engagement accessoire; tandis que le débiteur solidaire de l'art. 1216 n'est réputé caution que dans ses rapports avec ses co-obligés, d'où les différences pratiques qui existent entre un débiteur solidaire et une caution solidaire, différences, dont nous nous sommes déjà occupé plus haut.

Nous savons, que lorsqu'un débiteur solidaire paie le créancier, il a un recours contre ses co-débiteurs; mais faut-il que le paiement soit de la totalité de la dette? Un paiement partiel peut-il aussi donner lieu à un recours?

Il semble résulter de l'art. 1214, que c'est seulement au cas du paiement intégral de la dette, que le recours peut avoir lieu. Mais une telle interprétation de cet article est inadmissible. Lorsqu'un des débiteurs solidaires paie au créancier une portion de la dette, si ce paiement n'a pas libéré complètement ses co-débi-

(1) Locré, t. XII, p. 271.

teurs, il les a au moins libérés jusqu'à concurrence de la part par lui payée, donc, puisqu'ils en profitent, le débiteur qui a fait l'avance, doit avoir un recours contre eux. L'art. 1214 n'a eu pour but, que d'établir le maximum du recours du débiteur qui a payé, contre ses co-débiteurs. Sa pensée est celle-ci : bien qu'un débiteur paie la totalité de la dette, il ne pourra cependant recourir contre ses co-débiteurs que pour la part et portion de chacun d'eux; mais cet article n'a pas voulu restreindre le droit du recours seulement au cas du paiement intégral de la dette. Par conséquent, si un débiteur solidaire paie seulement une portion de la dette, il aura un recours contre ses co-débiteurs, pour une part proportionnelle à celle que chacun d'eux doit supporter dans la totalité de la dette.

Quand le créancier a abandonné volontairement à un des débiteurs solidaires le titre qui constate sa créance, ce débiteur peut-il recourir contre ses co-débiteurs?

L'art. 1282 nous dit, que l'abandon du titre par le créancier, fait preuve de la libération et l'art. 1284, qu'il fait présumer la remise de la dette ou le paiement. Donc, pourrait-on dire, le débiteur solidaire auquel le créancier a abandonné le titre, peut invoquer en sa faveur la présomption du paiement, et il peut fonder sur elle son droit au recours contre ses co-débiteurs. Nous ne le pensons pas cependant; nous croyons qu'une autre interprétation doit être donnée aux articles 1282 et 1283. Il est de principe en effet, que quiconque prétend avoir un droit, doit établir le fait qui sert de fondement à son droit, sinon, sa demande doit être repoussée (art. 1315); donc, selon les cas, c'est tantôt la présomption du paiement, tantôt la présomption de remise de la dette, qu'on doit appliquer à l'abandon du titre fait par le créancier. Supposons, par exemple, que le créancier Primus fasse l'abandon du titre à son débiteur Secundus, qui plus tard devient son héritier. Ses co-héritiers prétendent-ils que Secundus a reçu une libéralité de Primus, qu'il en doit par conséquent le rapport, et invoquent-ils à l'appui de leur prétention l'abandon du titre constatatif de la créance que Primus a fait à Secundus; quelle présomption devons-nous alors appliquer? C'est celle du paiement, car les co-héritiers qui prétendent avoir le droit au rapport, doivent établir le fait qui sert de fondement à leur droit, c'est-à-dire, qu'ils doivent prouver, que c'est à titre de libéralité que Primus a abandonné à Secundus le titre constatatif de sa créance. Maintenant si nous passons à notre question: le créancier a fait l'abandon du titre au profit de l'un des débiteurs solidaires qui veut recourir contre ses co-débiteurs; quelle présomption devons-nous appliquer? C'est celle de libéralité, car le débiteur qui prétend avoir droit au recours, doit établir le fondement de son droit, à savoir, qu'il a réellement payé le créancier, et la circonstance que le débiteur détient le titre qui constate la dette, n'est pas certainement suffisante, pour prouver le paiement, puisque ses co-débiteurs pourraient lui dire : si le créancier vous a abandonné le titre, c'est qu'il a voulu nous libérer tous gratuitement. Par conséquent, en supposant que le créancier a abandonné à un des débiteurs solidaires le titre sans avoir reçu aucune satisfaction, ce débiteur ne pouvant établir le paiement qui pourrait motiver son recours contre ses co-débiteurs, doit être repoussé de sa demande.

Lorsque le débiteur solidaire qui a payé, recourant contre ses co-débiteurs, trouve l'un d'eux insolvable, cette insolvabilité doit-elle retomber sur lui ? Admettre l'affirmative, ce serait aller contre l'équité qui exige, que cette insolvabilité soit supportée par tous les débiteurs, et non pas uniquement par le débiteur qui a avancé la somme en payant le créancier. La disposition de la loi est-elle conforme à l'équité, car l'art. 1214-2° nous dit : « Si l'un des débiteurs se trouve insolvable, la perte qu'occasionne cette insolvabilité, se répartit, par contribution, entre tous les autres co-débiteurs solvables et celui qui a fait le paiement. » Soit, par exemple, quatre débiteurs solidaires, Primus, Secundus, Tertius et Quartus d'une somme de 42,000 fr. Le débiteur Primus a payé le créancier, il a donc un recours contre chacun de ses co-débiteurs pour 10,500 fr. (nous supposons, que la somme empruntée a été partagée d'une manière égale entre les débiteurs). Mais Tertius se trouve insolvable. Sa part dans la dette doit être répartie entre les trois autres débiteurs, de sorte que la part de chacun d'eux dans la dette s'augmente de 3,500 fr. Primus aura donc recours contre Secundus et Quartus pour 14,000 fr., contre chacun d'eux.

C'est dans le même ordre d'idées que l'art. 1215 nous dit : « Dans le cas où le créancier a renoncé à l'action solidaire envers l'un des débiteurs, si l'un ou plusieurs des autres co-débiteurs deviennent insolvables, la portion des insolvables sera contributoirement répartie entre tous les débiteurs, même entre ceux précédemment déchargés de la solidarité par le créancier. » Prenons l'hypothèse ci-dessus indiquée : quatre débiteurs solidaires de 42,000 fr. Le créancier fait remise de la solidarité à Primus ; par suite de la disposition de l'art. 1210, il ne pourra agir contre les autres débiteurs solidaires, que déduction de la part de Primus, part qui est de 10,500 fr. Le créancier s'adresse à Secundus, qui le paie ; par conséquent ce dernier a un recours contre ses co-débiteurs. Mais Tertius se trouve insolvable. Si le créancier n'avait pas déchargé Primus de la solidarité, la perte de l'insolvable serait répartie entre Primus, Secundus et Quartus, en sorte, que chacun d'eux devrait supporter outre sa part de la dette, une portion de la part de Tertius, portion, qui est de 3,500 fr. Il est évident, que la remise de la solidarité faite à Primus ne doit pas aggraver la position de Secundus et de Quartus, et en conséquence, les

3,500 fr. que devrait supporter, par suite de l'insolvabilité de Tertius, outre sa part le débiteur Primus, ne peuvent pas être mis à la charge de Secundus et de Quartus; mais par qui seront-ils supportés ? Est-ce par Primus, est-ce par le créancier? La question est controversée.

La première opinion soutient que c'est Primus, débiteur déchargé de la solidarité, qui doit supporter ces 3,500 fr. Elle s'appuie sur les travaux préparatoires du Code. On lit en effet dans l'exposé des motifs le passage suivant: « Si le créancier divise la dette à l'égard des co-débiteurs, on ne doit pas en conclure qu'il ait interverti les recours respectifs des co-débiteurs entre eux. La division de la dette n'a pu être consentie ni acceptée que sauf le droit d'autrui ; ainsi le co-débiteur, déchargé de la solidarité envers le créancier, a dû compter qu'il lui restait encore une obligation à remplir à l'égard de ses co-débiteurs en cas d'insolvabilité de quelques-uns d'entre eux (1) ». Ce passage, dit-on, détermine bien quel est le sens de l'art. 1215, et il en ressort que ce n'est pas au créancier, mais au débiteur déchargé de la solidarité à supporter la perte résultant de l'insolvabilité de ses co-débiteurs (2). D'ailleurs, ajoute-t-on, cette opinion est conforme au principe que les libéralités doivent être interprétées restrictivement. Sans

(1) Fenet, t. XIII, p. 255.
(2) Marcadé, sur l'art. 1215.

doute, si les termes dans lesquels la remise a été faite, ou bien les circonstances qui l'ont accompagnées, peuvent démontrer que le créancier en déchargeant de la solidarité un des débiteurs solidaires, l'a voulu décharger même des insolvabilités éventuelles de ses co-débiteurs, dans ce cas, c'est le créancier qui doit supporter les pertes résultant des insolvabilités des autres débiteurs. Mais si la volonté du créancier à cet égard n'est pas manifestée expressément, ni ne peut être induite des circonstances, il y a un doute, qui dans notre espèce doit être interprété en faveur du créancier, en vertu du principe posé plus haut, que les libéralités doivent être interprétées restrictivement.

Le second système décide au contraire, que c'est le créancier qui doit supporter les pertes résultant de l'insolvabilité des co-débiteurs du débiteur déchargé. On dit dans cette opinion, que lorsque le créancier a déchargé l'un des débiteurs de la solidarité, il a par cela renoncé à toutes les conséquences qu'emportait la solidarité. Or, la nécessité de supporter les insolvabilités éventuelles est évidemment une des conséquences de la solidarité, elle ne doit donc plus peser sur le débiteur déchargé, mais elle doit retomber sur le créancier, qui doit supporter toutes les suites de cette remise de la solidarité. Si on décidait autrement, on enlèverait à la remise de la solidarité toute sa valeur, car, n'être plus responsable de l'insolvabilité des co-débiteurs, c'est précisément l'avantage que présente cette remise. Dans le système contraire, on admet bien, que s'il résulte soit des termes de la remise, soit des circonstances qui l'ont accompagnées, que le créancier a voulu décharger le débiteur auquel il fait remise de la solidarité même des insolvabilités éventuelles de ses co-débiteurs, c'est ce créancier qui devra supporter ces insolvabilités. Mais n'est-il pas naturel d'induire cette volonté du créancier de la remise même de la solidarité? Ceci paraît logique, car autrement on arriverait à des conséquences choquant le bon sens. Supposons, que le créancier a fait remise de la solidarité à Primus l'un des débiteurs solidaires; Secundus et Tertius ses co-débiteurs deviennent insolvables. Primus souffrira-t-il de leur insolvabilité? Pas le moins du monde. Le créancier ne pourra lui demander que sa part, et les insolvabilités de Secundus et de Tertius seront à la charge du créancier. Est-ce au contraire, un seul des co-débiteurs de Primus, Secundus, qui est insolvable et le créancier s'edresse-t-il à Tertius, qui le paie; si on admettait que Tertius peut recourir contre Primus, pour lui faire supporter une partie de la perte résultant de l'insolvabilité de Secundus, on arriverait à cette conséquence que la position de Primus est plus mauvaise lorsqu'un seul de ses co-débiteurs est insolvable, que si tous ses co-débiteurs se trouvaient dans une telle position. Maintenant l'art. 1215 est-il contraire à ce système? Cet article dit, il est vrai, que « la portion des insolvables sera contributoirement répartie entre tous les débiteurs, même entre ceux précédemment déchargés de la solidarité par le créancier. » Mais cette disposition a eu seulement pour but d'indiquer, que, si un des débiteurs solidaires devient insolvable, le créancier ne pourra agir contre les autres que déduction de la part, que devrait supporter dans cette insolvabilité le débiteur, auquel la remise de la solidarité a été accordée par le créancier. Ce système enfin, a pour lui l'opinion de Pothier (1).

Par quelle action le débiteur solidaire qui a payé, peut-il recourir contre ses co-débiteurs?

D'abord, par suite de l'existence d'un mandat tacite entre les débiteurs, celui qui a exécuté l'obligation, peut recourir contre ses co-débiteurs par l'action *mandati*. Mais une autre action existe aussi à son profit. La loi en effet lui accorde la subrogation légale dans l'action du créancier; c'est ce qui résulte de l'art. 1251-3o, d'après lequel la subrogation légale a lieu « au profit de celui qui, étant tenu avec d'autres ou pour d'autres au paiement de la dette, avait intérêt à l'acquitter. » Chacun des débiteurs solidaires est tenu avec d'autres, il est tenu, quant aux parts contributoires de ses co-débiteurs, pour d'autres; de plus, chacun d'eux

(1) POTHIER, *Obligations*, n° 275. — MM. AUBRY et RAU, sur *Zachariæ*, t. III, § 298, notre 53. — TOULLIER, t. III, 2e partie, n° 739. — DURANTON, t. XI, n° 231. — DELVINCOURT, t. II, p. 510. — RODIÈRE, n° 138.

est intéressé à l'acquittement de la dette, donc l'art. 1251-3° leur est applicable. Quelle est la raison de cette subrogation légale? Le débiteur solidaire qui a payé, a fait une affaire qui était la sienne en même temps que celle de ses co-débiteurs, de là à son profit un recours contre eux. Mais la créance qu'il acquiert et qu'il peut recouvrer au moyen de l'action *mandati*, est une créance purement chirographaire, qui n'est garantie par aucune sûreté et qui lui fait courir les chances des insolvabilités de ses co-débiteurs. Il se peut que la créance du créancier commun a été garantie par des sûretés particulières telles que priviléges, hypothèques, cautionnements. C'est dans le but d'assurer le recouvrement de la créance acquise contre ses co-débiteurs par le débiteur qui a payé, que la loi lui accorde la subrogation légale dans l'action du créancier, action qui, comme nous venons de le dire, peut être garantie par des sûretés spéciales permettant au débiteur devenu à son tour créancier d'échapper aux risques de l'insolvabilité de ses anciens co-obligés.

Le débiteur qui a satisfait le créancier a donc deux actions à sa disposition, pour pouvoir recourir contre ses co-débiteurs. L'une qui naît dans sa propre personne, l'autre, celle du créancier à laquelle il est subrogé. Au premier abord, il semblerait, que c'est cette dernière action que le débiteur intentera par préférence, l'action *mandati* étant une action purement chirographaire lui faisant par conséquent courir les risques de l'insolvabilité de ses co-débiteurs. Cependant il peut arriver, que c'est l'action *mandati* qui lui sera plus utile. Supposons, que la dette solidaire n'était pas productive d'intérêts et que tous les débiteurs sont solvables. Si le débiteur qui a payé, intentait l'action du créancier, il n'aurait droit aux intérêts qu'à partir de la demande en justice formée par lui contre ses co-débiteurs (art. 1153). En agissant au contraire par l'action *mandati*, il aura droit aux intérêts à partir du paiement qu'il a fait au créancier, car l'art. 2001 porte la disposition suivante: « L'intérêt des avances faites par le mandataire lui est dû par le mandant, à dater du jour des avances constatées. »

La subrogation légale accordée par le Code au débiteur solidaire qui paie le créancier, n'existait pas dans l'ancien droit, ou du moins elle fonctionnait d'une autre manière.

Voici en effet quel était l'ancien droit quant à la subrogation.

Le débiteur solidaire, et en général celui qui, étant tenu avec d'autres ou pour d'autres, payait le créancier, n'était pas subrogé de plein droit. Il est vrai, que Dumoulin était d'un avis contraire. (1) Il motivait son opinion sur ce que le débiteur, qui est tenu avec d'autres ou pour d'autres, pouvant requérir du créancier la subrogation lors du paiement, s'il ne l'a pas fait, il ne doit pas être présumé avoir renoncé à ses droits, personne ne pouvant être présumé

(1) *Prima lectio Dolana*, nos 19 et 20.

négliger ses droits et y renoncer. Dumoulin soutenait que telle était la théorie du droit romain, mais pour le démontrer, il était obligé de s'écarter de l'interprétation commune des textes romains.

La doctrine de Dumoulin n'a pas prévalu. D'autres auteurs tels que Renusson (1) et Pothier (2) la combattirent. Ils disaient, que la subrogation ne peut avoir lieu de plein droit, que si la loi l'a formellement décidé ainsi. La loi accordait bien au débiteur le droit de requérir la subrogation, mais aucune disposition législative ne lui accordait une subrogation de plein droit.

Cette théorie de Pothier était généralement suivie dans l'ancien droit. Le débiteur solidaire avait droit de requérir du créancier lors du paiement la subrogation. S'il ne l'a pas fait, pas de subrogation légale. Du reste, quand le débiteur requérait la subrogation, le créancier ne pouvait pas la lui refuser, et s'il la refusait expressément, c'est alors, nous dit Pothier, que « la loi supplée à ce que le créancier aurait dû faire, et subroge elle-même le débiteur qui a requis la subrogation, en tous les droits et actions du créancier. »

Le Code, en accordant la subrogation légale au débiteur solidaire qui paie le créancier et en consacrant ainsi l'opinion de Dumoulin, est

(1) *Traité des Subrogations*, ch. 7, n° 68, et ch. 9, n° 7.

(2) *Obligations*, n° 280.

donc une innovation de l'ancienne législation française.

Le débiteur solidaire qui a payé, en agissant contre ses co-débiteurs par l'action qu'il a de son chef, ne peut leur demander qu'une part et portion à chacun. En est-il de même, s'il agit par l'action du créancier à laquelle il est subrogé de plein droit? Il semble, qu'on devrait répondre négativement, car le créancier pouvant demander le tout à chacun des débiteurs solidaires, celui d'entre eux, qui est subrogé à l'action du créancier, devrait pouvoir, après avoir déduit la part qu'il doit supporter dans la dette, agir pour tout le reste contre chacun de ses co-débiteurs. Cependant, c'est le contraire que la loi a consacré. L'art. 1214-1° nous dit en effet : « Le co-débiteur d'une dette solidaire, qui l'a payée en entier, ne peut répéter contre les autres que les part et portion de chacun d'eux. » La disposition de l'article est générale, donc le débiteur solidaire, n'importe par quelle action exerce-t-il son recours, ne peut demander qu'une part et portion à chacun de ses co-débiteurs. Cette décision doit être suivie, alors même qu'il se serait fait subrogé conventionnellement, car la subrogation conventionnelle ne saurait donner plus de droits, que la subrogation légale (art. 875) (1).

(1) MM. Aubry et Rau, § 298, p. 223 et § 31, note 58. — Duvergier sur *Toullier*, t. IV, 1e partie, p. 158. — Duranton, t. XI, nos 243 et 844, t. XII, n° 168. — Mourlon, *des subrogations*, p. 47.

Telle était aussi l'opinion de Pothier. Lorsque le débiteur solidaire en payant le créancier a requis la subrogation, il ne pouvait agir contre ses co-débiteurs que pour une part contre chacun.

Demandons-nous maintenant quelle est la raison de cette disposition de la loi?

Voici comment Pothier justifiait son opinion : « La raison, dit-il, est qu'autrement il se ferait un circuit d'actions; car celui de mes co-débiteurs à qui j'aurais fait payer le total de la créance, ma part déduite, aurait droit, en payant, d'être pareillement subrogé aux actions du créancier, sous la déduction de la part dont il est lui-même tenu ; et en vertu de cette subrogation, il aurait droit d'exiger de moi, sous la déduction de sa part, ce qu'il m'aurait payé, puisque je suis tenu moi-même de la solidarité (1). » Prenons une hypothèse, quatre débiteurs solidaires de 4,000 fr. Primus paie le créancier, il est donc subrogé à son action; mais il ne pourra agir contre ses co-débiteurs que pour 1,000 fr. contre chacun, et la raison de Pothier consiste à dire, que si Primus pouvait demander à Secundus, son co-débiteur le tout, déduction de la part qu'il doit lui-même supporter dans la dette. Secundus serait à son tour subrogé à l'action du créancier, et il pourrait répéter de Primus ce qu'il lui a payé.

Le même raisonnement a été reproduit par

(1) *Obligations*, n° 281.

M. Bigot-Préameneu, dans son exposé des motifs (1).

Cependant, il s'en faut de beaucoup que ce raisonnement soit exact.

Dire que Secundus, auquel Primus a demandé le paiement de tout, déduction de sa part, est subrogé à l'action du créancier, c'est commettre une inexactitude; car Primus, en payant le créancier, a acquis par la subrogation légale tous les droits qui compétaient au créancier; dès lors, Secundus ne peut pas être subrogé aux droits du créancier, puisque celui-ci ne les a plus. Tout au plus, Secundus peut être subrogé dans les droits de Primus; mais alors, on ne peut pas dire que par cette subrogation, Secundus ferait rendre à Primus ce qu'il lui a payé, car ceci serait en opposition avec la règle : *Nemo censetur subrogasse contra se.* (Art. 1252).

La raison donnée par Pothier ne peut donc pas justifier la disposition de la loi, mais elle trouve sa justification dans d'autres motifs. Le débiteur solidaire, en payant, a fait aussi bien sa propre affaire que celle de ses co-débiteurs; mais comme à l'égard de ces derniers, il n'a fait leur affaire que pour la part dont chacun était tenu, il ne doit avoir de recours que pour cette part contre chacun d'eux. Dailleurs, « l'équité serait blessée si, entre personnes dont la position est la même, l'une était forcée de faire à l'autre une avance pour le compte

(1) Locré, t. XII, p. 355, 356.

d'une troisième (1). » Chaque débiteur solidaire, en contractant l'obligation, sait très-bien qu'il peut être forcé de faire l'avance pour ses co-débiteurs, et que par conséquent il pourra courir les risques de leur insolvabilité. Lorsque le créancier a déterminé par sa poursuite le débiteur qui doit courir ces risques, de quel droit ce débiteur pourrait-il les rejeter sur un de ses co-obligés?

Il résulte donc de tout ce que nous avons dit, que le débiteur solidaire qui a payé le créancier, soit qu'il agisse par l'action qu'il a de son chef, soit par l'action à laquelle il est subrogé, ne peut obtenir de ses co-débiteurs, qu'une part et portion de chacun d'eux, et c'est alors même que l'action du créancier a été garantie par une hypothèque sur un immeuble, qui est possédé par l'un de ses débiteurs; l'action hypothécaire ne pourra être exercée contre lui que dans la limite de l'action personnelle (comp. les art. 875 et 2033 C. civ.).

En parlant de la confusion, nous avons vu que, lorsque le créancier a succédé à un des débiteurs solidaires, ou bien que l'un d'eux a hérité du créancier, la personne qui réunit les deux qualités de créancier et de débiteur, conserve contre les autres débiteurs une action solidaire, sous la déduction de la part du débiteur qui a succédé ou auquel le créancier a succédé (art. 1209). Cependant, pourrait-on dire, le débiteur qui a hérité peut être regardé comme s'étant

(1) M. Demangeat, *des Oblig. solid.* p. 237.

payé la dette à lui-même, dès lors il ne doit avoir de recours contre ses co-débiteurs, que dans la limite dans laquelle il l'aurait eu, si le paiement avait été effectivement par lui fait, c'est-à-dire, pour la part et portion contre chacun de ses co-débiteurs.

Cette différence, entre le cas où l'un des débiteurs solidaires a payé le créancier et le cas où il lui a succédé, peut être justifiée.

Supposons trois débiteurs solidaires, Primus, Secundus et Tertius, d'une somme de 6,000 fr. Primus paie le créancier; il lui est subrogé. Quel est le but que Primus veut obtenir en intentant l'action du créancier à laquelle il est subrogé? C'est d'être indemnisé par ses codébiteurs pour les avances qu'il était obligé de faire. Si Primus, après avoir déduit sa part, pouvait demander à Secundus les 4,000 fr. restants, en lui disant : J'ai payé au créancier 6,000 fr.; je devais supporter 2,000 fr., mais quant aux autres 4,000 fr., je n'avais fait qu'une avance pour laquelle j'ai le droit à une indemnité; Secundus lui répondrait : Si je paie 4,000 fr. en totalité, je ferai aussi une avance pour le compte de Tertius et j'aurai aussi le droit pour cette avance à une indemnité; notre situation est donc égale, et il n'y a pas de raison pour que vous rejetiez sur moi l'avance de la part de Tertius que vous étiez obligé de faire. Mais si Primus agit, non pas en qualité de subrogé au créancier, mais parce qu'il lui a succédé le but de l'action qu'il intente contre Secundus n'est pas d'obtenir l'indemnité, son but, c'est d'obtenir l'exécution du contrat. Dès lors, si Secundus voulait le repousser en disant, que les 4,000 fr. qu'il serait obligé de payer ne doivent pas rester en totalité à sa charge et qu'il ferait donc une avance de 2,000 fr. pour le compte de Tertius, qu'en conséquence Primus ne peut lui demander que 2,000 fr., et que pour le reste il doit s'adresser à Tertius, Primus pourrait lui répliquer : Par suite de l'obligation solidaire que nous avons contractée, chacun de nous débiteurs pouvait être forcé par le créancier de payer la totalité de la dette, et par conséquent de faire l'avance pour ses co-débiteurs. J'ai succédé au créancier, et en ma qualité de continuateur juridique de sa personne, j'ai acquis tous les droits qui lui compétaient ; sans doute, je ne puis vous poursuivre qu'en déduisant la part que je devais supporter dans la dette, mais pour le reste je peux exiger la totalité de chacun de vous qui restez débiteurs, car en agissant ainsi, je ne fais que demander l'exécution du contrat, par suite duquel vous vous êtes obligés envers le créancier dont je suis le représentant juridique.

On voit donc, que la différence entre le cas où Primus, ayant payé le créancier, peut recourir contre ses co-débiteurs, par l'action du créancier à laquelle il est subrogé, et le cas où il a succédé au créancier, s'explique par cette considération, que dans la première hypothèse, Primus demande seulement une indemnité à laquelle il a droit en vertu du paiement par lui effectué. Dans la seconde hypothèse, au contraire, ce n'est pas l'indemnité qu'il demande en agissant contre l'un des débiteurs, ce qu'il réclame, c'est l'exécution du contrat.

Si la dette solidaire a été cautionnée, et que c'est la caution qui a payé le créancier, pour combien aura-t-elle le recours contre chacun des débiteurs? L'article 2030 nous répond au cas où la caution les a tous cautionnés : « Lorsqu'il y avait, dit-il, plusieurs débiteurs principaux solidaires d'une même dette, la caution qui les a tous cautionnés, a, contre chacun d'eux, le recours pour la répétition du total de ce qu'elle a payé. » D'où il faut conclure *a contrario*, que la caution, qui a garanti seulement quelques-uns des débiteurs, aura sans doute un recours pour le total contre ceux-ci, mais quant aux autres débiteurs, elle n'aura qu'un recours fractionné pour la part et portion de chacun d'eux (1).

Pour terminer ce que nous avons à dire du recours entre les débiteurs solidaires, il nous reste encore à examiner une question importante et qui est vivement débattue entre les auteurs. Nous voulons parler de l'art. 2037. Voici sa disposition : « La caution est déchargée, lorsque la subrogation aux droits, hypothèques et priviléges du créancier, ne peut plus, par le fait de ce créancier, s'opérer en

(1) MM. Valette, Aubry et Rau, t. III, § 427. — Mourlon, *des subrogations*, p. 108 et suiv.

faveur de la caution. » Le débiteur solidaire qui paie le créancier jouit d'une subrogation légale dans les droits de celui-ci, mais si cette subrogation, par suite du fait du créancier, ne peut avoir lieu, ce débiteur peut-il se dispenser de payer la totalité de la dette en invoquant l'art. 2037?

Avant de résoudre cette question, il nous faut déterminer le sens de cet article. La subrogation légale peut devenir impossible soit par suite d'un fait positif de la part du créancier, comme, par exemple, s'il a donné mainlevée de l'hypothèque, soit par suite de sa simple négligence, lorsque par exemple, il a perdu son rang hypothécaire faute d'avoir renouvelé son inscription en temps utile. L'art. 2037 prévoit-il ces deux cas, tant la faute *in committendo,* que la faute *in omittendo*, ou bien ne veut-il parler que de la faute de la première espèce? Nous croyons que cet article veut parler tant de la faute positive du créancier, que de sa simple négligence. Il est vrai que Pothier était d'une opinion contraire. Il n'accordait à la caution l'exception *cedendarum actionum*, que seulement, si le créancier, par son fait positif s'est mis hors d'état de la subroger dans ses droits (1). Mais telle ne doit pas être la doctrine du Code. D'abord, l'article 2037 emploie un mot générique : *fait*, qui s'applique aussi bien au fait positif qu'à la simple négligence du créancier. Si le Code

(2) *Obligations*, n° 557 in fine.

avait voulu reproduire la doctrine de Pothier, il n'aurait pas manqué de se servir de l'expression : *fait positif*, qui a été constamment employée par Pothier. D'ailleurs, cette distinction serait incompatible avec d'autres dispositions du Code, notamment avec l'art 1383, duquel il résulte, que la loi met sur la même ligne la faute positive et la simple négligence (1).

Revenons à notre question. L'article 2037 s'applique-t-il au débiteur solidaire?

Pour l'affirmative, on s'appuie sur l'autorité de Pothier qui nous dit : « Lorsque plusieurs personnes contractent une obligation solidaire, elles ne s'obligent chacune au total, que dans la confiance qu'elles pourront avoir recours contre les autres, en payant le total. C'est pourquoi, lorsque le créancier, par son fait, les a privées de ce recours, en se mettant par son fait hors d'état de pouvoir céder ses actions contre l'une d'elles qu'il a déchargée, il ne doit plus être recevable à agir solidairement contre les autres, si ce n'est sous la déduction des portions pour lesquelles elles auraient eu recours contre celle qu'il a déchargée (2). » Les mêmes considérations, dit-on, se rencontrent dans le droit actuel, donc la même décision doit être donnée.

(1). MM. Valette-Bugnet, *note sur Pothier*, t. II, p. 290. — Aubry et Rau, t. III, § 420, note 5. — Troplong, *cautionnement*, n° 505 et suiv. — Duvergier, *de la vente*, t. II, n° 276 et suiv. — Duranton, t. XVIII, n° 382. — Delvincourt, sur l'art. 2037.

(2) *Obligations*, n° 557, *in fine*.

On invoque encore à l'appui de cette opinion cette considération, que le Code a consacré l'idée, d'après laquelle le créancier ne peut pas par son fait mettre le fardeau de la dette totale à la charge de l'un des débiteurs, en lui enlevant le recours contre ses co-débiteurs. Cela résulte de l'art. 1215 qui, en prévoyant le cas où le créancier aurait fait à l'un des débiteurs une remise de la solidarité, ne veut pas que l'insolvabilité de l'un des débiteurs restant tenus *in solidum*, soit uniquement supportée par les débiteurs qui n'ont pas été déchargés de la solidarité. De même, d'après l'art. 1285, lorsque le créancier a fait une remise de la dette à l'un des débiteurs solidaires, la loi ne permet pas que ce créancier puisse agir contre les autres débiteurs sans déduire la part du débiteur déchargé.

Enfin, dit-on, que la subrogation légale accordée par la loi à une personne qui, étant tenue avec d'autres ou pour d'autres, était intéressée à l'acquittement de la dette, impose virtuellement au créancier l'obligation de conserver les sûretés attachées à sa créance, donc, s'il ne le fait pas, il peut être repoussé par l'art. 2037 (1).

Nous croyons cependant que l'art. 2037 ne doit pas s'appliquer au débiteur solidaire.

Il faut d'abord remarquer que cet article

(1) Merlin, *solidarité*. § 5. — Duranton, t. XVIII. n° 382, note. — Toullier, t. IV. 1re partie, n° 172. — Mourlon. *des subrogations*, p. 514 — Rodière. n° 151.

consacre une déchéance qui doit être strictement appliquée au cas prévu par la loi et ne peut pas être étendue à d'autres cas.

L'opinion de Pothier ne peut pas être d'un grand poids pour le système contraire; car, comme nous l'avons vu, le sens de l'art. 2037 diffère de la décision de Pothier, qui n'admettait la déchéance du créancier qu'autant que c'est par son fait positif qu'il s'est mis dans l'impossibilité de faire la cession d'actions. L'art. 2037 prévoit au contraire le fait positif aussi bien que la négligence du créancier.

Les motifs qui ont fait créer l'art. 2037 au profit des cautions, ne se rencontrent pas lorsqu'il s'agit de débiteurs solidaires. La caution garantit une dette qui n'est pas la sienne; dès lors, lorsqu'elle s'engage, on doit présumer qu'elle ne le fait qu'en contemplation des sûretés données par le débiteur principal au créancier, en espérant que si elle paie, elle pourra recouvrer facilement ses déboursés, étant subrogée aux droits du créancier et par conséquent aux sûretés qui garantissaient son action. — Tandis que lorsqu'il s'agit de débiteurs solidaires, chacun d'eux est par rapport au créancier un débiteur principal. La présomption est que c'est l'intérêt personnel de chacun des débiteurs qui l'a déterminé à contracter cette obligation solidaire. Si le créancier a obtenu de quelques-uns des sûretés particulières, on ne peut pas dire que c'est en contemplation de ces sûretés que les autres débiteurs se sont obligés; ici encore, on doit présumer que la cause de l'engagement solidaire, c'est l'intérêt personnel de chacun d'eux. On voit donc que le caractère de l'engagement de la caution est bien différent du caractère de l'engagement du débiteur solidaire, par conséquent on ne peut pas étendre à ce dernier une disposition qui a été édictée pour la première.

La combinaison de l'art. 2037 avec l'art. 1285 montre que, dans la pensée des rédacteurs du Code, la faveur accordée à la caution ne devait pas être étendue aux débiteurs solidaires. En effet, l'art. 1285 prononce bien une déchéance partielle contre le créancier, mais c'est seulement au cas où il aurait renoncé à sa créance elle-même au profit exclusif de l'un des débiteurs.

Il n'est pas vrai de dire que la subrogation légale de l'art. 1251-3°, impose virtuellement au créancier l'obligation de conserver les sûretés attachées à sa créance; car s'il en était ainsi, l'article 2037 deviendrait complètement inutile (1).

Mais si nous pensons que l'art. 2037 ne saurait être invoqué par un débiteur solidaire, nous croyons au contraire qu'il s'applique à la caution solidaire.

L'engagement d'une caution solidaire, quoique celle-ci soit tenue plus rigoureusement qu'une caution ordinaire, ne perd pas le caractère d'un engagement accessoire et la cau-

(1) MM. Valette, Aubry et Rau, sur *Zachariæ*, t. III, § 298, note 56. — Troplong, *Cautionnement*, n° 563.

tion solidaire ne cesse pas, par suite de la modalité sous laquelle elle s'est obligée, d'être une véritable caution. Les raisons, qui ont inspiré l'art. 2037 au profit d'une caution ordinaire, se rencontrent au cas d'une caution solidaire, donc la disposition elle-même doit lui être appliquée. Aussi, est-ce l'avis presque unanime des auteurs.

Cependant, M. Troplong, qui ne voit dans l'obligation du créancier de conserver les sûretés qu'une conséquence du bénéfice de discussion, est d'une opinion contraire.

Voici l'argumentation de M. Troplong.

A l'origine du droit romain, le créancier n'était pas obligé de conserver les actions au fidéjusseur, il les cédait telles quelles; c'est seulement l'introduction du bénéfice de discussion par la novelle IV de Justinien, qui entraîna pour le créancier l'obligation de conserver ses actions. En effet, par cette novelle le fidéjusseur obtint le droit d'exiger du créancier la discussion des biens du débiteur principal; mais ce droit deviendrait évidemment illusoire, si le créancier pouvait renoncer à ses actions ou aux sûretés qui garantissaient sa créance. Donc, pour rendre efficace la protection de la loi, le créancier doit conserver ses actions.

En raisonnant ainsi, M. Troplong conclut que, puisque la caution solidaire ne jouit pas du bénéfice de discussion, l'art. 2037 ne doit pas lui être applicable (1).

Nous ne croyons pas exacte cette opinion.

On ne peut pas dire que l'exception *cedendarum actionum* soit uniquement une conséquence du bénéfice de discussion. Pothier s'occupe tout au long de cette exception, et il ne la déduit nulle part du bénéfice de discussion. D'après lui, cette exception n'est qu'un complément exigé par l'équité de l'obligation dont est tenu le créancier de céder ses actions à la caution qui le satisfait. « Lorsque plusieurs personnes, nous dit-il, se rendent ensemble cautions pour un débiteur principal, elles comptent sur le recours qu'elles auront les unes contre les autres : ce n'est que dans cette confiance qu'elles contractent leur engagement, qu'elles n'auraient pas contracté sans cela ; il n'est donc pas juste que le créancier les en prive par son fait. » (1) On voit que Pothier, en donnant la cause de cette exception *cedendarum actionum*, ne dit pas un seul mot du bénéfice de discussion. De même, dans les travaux préparatoires du Code, l'art. 2037 n'est pas présenté comme une conséquence du bénéfice de discussion, mais comme ayant pour but d'assurer à la caution l'efficacité de la subrogation. « Nous avons vu, dit M. Treillard, que le paiement fait au créancier devait opérer une subrogation de droits au profit de la cau-

(1) *Cautionnement*, n° 557 et suiv.

(1) N° 557.

tion ; le créancier n'est donc plus recevable à la poursuivre, quand par son fait, il s'est mis dans l'impossibilité d'opérer cette subrogation. » (1)

D'ailleurs le système de M. Troplong conduirait à des décisions inadmissibles. En effet, si l'art. 2037 n'était qu'une conséquence du bénéfice de discussion, son application devrait être écartée non-seulement au cas de la caution solidaire, mais même au cas d'une caution ordinaire, lorsqu'il s'agirait de sûretés constituées sur les immeubles aliénés par le débiteur principal, ou bien sur les immeubles situés hors du ressort de la Cour impériale du lieu où le paiement doit être fait. Le créancier ne peut être renvoyé par la caution à discuter ces immeubles, et cependant il est certain, que s'il renonçait aux sûretés qui les grèvent, la caution pourrait lui opposer l'art. 2037.

Donc, il est clair, que la corrélation que M. Troplong veut établir entre cet article et le bénéfice de discussion, n'existe pas et que par conséquent, on ne peut pas invoquer la circonstance que la caution solidaire ne jouit pas du bénéfice de discussion, pour lui refuser le droit de se prévaloir de la déchéance du créancier prononcée par l'art. 2037 (1).

(1) FENET, t. XV, p. 45.

(1) MM. VALETTE, AUBRY et RAU, t. III. § 420, note 11. MERLIN, *solidarité*, § 5. DURANTON, t. XVIII n° 382, note. MOURLON, *des subrogations*, p. 514.

SECTION V.

DISTINCTION ENTRE LA SOLIDARITÉ PARFAITE ET IMPARFAITE.

Les commentateurs du Code civil distinguent entre la solidarité parfaite et les simples cas, où plusieurs personnes sont tenues *in solidum*, ce qu'on nomme la solidarité imparfaite.

Nous devons rechercher dans quels cas se rencontre cette solidarité imparfaite; et en quoi elle diffère de la solidarité parfaite.

Nous verrons bientôt beaucoup de cas où c'est la loi qui prononce la solidarité entre plusieurs personnes ; nous nous demanderons alors, quel est le caractère de cette solidarité. En dehors de ces cas, il peut arriver que plusieurs personnes soient tenues, chacune pour le tout, et alors nous aurons une solidarité imparfaite.

Une simple obligation *in solidum* peut exister à la charge de plusieurs personnes, à la suite d'un délit civil ou d'un quasi-délit, qu'elles ont commis ensemble. Il est vrai, qu'il n'existe aucune disposition législative à cet égard, par conséquent, on pourrait objecter l'art. 1202, énonçant que la solidarité ne se présume pas, et que cette règle cesse seulement dans les cas où la solidarité a lieu de plein droit, en vertu d'une disposition de la loi. Mais on peut répondre que cette responsabilité résulte de la nature même des choses et que l'art. 1202 est impuissant à l'empêcher. En effet, lorsqu'un délit civil a été commis par plusieurs personnes, chacune d'elles doit être responsable pour le tout, puisque chacune d'elles a causé de fait et d'intention le dommage entier, mais comme l'obligation de toutes ces personnes a un seul et même objet, la prestation de cet objet par l'une d'elles doit libérer les autres. Or, c'est là le caractère d'une obligation *in solidum*. Puisque cette solidarité résulte même de principes de droit indépendants des règles relatives à la solidarité, l'art. 1202 ne peut pas être un obstacle à l'existence de cette obligation *in solidum* (1).

Nous trouvons dans l'art. 1384 des exemples de cette solidarité imparfaite, résultant du délit ou quasi-délit civil. Ainsi, « le père, et la mère après le décès du mari, sont responsables du dommage causé par leurs enfants mineurs habitant avec eux. » Si l'enfant, qui a commis le délit, avait assez de discernement pour être responsable de son fait, il sera lui-même obligé de réparer le préjudice par lui causé, et alors, on aura deux personnes, obligées à réparer le même préjudice, chacune pour le tout. De même, pour les maîtres et les commettants, quant au dommage causé par leurs domestiques et préposés dans l'exercice de leurs fonctions.

Enfin, la même règle s'applique aux institu-

(1) MM. Aubry et Rau, t. III, p. 17. — Merlin, *questions, solidarité*, § 11. — Marcadé, sur l'art. 1202.

teurs et artisans, pour le dommage causé par leurs élèves et apprentis pendant le temps qu'ils sont sous leur surveillance.

Dans tous ces cas, plusieurs personnes peuvent être tenues, chacune pour le tout, de réparer le même préjudice.

Cette obligation *in solidum* peut naître aussi par suite d'un contrat. Ainsi, lorsque plusieurs mandataires ont été constitués pour une même affaire, mais par des actes différents, chacun d'eux est tenu d'accomplir pour le tout le mandat qui lui a été donné, et en cas d'inexécution, chacun est tenu pour le tout des dommages et intérêts qui peuvent être dûs au mandant.

Nous trouvons aussi cette obligation *in solidum* au cas de la délégation imparfaite, c'est-à-dire, lorsqu'un débiteur donne à son créancier un autre débiteur qui s'oblige envers lui pour la même dette, sans que le créancier déclare qu'il entend décharger le débiteur primitif (art. 1275). Le débiteur primitif et le nouveau débiteur, chacun d'eux est tenu pour le tout et pour la même dette.

Nous avons examiné la question de savoir, si la solidarité peut exister entre plusieurs personnes, qui se sont obligées par des actes séparés. Nous avons distingué. Si au moment où, par exemple, Primus contractait une obligation envers le créancier, il a été convenu que plus tard Secondus accéderait à la même obligation; cette solidarité peut naître. Si, au contraire, au moment du contrat avec Primus, il n'y a eu aucune mention de Secondus, ce dernier peut sans doute accéder à l'obligation contractée par Primus, mais il n'y aura pas de solidarité proprement dite, il n'y aura qu'une obligation *in solidum* à la charge de Primus et de Secundus.

Voyons maintenant la ressemblance et les différences entre ces deux espèces de solidarité.

La ressemblance entre une solidarité parfaite et une solidarité imparfaite consiste en ce que dans l'une et dans l'autre, plusieurs personnes sont tenues, chacune pour le tout, de la même prestation et le paiement fait par l'une d'elles libère tous les autres. Mais ce qui distingue la solidarité parfaite d'une simple obligation *in solidum*, c'est que dans la première, nous trouvons plusieurs personnes qui sont unies par un intérêt commun et entre lesquelles on peut supposer l'existence d'un mandat tacite. Au contraire, la solidarité imparfaite ne suppose aucun mandat réciproque entre les débiteurs; il n'y a aucun lien, aucune association entre eux; ils n'ont rien de commun, si ce n'est l'obligation que chacun doit exécuter pour le tout. Voilà les conséquences qui en résultent. L'interrup- de la prescription à l'égard de l'un des débiteurs tenu d'une obligation *in solidum*, n'aurait aucun effet à l'égard des autres. La demande d'intérêts, formée contre l'un d'eux, ne ferait pas courir les intérêts à l'égard des autres. Si la chose due périt par la faute de l'un d'eux, les autres seront libérés. La remise de la dette consentie au profit de l'un, sans aucune réserve du créancier, ne libèrerait les autres que pour la part du débiteur auquel la remise a été accordée. Un serment prêté, une transaction faite par l'un de ces débiteurs, ne pourraient pas profiter aux autres co-débiteurs. Le jugement rendu au profit ou contre l'un d'eux, serait une *res inter alios acta* à l'égard des autres co-débiteurs, quelle que soit d'ailleurs l'opinion que l'on adopte sur ce point à l'égard des débiteurs solidaires. Enfin, lorsqu'un de ces débiteurs a payé le créancier, il aura un recours contre ses co-obligés, non pas par l'action *mandati*, puisqu'il n'y a aucun mandat tacite entre les débiteurs, mais par une action de gestion d'affaires, qui résulte du paiement de l'obligation commune.

En comparant les effets de la solidarité parfaite et les effets de la solidarité imparfaite, on voit quelles différences profondes séparent ces deux situations.

La solidarité qui résulte de la convention, est une solidarité parfaite. C'est elle précisément qui suppose ce lien, ce mandat tacite entre les co-débiteurs.

Dans la solidarité légale, nous verrons qu'il y a des cas dans lesquels se rencontre une solidarité parfaite, et d'autres, dans lesquels il y a seulement une obligation *in solidum*. Pour les premiers, il faut appliquer les règles de la solidarité conventionnelle. Pour les seconds, il faut suivre les règles que nous venons de tracer pour la solidarité imparfaite.

SECTION VI.

SOLIDARITÉ LÉGALE.

Nous avons déjà plusieurs fois énoncé, que la solidarité entre les débiteurs peut exister non-seulement par suite de la convention entre les parties, mais que, dans beaucoup de cas, c'est la loi elle-même qui rend responsable solidairement plusieurs personnes. Cela nous est indiqué par l'art. 1202 qui, après avoir dit que la solidarité ne se présume pas, qu'elle doit être expressément stipulée, ajoute: « Cette règle ne cesse que dans les cas où la solidarité a lieu de plein droit, en vertu d'une disposition de la loi ».

Nous allons examiner les différents cas de la solidarité légale indiqués par le Code civil, en laissant de côté ceux qui nous sont présentés par le droit criminel et commercial, car ils n'entrent pas dans le cadre, dans lequel nous nous sommes proposé de renfermer notre thèse.

§ 1. — *Solidarité entre la mère remariée et son second mari.*

La mère tutrice, qui veut se remarier, doit convoquer le conseil de famille afin que celui-ci décide, si la tutelle lui sera conservée ou non. Si le conseil de famille convoqué lui laisse la tutelle, l'art. 396 déclare que le conseil lui doit donner « nécessairement pour co-tuteur le second mari, qui deviendra solidairement responsable, avec sa femme, de la gestion postérieure au mariage. » Si la mère n'a pas obéi à la disposition de la loi, et n'a pas convoqué le conseil de famille pour délibérer sur la question de savoir, si elle restera ou non tutrice, l'art. 395 nous dit, qu'elle perd la tutelle de plein droit « et son nouveau mari sera solidairement responsable de toutes les suites de la tutelle qu'elle aura indûment conservée. »

Recherchons à quoi s'applique cette responsabilité solidaire de deux époux. Il n'y a pas de difficulté quant au premier cas, c'est-à-dire, lorsque la mère a convoqué le conseil de famille, qui l'a maintenue en tutelle. La loi est claire; le mari n'est solidairement responsable, avec sa femme, que de la gestion postérieure au mariage. Quant à la gestion antérieure au mariage, le mari ne peut pas être poursuivi.

Dans le second cas, c'est-à-dire, lorsque la mère n'a pas convoqué le conseil de famille, la loi déclare le nouveau mari responsable « de toutes les suites de la tutelle indûment conservée. » Cette responsabilité comprend-elle seulement la gestion postérieure au mariage, ou bien comprend-elle aussi la gestion antérieure au mariage?

Les auteurs ne sont pas d'accord sur ce point.

L'opinion qui soutient, que le mari est responsable non-seulement de la gestion postérieure au mariage, mais même de la gestion antérieure, s'appuie sur les traditions. Telle était en effet la décision du droit romain, comme l'atteste la loi 6. *C. in quibus causis pignus.* Les auteurs de l'ancien droit français étaient du même avis. (1) De plus, on se fonde sur la rédaction de l'art. 395, en la comparant avec celle de l'art. 396. Si la loi, dit-on, avait voulu consacrer dans l'art. 395 la même responsabilité du mari que dans l'art. 396, elle aurait employé les mêmes expressions. Or, tandis que dans l'art. 396, elle déclare le mari responsable « de la gestion postérieure au mariage », dans l'art. 395, elle le rend responsable « de toutes les suites de la tutelle indûment conservée. » Cette différente rédaction montre, que dans la pensée du législateur, la responsabilité du mari dans les deux cas, ne devait pas avoir la même étendue ; donc, si l'art. 396 le rend responsable seulement de la gestion postérieure au mariage, l'art. 395 doit comprendre même la gestion antérieure au mariage. On invoque encore à l'appui cette considération, que l'art. 395 dans sa rédaction primitive indiquait que le mari était seulement responsable *depuis le nouveau mariage ;* le retranchement ultérieur de ces mots détermine bien le sens de l'art. 395. Enfin, dit-on, le mari pouvait éviter cette responsabilité rigoureuse, et s'il s'y trouve soumis, c'est par sa propre faute (2).

(1) Domat, *Lois civiles*, 1re partie, liv. II, t. I, n° 37. — Pothier, *Traité de l'hypothèque*, chap. I, sect. I, art. 3.

(2) MM. Aubry et Rau, t. I, § 99 *bis*, note 26. Duvergier sur *Toullier*, t. I, 2e partie, n° 1008, note. Demante, t. III, n° 420. Marcadé, t. II, art. 395, n° 2.

Nous croyons au contraire qu'il faut décider que, même dans l'art. 395, la responsabilité du mari ne s'étend qu'à la gestion postérieure au mariage. Il nous semble, que le premier système n'est pas équitable. Comment en effet peut-on rendre responsable le mari d'une gestion, à laquelle il n'a pas participé? On dit bien, que cela résulte de la différence de rédaction de l'art. 395 et de l'art. 396. Mais cette induction n'est pas suffisante, pour mettre à la charge d'une personne la responsabilité d'une gestion, à laquelle elle est restée étrangère; cette disposition exhorbitante du droit commun, exigerait un texte bien positif, pour qu'elle puisse être admise.

Les travaux préparatoires nous montrent bien, quel doit être le sens de l'art. 395.

La première rédaction de cet article portait: « A défaut de cette convocation (du conseil de famille), elle perdra la tutelle de plein droit, et son nouveau mari sera solidairement responsable de l'indue gestion, qui aura eu lieu depuis le nouveau mariage. » La rédaction de l'art. 396 était la même qu'aujourd'hui. Ainsi, qu'on le remarque, malgré la différence de rédaction, le mari n'était responsable dans les deux cas que de la gestion postérieure au mariage.

Le Tribunat fit observer, que d'après les derniers mots de l'art. 395, il semble résulter, que le mari n'est responsable que de l'indue gestion, et qu'il n'est pas responsable du défaut de la gestion, et il proposa de changer la rédaction de l'article. C'est d'après cette observation, que la rédaction de l'art. 395 fut modifiée. Les mots : *depuis le nouveau mariage*, ne se trouvent pas, il est vrai, dans cette nouvelle rédaction, mais il est évident, qu'on ne peut pas soutenir, que leur retranchement a été fait, afin de rendre le mari responsable même de la gestion antérieure au mariage car tel n'était pas le but de l'observation du Tribunat, qui entraîna la modification de la rédaction de l'art. 395.

D'ailleurs, l'art. 395 tel qu'il est aujourd'hui repousse le sens qu'on veut lui donner dans le premier système. Il nous dit en effet que « le mari est responsable de toutes les suites de la tutelle indûment conservée. » Or, c'est depuis le mariage seulement, que la tutelle a été indûment conservée, donc, la responsabilité du mari commence depuis cette époque (1).

Demandons-nous maintenant, quel est le caractère de cette solidarité consacrée par nos articles. Est-ce une solidarité parfaite, ou bien est-ce simplement une obligation *in solidum?*

C'est une solidarité parfaite. Nous savons en effet, que ce qui distingue la solidarité parfaite d'une simple obligation *in solidum*, c'est que dans le premier cas les débiteurs sont réputés mandataires les uns des autres; aucun mandat tacite n'existe dans le second cas. On peut parfaitement bien admettre l'existence de ce mandat tacite entre les époux, qui sont unis

(1) MM. Demolombe, t. VII, p. 69. — Valette, *Explicat.* Sommaire du liv. I du C. N. p. 231-232. — Ducaurroy, Bonnier et Roustain, t. I, art. 395, n°s 594-595.

par une association la plus étroite qui puisse exister, celle qui naît du mariage. Il n'y a donc rien d'exorbitant, de faire produire à cette solidarité les effets rigoureux qu'entraîne le mandat tacite entre les débiteurs solidaires.

§ 2 — *Solidarité au cas de dissolution de communauté entre tuteur et subrogé tuteur.*

L'art. 1442, nous présente un second cas de la solidarité légale. Lorsque les époux sont mariés sous le régime de la communauté, ce régime est-il dissout par la mort de l'un des époux qui a laissé des enfants mineurs, l'époux survivant est obligé de faire l'inventaire du mobilier de la communauté. Le subrogé tuteur doit veiller à l'accomplissement de cette obligation, sinon, la loi le déclare solidairement responsable avec ce conjoint survivant de toutes les condamnations qui peuvent être prononcées au profit des enfants.

L'art. 1442 est une innovation à l'ancienne législation française. Dans l'ancien droit, lorsque l'époux survivant n'avait pas fait l'inventaire, les enfants de l'époux prédécédé pouvaient choisir le point de départ de dissolution de la communauté entre le moment de la mort de l'époux défunt et le moment de leur demande en partage (1). Il y avait là quelque chose d'anormal, puisque la communauté pouvait exister entre les personnes, qui n'étaient

(1) Coutumes de Paris et d'Orléans.

jamais unies par le lien du mariage. Et puis, si l'époux survivant se remariait, il s'établissait un conflit inextricable des deux communautés.

Le Code civil a abrogé cette continuation de la communauté. La loi a édicté une autre sanction contre l'époux survivant, qui n'a pas fait l'inventaire. La consistance de l'actif de la communauté peut être prouvée, à défaut d'inventaire, tant par titres que par la commune renommée. De plus, s'il y a des enfants mineurs, cet époux perd l'usufruit légal de leurs biens. Enfin, afin d'assurer plus efficacement l'exécution de cette obligation, la loi charge le subrogé tuteur de veiller à l'accomplissement de cette obligation, et le rend solidairement responsable des dommages et intérêts auxquels les enfants mineurs peuvent avoir droit.

L'art. 1442 établit une solidarité parfaite. Il faut remarquer, en effet, que l'époux survivant qui n'a pas fait l'inventaire, est tuteur de ses enfants mineurs; la loi prononce donc la solidarité entre le tuteur et le subrogé-tuteur. Or, il est évident que le subrogé-tuteur est avec le tuteur dans des relations fréquentes, dans des rapports presque journaliers; on peut donc supposer, entre eux, l'existence d'un mandat tacite.

Du reste, si c'est le subrogé-tuteur qui a payé le montant des condamnations prononcées au profit des enfants mineurs, nous croyons qu'il aura un recours pour le tout contre le tuteur, car le subrogé-tuteur ne participant point à l'administration de la tutelle, est complètement innocent des fautes du tuteur. Sans doute, on pourrait objecter que le subrogé-tuteur est aussi en faute, s'il n'a pas forcé le tuteur à faire procéder à la confection de l'inventaire. Mais on peut répondre que cette faute n'existe que vis-à-vis des enfants mineurs, ce qui entraîne, que le subrogé-tuteur pourra être obligé de faire l'avance pour le compte du tuteur. Mais par rapport à ce dernier, on ne peut pas dire que le subrogé-tuteur soit en faute, puisque c'est le tuteur lui seul qui a mal géré la tutelle des mineurs.

§ 3. — *Solidarité entre co-locataires.*

L'article 1734 prononce une responsabilité solidaire entre les différents locataires d'une maison incendiée. Voici ce qu'il nous dit : « S'il y a plusieurs locataires, tous sont solidairement responsables de l'incendie; — à moins qu'ils ne prouvent que l'incendie a commencé dans l'habitation de l'un d'eux, auquel cas celui-là seul en est tenu ; — ou que quelques-uns ne prouvent qu'il n'a pu commencer chez eux, auquel cas ceux-là n'en sont pas tenus. »

Nous devons ajouter, que les co-locataires peuvent encore écarter cette responsabilité solidaire, en faisant la preuve indiquée par l'article 1733, à savoir : que l'incendie est arrivé par cas fortuit ou force majeure, ou par vice de construction, ou que le feu a été communiqué par une maison voisine.

L'art. 1733 est à la fois une application et une dérogation au droit commun. Le principe général, en matière de preuve, c'est que celui, qui prétend avoir un droit, doit le prouver, et celui qui se prétend libéré d'une obligation, doit prouver sa libération. Lorsqu'une maison a été louée, le bailleur prouve son droit à la restitution de la maison, en montrant le contrat de bail. Le locataire prétend-il être libéré parce que la maison a péri par cas fortuit, c'est à lui la preuve, car l'incendie n'est pas toujours un cas fortuit, il est le plus souvent, le résultat de la faute des personnes qui habitent la maison. Jusqu'ici c'est l'application du droit commun. Mais un débiteur d'un corps certain, peut établir sa libération, en prouvant que la chose a péri sans sa faute. Au contraire, le locataire ne peut se justifier, qu'en prouvant l'un ou l'autre des trois faits indiqués par l'art. 1733 : 1° que l'incendie est arrivé par cas fortuit ou force majeure; 2° qu'il a eu lieu par vice de construction; 3° qu'il a été communiqué par une maison voisine.

Il est vrai, que beaucoup d'auteurs pensent, que cet article ne déroge point au droit commun, et que le locataire pourrait établir sa libération, en prouvant que l'incendie est arrivé sans sa faute (1). Mais nous ne pouvons pas

(1) Proudhon, *Usufruit*, IV, 1552. — Duvergier, I, 437. — Troplong, II, 382.

admettre cette opinion. Nous croyons, que le Code ne se contente pas de la preuve négative de la part du locataire, mais qu'il exige la preuve positive de l'un des trois faits énoncé par l'article. En effet, si le locataire pouvait établir sa libération en prouvant que la maison a été incendiée sans sa faute, l'art. 1733 serait complètement inutile en présence de l'art. 1732, qui déclare, que le locataire « répond des dégradations ou des pertes qui arrivent pendant sa jouissance, à moins qu'il ne prouve qu'elles ont eu lieu sans sa faute. » Il est évident, que si l'art. 1733 était une application du droit commun, la loi, au lieu d'entrer dans les détails et les hypothèses précisés par cet article, aurait tout simplement dit, comme dans l'art. 1732 : « Le locataire répond de l'incendie, à moins qu'il ne prouve qu'il est arrivé sans sa faute. » Mais alors, encore une fois, cet article serait tout-à-fait inutile, car il serait une pure répétition de l'art. 1732. Donc, pour donner un sens raisonnable à l'art. 1733, il faut admettre, qu'il est une dérogation au droit commun, et que le locataire ne sera libéré, qu'en prouvant que l'incendie est arrivé par une des causes précisées par la loi.

La responsabilité rigoureuse mise à la charge des co-locataires par l'art. 1734, vient à l'appui de l'opinion qui croit, que la loi en matière d'incendie a voulu établir une législation exceptionnelle et en dehors du droit commun (1).

(1) MM. Aubry et Rau sur *Zachariæ*. t. III, p. 349. —

La solidarité que l'art. 1734 établit à la charge des co-locataires est une solidarité imparfaite, car, comment pourrait-on supposer l'existence d'un mandat tacite entre les diverses personnes qui ne sont dans aucuns rapports entre elles, qui ne se connaissent point et qui, peut-être, ne se sont jamais vues. Pourrait-on comprendre, qu'on soit mandant ou mandataire d'un inconnu ? Or, c'est ce qu'il faudrait admettre, si on disait que la solidarité existant entre les co-locataires est une solidarité parfaite.

Enfin, nous croyons, que la répartition du dommage résultant de l'incendie se fera entre les locataires, non pas proportionnellement au montant du loyer de chacun d'eux, mais par parts viriles. Leur responsabilité en effet est fondée sur une présomption de faute, cette présomption doit être la même pour tous et ne peut dépendre de l'importance des loyers (1).

§ 4. — *Solidarité entre commodataires.*

L'art. 1887 prononce la solidarité entre plusieurs personnes, qui ont emprunté conjointement la même chose. La loi par cette disposition, a voulu assurer la conservation de la chose au profit de la personne qui, en prêtant, rend un service aux commodataires.

Toullier, t. VI, première partie, n° 161. — Marcadé, sur les art. 1733 et 1734, n° I.

(1) Duranton, XVII. 110. — Troplong, II. 379. — Marcadé, sur les art. 1733, 1734, n° IV.

Cet article s'exprime : « Si plusieurs ont conjointement emprunté la même chose, ils en sont solidairement responsables envers le prêteur ». Il est évident, que par les mots : « *la même chose,* » la loi n'a pas voulu subordonner l'existence de la solidarité à la condition, que ce soit un objet unique ou une chose indivisible qui ait été empruntée. La pensée de l'art. 1887 est que, pour que la solidarité existe entre les commodataires, il faut que l'objet leur soit prêté indivisément à chacun d'eux ; mais peu importe, si c'est un objet unique, ou bien plusieurs objets qui ont été prêtés.

La solidarité, que la loi prononce par l'art. 1887, est une solidarité parfaite, car les commodataires qui empruntent conjointement dans le but de retirer un profit commun, se connaissent, sont dans des relations fréquentes entre eux, on peut donc supposer qu'ils se sont donnés un mandat tacite, par suite duquel ils se représentent les uns les autres vis-à-vis du prêteur.

Comme la solidarité ne se présume pas (art. 1202), il faut décider, que si plusieurs co-propriétaires ont prêté conjointement une chose, ils ne seraient pas tenus solidairement pour le remboursement des dépenses extraordinaires, nécessaires à la conservation de la chose, que le commodataire aurait dû faire, et pour lesquelles il aurait une action contre les prêteurs (art. 1890). De même, point de solidarité entre les dépositaires. D'ailleurs, ici, le contrat n'intervient pas dans l'intérêt des dépositaires, mais dans l'intérêt du déposant, tandis que le commodat intervient dans l'intérêt de l'emprunteur.

§ 5. — *Solidarité entre co-mandants.*

L'art. 2002, nous indique un cas de la solidarité légale. « Lorsque le mandataire, dit-il, a été constitué par plusieurs personnes pour une affaire commune, chacune d'elles est tenue solidairement envers lui de tous les effets du mandat. »

Pour l'existence de cette solidarité il faut, comme énonce l'article, 1° que le mandat ait été donné par plusieurs personnes; et 2° qu'il ait été donné pour une affaire commune.

Par conséquent, si plusieurs personnes ont constitué un seul mandataire pour des affaires différentes, il n'y aurait pas de solidarité; il y aurait alors plusieurs mandats distincts, donnés à la même personne.

De même, si l'affaire était commune à plusieurs personnes, mais qu'une seule ou quelques-unes d'elles seulement aient donné mandat, la solidarité n'existerait qu'à la charge de celles, qui ont donné le mandat.

La loi établit l'obligation solidaire des mandants envers le mandataire « pour tous les effets du mandat. » De ces termes génériques il faut conclure, que cette solidarité comprend non-seulement les frais et les avances faites par le mandataire, mais même les honoraires qui pouvaient lui être promis.

Par suite du principe, que la solidarité ne se présume pas, l'art. 2002 ne peut pas être étendu à un gérant d'affaires qui a géré utilement une affaire commune à plusieurs personnes. Le gérant sera obligé d'agir contre chacune d'elles divisément, proportionnellement à l'intérêt que chacune d'elles avait dans l'affaire gérée.

Nous pensons que la solidarité établie par cet article est une solidarité parfaite, puisque l'affaire pour laquelle le mandat a été donné est commune à tous. Les mandants se connaissent donc, il y a un lien d'intérêt commun qui les unit, et qui permet par conséquent de supposer l'existence d'un mandat tacite réciproque. Ceci doit être admis, alors même que le mandat des différents intéressés a été donné au mandataire par des actes séparés; car la circonstance, que l'affaire pour laquelle le mandat a été donné, est commune aux divers mandants, suppose nécessairement que ceux-ci se connaissent bien, et qu'il y a des relations entre eux.

La disposition de l'art. 2002 a été tirée du droit romain. Mais là, ce n'était pas seulement à la charge des mandants que la solidarité existait, les différents mandataires constitués pour une même affaire, étaient aussi tenus solidairement (1).

De même, l'ancien droit français admettait la solidarité entre les mandataires chargés

(1) L. 60. § 2. *D. Mandati*, 17-1.

d'une même affaire. Pothier nous dit, que dans ce cas « la gestion n'ayant point été partagée entre eux, et chacun d'eux s'étant chargé de cette gestion pour le total, il est de nature de leur engagement qu'ils en soient chargés chacun pour le total, et par conséquent solidairement (1). »

Le Code n'a pas consacré la décision du droit romain et celle de l'ancienne législation française. L'art. 1995 dispose en effet : « quand il y a plusieurs fondés de pouvoir ou mandataires établis par le même acte, il n'y a de solidarité entre eux qu'autant qu'elle est exprimée. »

Cette disposition quant aux mandataires, n'implique point contradiction avec la disposition de de la loi relativement aux mandants, car, comme dit M. Berlier dans l'exposé des motifs : « s'il est juste que, dans un acte officieux et souvent gratuit, celui qui rend le service ait une action solidaire contre ceux qui tirent d'un mandat un profit commun, il serait injuste de le charger envers ceux-ci du fait d'autrui sans une convention expresse : l'extrême différence de ces deux situations ne permet pas de conclure de l'une à l'autre (2). »

Ainsi, la solidarité que la loi établit à la charge des mandants se justifie par cette considération, que les mandants reçoivent un ser-

(1) POTHIER, *du Mandat*, n° 63. — V. aussi DOMAT, *Lois civiles*, l. I, t. XV. s. III. n° 13.

(2) Locré, t. XV. p. 238

vice, tandis que, quant aux mandataires, ce sont eux précisément qui rendent un service.

Puisque d'après l'art. 1995, les mandataires constitués pour une même affaire, à moins d'une stipulation expresse, ne sont pas responsables solidairement, il en résulte, qu'au cas de l'inexécution du mandat, le mandant ne peut agir, pour obtenir des dommages et intérêts, que pour une part contre chacun des mandataires.

Cependant, il peut arriver, lorsque plusieurs mandataires ont été constitués pour une même affaire, que chacun d'eux puisse être tenu pour le tout, même en dehors d'une stipulation expresse de la solidarité. Supposons, qu'une personne a donné mandat pour accomplir une certaine affaire. Puis, sans révoquer le premier mandat, elle donne un second, à une autre personne, pour la même affaire. Dans ce cas, si le mandat n'est pas exécuté, chacun des mandataires est tenu des dommages et intérêts pour le tout, car alors, il y a deux mandats complètement distincts l'un de l'autre ; chacun des mandataires a été chargé d'accomplir en totalité l'affaire qui lui a été confiée, et s'il ne l'a pas fait, il doit payer aussi la totalité des dommages et intérêts qui peuvent être dus au mandant.

C'est là un cas d'une solidarité imparfaite.

Même dans le cas, où le mandat a été donné par le même acte, un des mandataires peut être tenu pour le tout par suite d'un fait personnel, lorsque, par exemple, l'un d'eux par son fait a causé un dommage, ou bien a touché des sommes dont il est reliquataire; le mandat peut agir *in solidum* contre ce mandataire.

§ 6 — *Solidarité entre exécuteurs testamentaires.*

Une personne, afin d'assurer l'accomplissement de ses dispositions testamentaires, peut charger de veiller à leur exécution un ou plusieurs exécuteurs testamentaires.

Quant à la responsabilité de ces exécuteurs testamentaires, la loi distingue. Si le testateur a assigné à chacun d'eux une fonction, et si celui-ci ne l'a pas dépassée, il n'est responsable que pour sa part. Si au contraire, les fonctions des exécuteurs testamentaires n'étaient pas divisées, chacun d'eux peut agir à défaut des autres, mais aussi ils sont tous solidairement responsables du compte du mobilier qui leur a été confié (art. 1033).

Un exécuteur testamentaire n'est autre chose qu'un mandataire, or, nous avons vu, que la loi ne prononce pas de solidarité entre plusieurs mandataires, elle n'existe que si elle est stipulée par les parties. Pourquoi cette dérogation au principe, quand il s'agit des exécuteurs testamentaires? Un mandataire ordinaire représente la personne qui l'a choisi, donc, en supposant plusieurs mandataires, elle a pu stipuler la solidarité entre eux, et si elle ne l'a pas fait, c'est qu'elle avait une grande confiance dans les mandataires qu'elle a chargés de l'accomplissement d'une affaire. Tandis que, lorsqu'il s'agit des exécuteurs testamentaires, il est vrai, que ce sont des mandataires, mais d'un caractère particulier, car ils représentent une personne qui ne les a pas choisis. En effet, ils représentent les héritiers et c'est le défunt qui les a nommés. Cette circonstance explique, pourquoi la loi les a grevés d'une responsabilité plus rigoureuse que les mandataires ordinaires.

La loi ne prononce la solidarité que pour le compte du mobilier confié aux exécuteurs, donc, ils ne seraient pas tenus solidairement pour les dommages et intérêts qu'ils pourraient devoir pour d'autres objets.

Quel est le caractère de cette solidarité prononcée par l'art. 1033? Nous croyons, que c'est une solidarité parfaite. Il est évident que les exécuteurs testamentaires se connaissent parfaitement bien, car le défunt ne confie ordinairement l'exécution de son testament qu'à ses amis, aux personnes avec lesquelles il vit dans des relations fréquentes; ces personnes elles-mêmes sont donc dans des rapports, qui permettent d'admettre l'existence d'un mandat réciproque tacite. D'ailleurs, lorsque les fonctions n'ont pas été divisées entre les exécuteurs le droit de chacun d'eux d'agir pour les autres et par conséquent de les rendre responsables de ses actes, présuppose nécessairement, que les exécuteurs testamentaires, en acceptant la mission qui leur a été confiée par le testateur, se sont donné précisément un mandat tacite d'administrer le mobilier les uns pour les autres.

POSITIONS.

—

DROIT ROMAIN.

I. — Une obligation corréale ne pouvait résulter de la stipulation, que si les parties employaient les formes indiquées par les Instituts de Justinien (pr. *de duobus reis*, L. III, t. XVI).

II. — Un *mutuum* pouvait donner naissance à une obligation corréale, lorsque les parties ont ajouté *in continenti* un simple pacte dans le but de créer cette modalité.

III. — Une véritable obligation corréale pouvait résulter d'un testament. La poursuite de l'un des héritiers par le légataire libérait les autres co-héritiers. La loi 8, § 1, *D. de legatis* 1°, n'est pas contraire.

IV. — La question si l'un des *correi stipulandi* pouvait éteindre l'obligation corréale par la novation, était discutée entre les jurisconsultes. L. 31, § 1, *D. de novation*. — Loi 27, *D. de pactis.*

V. — Il faut distinguer entre les débiteurs corréaux et les débiteurs simplement solidaires. Une obligation corréale existe lorsque les débiteurs sont tenus d'une *condictio*. L'obligation est simplement solidaire, s'ils sont tenus d'une action de bonne foi ou d'une action *in factum*.

VI. — La loi 8. § 1, *D. de donat. inter vir. et ux.* 24-1, n'est pas en opposition avec la Loi 20, *D. de liberat. legati*, 34-3.

VII. — Si le corps certain, objet de l'obligation, périt par la faute de l'un des *correi promittendi*, les autres restent tenus, L. 18, *D. de duobus reis*, 45-2 ; ils sont au contraire libérés, s'il périt après la mise en demeure de l'un d'eux. L. 34, § 4, *D. de usuris*, 22-1.

VIII. — La *restitutio in integrum* de l'un des *correi promittendi* ne produit aucune influence sur l'existence de l'obligation des autres, même si les *correi* sont *socii*.

DROIT FRANÇAIS.

I. — La créance de l'un des débiteurs solidaires ne peut pas être invoquée en compensation par les autres débiteurs; même pour la part du débiteur devenu créancier.

II. — La caution solidaire peut invoquer en compensation la créance qui naît dans la personne du débiteur principal.

III. — La prescription suspendue au profit de l'un des créanciers ou à l'égard de l'un des débiteurs solidaires, ne cesse pas de courir contre les autres créanciers ou au profit des autres débiteurs.

IV. — Quand le créancier a fait la remise de la solidarité à l'un des débiteurs solidaires, ses co-débiteurs ne peuvent plus être poursuivis que déduction de la part du débiteur déchargé.

V. — L'art 1280 n'est pas en contradiction avec l'art. 1231-3°.

VI. — Un jugement intervenu entre le créancier et

l'un des débiteurs solidaires est *res judicata* à l'égard des autres.

VII. — Le débiteur solidaire ne peut pas se prévaloir de la déchéance édictée par la loi contre le créancier dans l'art. 2037.

VIII. — La caution solidaire le peut.

IX. — La responsabilité du second mari de la mère qui n'a pas convoqué le conseil de famille pour délibérer, si elle sera maintenue en tutelle, ne s'entend que de la gestion postérieure au mariage (art. 395).

X. — L'art. 1733 du C. civ. est une dérogation au droit commun en matière de preuve.

HISTOIRE DU DROIT.

I. — L'origine des fiefs est germanique.

II. — L'origine des justices seigneuriales se trouve dans les chartes d'immunité accordées par les rois.

DROIT CRIMINEL.

I. — La loi pénale ne peut pas punir la tentative d'un délit absolument impossible.

II. — Pour caractériser la récidive il faut s'attacher non pas à la qualification du premier fait, mais à la qualification de la première peine.

DROIT ADMINISTRATIF.

I. — Le locataire dont le bail n'a pas date certaine a néanmoins le droit à une indemnité en cas d'expropriation pour cause d'utilité publique.

II. — Les voisins d'un atelier dangereux, incommode ou insalubre qui leur cause un dommage, peuvent, de mander au propriétaire des dommages et intérêts, bien que cet atelier soit établi en vertu d'une autorisation du Gouvernement.

DROIT DES GENS.

I. — L'étranger, qui n'a pas obtenu l'autorisation du Gouvernement de résider en France, jouit de tous les droits, sauf ceux qui sont exclusivement attribués aux Français.

II. — Pour qu'un jugement rendu par un tribunal étranger puisse produire en France une hypothèque, la révision complète de ce jugement n'est pas nécessaire et cela sans aucune distinction.

Vu par le Président de la thèse :

COLMET DE SANTERRE.

Vu par nous, Inspecteur-général délégué :

CH. GIRAUD.

Vu et permis d'imprimer :

LE VICE-RECTEUR DE L'ACADÉMIE DE PARIS

A. MOURIER.

Arras, Typ. et Lith. d'Alphonse Brissy.

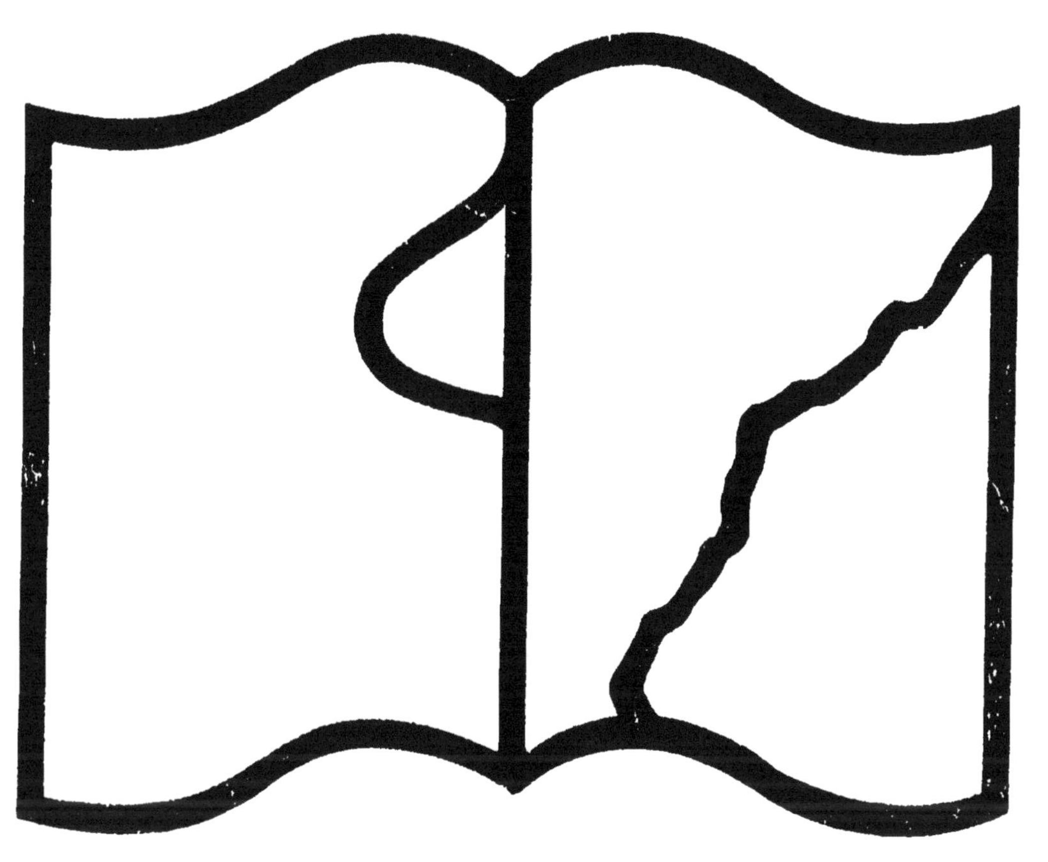

Texte détérioré — reliure défectueuse

NF Z 43-120-11

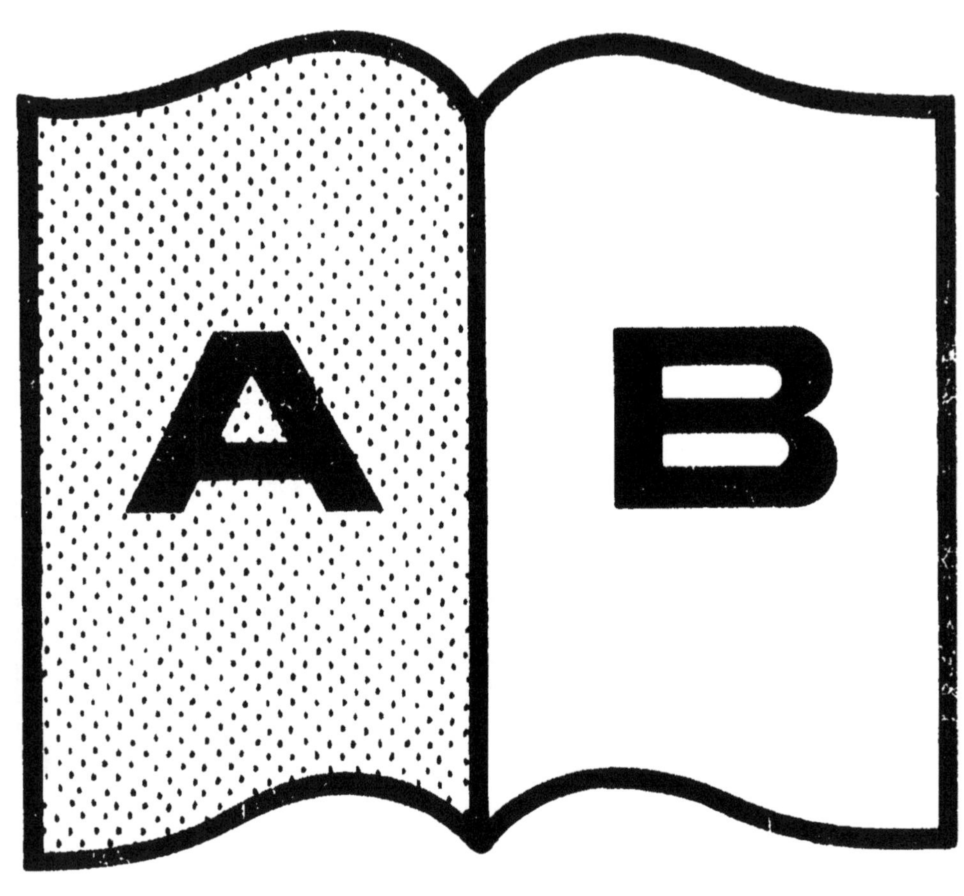

Contraste insuffisant

NF Z 43-120-14

www.ingramcontent.com/pod-product-compliance
Ingram Content Group UK Ltd.
Pitfield, Milton Keynes, MK11 3LW, UK
UKHW020059200726
13856UKWH00002B/285

9 782013 580861